L'ASSOCIATION OUVRIÈRE
INDUSTRIELLE ET AGRICOLE

PAR H. FEUGUERAY.

(*Un volume in-18, format Charpentier, de près de* 300 *pages.* — **1** *fr.* **25.**)

Les associations ouvrières sont le plus grand fait économique et social qui se soit produit depuis la Révolution de Février. — L'ouvrage que nous annonçons est le premier qui en fasse connaître avec détails le but et l'organisation et qui en donne l'histoire. Toutes les questions relatives à l'établissement des associations, tant dans l'agriculture que dans l'industrie, y sont traitées avec une connaissance approfondie de la matière.

Pour faire apprécier l'importance de cet ouvrage, nous donnons ici la table des chapitres :

Chez Gustave HAVARD, éditeur, rue Guénégaud, 15.

[illegible] INDUSTRIELLE ET AGRICOLE

PAR H. FEUGUERAY.

(Un volume in-18, format Charpentier, de près de 400 pages. — 3 fr. 50.)

Les associations ouvrières sont le plus grand fait économique et social qui se soit produit depuis la Révolution de Février. — L'ouvrage que nous annonçons est le premier qui en fasse connaître avec détails le but et l'organisation et qui en donne l'histoire. Toutes les questions relatives à l'existence même des associations, tant dans l'agriculture que dans l'industrie, y sont traitées avec une connaissance approfondie de la matière.

Pour faire apprécier l'importance de cet ouvrage, nous donnons ici la table des chapitres :

INTRODUCTION.

LIVRE I. — Tableau d'une association.

LIVRE II. — Des bienfaits et du but de l'association. — Coup d'œil sur le mal actuel. — Deux explications nécessaires. — Abondance de la production. — De la régularité dans la production. — De la concurrence. — Affranchissement du travailleur à l'égard du patron. — Sécurité des travailleurs. — Justice dans la répartition des [illegible] du travail à l'égard du capital. — Abolition progressive de la rente. — Accumulation des capitaux. — Progrès moraux et intellectuels.

LIVRE III. — De l'organisation des associations. — Clauses capitales des contrats d'association. — Questions controversées : égalité des salaires, — [illegible] — De la multiplicité des associations dans chaque métier. — De la vie commune. — Les associations doivent-elles faire des bénéfices.

[illegible] — De [illegible] des associations. — Ce que l'État peut faire pour les associations.

LIVRE V. — De l'association agricole. — Les communautés rurales au moyen âge. — De la fondation des sociétés ouvrières agricoles. — Des communaux.

LIVRE VI. — [illegible] de l'association [illegible]

[illegible] — De la formation [illegible] des sociétés ouvrières. — [illegible]

à conserver et à mettre

L'ASSOCIATION

OUVRIÈRE

INDUSTRIELLE ET AGRICOLE

L'ASSOCIATION
OUVRIÈRE
INDUSTRIELLE ET AGRICOLE

PAR

H. FEUGUERAY

PARIS

GUSTAVE HAVARD
RUE GUÉNÉGAUD, 15

A LA PROPAGANDE
RUE DES BONS-ENFANTS, 1

1851

AUX OUVRIERS ASSOCIÉS

C'est à vous que je dédie ce livre, parce que c'est par vous surtout que je désire qu'il soit lu.

Lisez-le comme l'œuvre d'un homme profondément convaincu que l'association ouvrière est le plus sûr et le plus puissant moyen d'abolir la misère, de garantir l'ordre dans l'industrie, d'y donner le pouvoir au mérite, de rétribuer chacun suivant ses œuvres, d'assurer au travailleur tout le fruit de son travail, de soustraire ainsi la masse du peuple à l'exploitation du capitaliste et à celle de l'entrepreneur, de réaliser l'égalité et la liberté, de faire triompher la justice et d'amener enfin le règne de Dieu sur la terre; ce qui est le but dernier de toute réforme sociale.

Ces convictions sont anciennes chez moi.

Il y a plus de douze ans que je cultive l'idée de l'association ouvrière et que je me suis attaché à la propager par l'enseignement oral.

Bien longtemps avant la Révolution de Février, j'ai concouru à l'établissement de plusieurs associations.

En 1843, j'ai participé à la rédaction du contrat de la plus ancienne de celles qui existent aujourd'hui.

Voilà les titres de mon socialisme!

Voilà mes titres à prendre la parole dans la question et à être écouté par vous!

L'ASSOCIATION
OUVRIÈRE
INDUSTRIELLE ET AGRICOLE

INTRODUCTION

BUT ET PLAN DE L'OUVRAGE.

Le sujet de ce livre est l'association dans le travail, la société ouvrière; — non pas l'association en général, sujet vague, illimité, sur lequel on peut écrire longtemps sans conclure à rien; — mais la société ouvrière, sujet plus pratique et plus restreint, quoique bien vaste encore, et, pour dire toute ma pensée, le plus important qu'on puisse traiter aujourd'hui en économie sociale.

Le but que je me suis proposé est de faire bien connaître l'association ouvrière, d'en faire comprendre toute la valeur économique, politique et morale, et d'en rechercher les meilleures conditions d'organisation, d'établissement et de développement.

A cet effet, voici le plan que j'ai suivi :

Dans un premier livre, je me suis borné à décrire une association, à en exposer la constitution, à la montrer en action.

Dans le second livre, j'ai longuement étudié la fécondité de l'institution, en tout ce qui touche l'économie sociale, sous les rapports économique, civil et moral.

Les troisième et quatrième livres sont consacrés à l'étude, l'un des différents modes d'organisation, et l'autre des conditions d'établissement des sociétés.

Le cinquième livre a été tout entier réservé à l'association agricole.

Dans le sixième et dernier livre est exposée l'histoire de l'idée de l'association ouvrière.

Enfin, à la suite de l'ouvrage, vient un appendice où se trouvent quelques notes supplémentaires et des modèles et extraits de contrats et de règlements.

Tel est le cadre que j'ai essayé de remplir.

Puissé-je y avoir assez bien réussi pour convaincre les lecteurs attentifs !

LIVRE PREMIER

CHAPITRE UNIQUE

TABLEAU D'UNE ASSOCIATION.

Il existe aujourd'hui à Paris plus de cent associations ouvrières, dont la plupart sont en voie de prospérité et dont quelques-unes sont fort importantes. On en trouve également dans beaucoup de départements, et l'on peut dire que, sauf la grande industrie agricole, il n'est presque plus d'industries françaises où l'on n'en compte quelques-unes. Il a même commencé à s'en établir dans des pays étrangers, et à Londres notamment il s'en est formé plusieurs en 1850, à l'instar de celles de Paris.

L'association ouvrière n'est donc plus une simple hypothèse, un système, une théorie; elle a passé dans la pratique, elle est devenue UN FAIT.

C'est ce fait que je commencerai par décrire sommairement, en quelques pages, afin que le lecteur comprenne bien tout d'abord de quoi il est question dans cet ouvrage, et se fasse une idée juste de ces associations, dont on entend tour à tour dire tant de bien et tant de mal, et qu'en réalité si peu de personnes connaissent.

[illegible]

Que des ouvriers du même métier se réunissent, qu'ils se procurent, comme ils le pourront, les matières premières et les outils nécessaires à leur état; qu'ils se mettent ensuite à travailler ensemble, sous la direction de celui ou de ceux d'entre eux qu'ils auront choisis; puis, quand le produit sera achevé, qu'ils le vendent pour se partager le bénéfice qu'ils auront fait; — et voilà une association complète! La voilà, dans sa simplicité élémentaire, mais avec toutes ses conditions d'existence. Partout, en effet, où le travail se fait en commun, sous des chefs élus, et où le prix du produit se partage entre tous les travailleurs, l'association ouvrière existe.

Mais, pour peu que cette association doive durer et s'étendre, on sent bien que son organisation primitive devra nécessairement se compliquer. Il faudra fixer les droits des membres; il faudra déterminer à qui appartiendra le droit de diriger le travail; il faudra décider comment on partagera les bénéfices, et comment on supportera les pertes; il faudra pourvoir à prévenir ou à réprimer les troubles qui amèneraient la ruine et la dissolution de l'association. C'est ainsi que, dans toutes les réunions d'hommes, petites ou grandes, qu'il s'agisse de l'association de quelques individus réunis dans un but quelconque, ou qu'il s'agisse d'une nation, il faut des lois, il faut une règle, il faut une constitution. Or, les lois, la règle, la constitution des associations sont écrites dans les contrats authentiques qui lient les associés et que chacun d'eux doit signer avant son admission. Ces contrats varient beaucoup dans la forme, dans la rédaction, et aussi dans les détails de l'organisation, dans tout ce qui est secondaire; mais ils se ressemblent en général beaucoup pour le fond, pour ce qui est capital. Je ne vois donc pas que, pour faire connaître les associations, j'aie rien de mieux ni de plus simple à faire que d'analyser ces contrats dans leurs principales dispositions, et c'est ce que je vais essayer.

Voyons d'abord comment les associations se forment et se recrutent.

Qu'une association commence par un très-petit noyau de travailleurs, ou bien qu'elle compte dès l'origine un assez grand nombre de membres, dans les deux cas, ce n'est que par la signature du contrat qu'elle est réellement fondée; mais ce qu'il importe de bien comprendre, c'est qu'elle n'est pas créée et qu'elle ne doit jamais l'être pour le profit de ses fondateurs seuls. Le premier devoir de ceux-ci, au contraire, devoir formellement écrit dans les contrats, est, aussitôt que l'extension des affaires le permet, d'appeler de nouveaux travailleurs au partage des avantages qu'ils y trouvent. En principe, dans toute association ouvrière, il ne doit y avoir que des associés. Pour des cas de travaux extraordinaires, de presse, il est permis à l'association d'appeler momentanément à son aide des collaborateurs étrangers; mais, dès que son personnel ne suffit plus à l'exécution de ses travaux ordinaires et réguliers, il y a obligation pour elle de se recruter par l'admission de nouveaux membres. Ces nouveaux associés ne sont admis qu'au scrutin et du consentement de la majorité; mais une fois reçus, une fois naturalisés, ils jouissent des mêmes droits que les anciens. On n'exige presque jamais d'eux et l'on ne doit exiger, en effet, aucun apport de fonds; seulement on leur impose assez souvent, et pour un temps plus ou moins long, une retenue sur leur part de bénéfices.

Dans plusieurs associations, avant l'admission définitive, il faut passer par un temps d'épreuve, une espèce de noviciat qui permet d'étudier la capacité et les dispositions du candidat, et pendant lequel il peut se former lui-même aux mœurs et à la pratique des devoirs de l'association. Probablement cette règle, dont l'observation ne peut produire que les meilleurs résultats, s'étendra et se généralisera peu à peu.

Quand on est une fois entré dans une société, on peut y demeurer toujours, et cette fidélité est même un devoir, ou tout au moins un mérite pour l'associé. Qu'il reste attaché volontairement à l'association, comme à une grande famille, comme à une petite patrie; qu'il continue à la servir par son travail, tant qu'il pourra ; qu'il lui consacre sa vie entière, rien de mieux, rien de plus raisonnable ni de plus honorable, rien qui soit mieux dans l'esprit de l'association. Pourtant l'associé doit conserver toujours et conserve, en effet, la liberté de se retirer, s'il le veut ; seulement il ne doit pas le faire *à contre-temps*, comme on dit en droit, c'est-à-dire de manière à se soustraire aux charges après avoir participé aux bénéfices, et en tout cas cette retraite volontaire lui ôte tout droit aux avantages que l'association assure à ses membres, notamment aux secours de l'assistance fraternelle dont nous parlerons plus tard.

De même que l'associé a le droit de se retirer, il peut aussi être renvoyé. L'association conserve sur lui l'autorité supérieure que toute société doit avoir sur ses membres. Elle pourra donc l'exclure, le chasser de son sein, l'excommunier ; mais elle ne le pourra que par un jugement solennel, dans des cas spécifiés à l'avance dans les contrats, et pour des causes graves, pour une incapacité notoire, par exemple, et surtout pour les vices ou les fautes qui portent préjudice à la société entière ou qui intéressent l'honneur, comme la paresse, l'ivrognerie habituelle, l'improbité. Pour que l'association prospère, elle ne doit se composer que d'honnêtes gens ; quand le vice s'y glisse, il faut l'en chasser.

L'association étant ainsi constituée dans son personnel, il faut voir comment elle s'administre et comment le travail s'y exécute.

En général, l'administration des associations ouvrières est confiée à un gérant et à un conseil qui sont élus par l'assemblée générale des associés. Le gérant a la signature sociale et peut seule engager la société vis-à-vis des tiers. Pour les affaires courantes, il agit seul et de son chef; mais dès que l'affaire prend une certaine importance, il est obligé de recourir au conseil d'administration qui décide en dernier ressort. Ce conseil statue ainsi: sur les travaux à entreprendre, quand ils dépassent une somme déterminée; sur les marchés à passer; sur les achats de matières premières, de machines, d'outils et en général de tous les instruments de travail; sur les locations. C'est aussi lui qui nomme aux principales fonctions, à celles de caissier, de teneur de livres, de directeur du travail dans tel ou tel atelier; c'est lui enfin qui a le droit et le devoir d'exercer sur tous les actes de la gérance une surveillance attentive et continue. Mais il doit être bien entendu que le conseil, ainsi que le gérant, n'agissent que sous la dépendance et le contrôle des assemblées générales des associés qui doivent être mises au courant de la situation de la société, et qui, suivant le mode déterminé par les contrats, conservent le droit de révoquer le gérant et les membres du conseil d'administration, comme elles ont le droit de les réélire et de les continuer dans leurs fonctions. C'est de ces assemblées générales en définitive que tout relève et dépend, comme dans une République démocratique tout relève et dépend du peuple.

On pourrait même pousser cette comparaison plus loin; car toute association ouvrière forme en réalité une petite République, où le conseil d'administration tient la place de l'Assemblée nationale et où la gérance représente le gouvernement. Quant aux assemblées générales, ce sont de vrais comices populaires, où la souveraineté s'exprime par le suffrage universel. Ajoutons qu'ici, comme en toute bonne démocratie, il n'est pas une fonction qui ne soit donnée à l'élection et qui ne soit révocable ou au moins temporaire. L'association ouvrière, c'est donc LA RÉPUBLIQUE DANS L'ATELIER.

Les règles que nous venons d'exposer ne sont pas uniformément reçues dans toutes les associations; elles ont, au contraire, été plus ou moins modifiées dans la plupart des contrats, si bien qu'on n'en trouverait peut-être pas deux qui s'accordent en tous les points. Tantôt, au lieu d'un seul gérant, il y en a deux ou même trois; tantôt il n'y en a pas, et leurs fonctions sont attribuées au conseil qui administre lui-même; ce conseil à son tour manque dans plusieurs petites sociétés, où le gérant rend directement compte de ses actes à l'assemblée générale, qui se réunit alors très-fréquemment; d'autres fois le conseil d'administration est divisé en deux conseils, dont l'un surveille les affaires proprement dites, tandis que l'autre s'occupe de diriger le travail intérieur; souvent enfin l'assemblée générale nomme directement plusieurs des fonctionnaires de l'association. Quant au nombre des membres des conseils, il varie beaucoup, et leurs noms plus encore; il y a des conseils d'administration, de famille, de surveillance, de travail, tous ayant à peu près les mêmes fonctions malgré la variété des dénominations. Ces conseils s'appellent aussi quelquefois des comités. De même les gérants changent quelquefois leur titre légal contre celui de directeurs ou de délégués, les associés contre celui de sociétaires. Mais peu importent ces changements de noms, et peu importent même les différences secondaires de l'organisation des sociétés. Ces différences s'expliquent, soit par la nature des travaux, soit par le nombre des associés, et en tout cas elles ont cette utilité de servir d'expérience pour arriver à la constatation du meilleur mode d'administration. Le point important, capital, fondamental, est que, dans toutes les associations ouvrières l'administration est EXCLUSIVEMENT *confiée à des ouvriers* et ne s'exerce jamais que *sous le contrôle de tous les associés et avec l'assentiment de la majorité.*

Tous les lecteurs au courant de ce qui se passe dans l'industrie doivent avoir déjà remarqué qu'en somme ce mode d'administration a beaucoup de rapports avec celui qui est usité dans les compagnies anonymes formées par des capitalistes. Les compagnies de chemins de fer, dont l'administration est si difficile et exige à la fois tant d'ordre et tant d'activité, ne sont pas autrement constituées. Seulement dans ces compagnies l'autorité décisive et souveraine appartient aux actionnaires, tandis que dans nos sociétés elle appartient aux travailleurs.

Quant à l'organisation et à la discipline des ateliers, elles sont presque toujours soumises à des règlements écrits, et il est très-remarquable que ces règlements sont en général plus sévères, qu'ils exigent plus d'exactitude et de travail, et surtout qu'ils sont mieux observés que ceux des ateliers ordinaires. Tant il est vrai qu'on n'obéit bien qu'à la loi qu'on a contribué à faire, et que les gens dévoués savent se soumettre à la règle, quelque pénible qu'elle soit, quand ils en ont reconnu l'utilité! Beaucoup des ateliers des associations sont aussi intéressants à visiter, à cause du bon ordre qui y règne qu'à cause de leur grandeur et de la valeur des travaux qu'on y exécute. Si le lecteur veut avoir plus de renseignements sur ce point, il n'a qu'à consulter le précieux petit livre, où mon ami, le citoyen Gilland, ouvrier serrurier et représentant du peuple, a rendu compte de ses visites aux associations. C'est là qu'il pourra apprendre, bien mieux que je ne puis le lui dire, comment on travaille dans ces ateliers, que leurs ennemis représentent comme livrés en proie au désordre et à l'anarchie, et qui sont, au contraire, pour la plupart des modèles d'activité et d'ordre. Qu'on entre seulement dans la longue salle des tailleurs associés de la rue du Faubourg-Saint-Denis, n° 23! Aucun atelier du même métier n'est certainement aussi vaste, mais il n'y en a pas non plus qui soit mieux tenu. Et pourtant on n'a pas ici à craindre de maître, de patron, qui gronde et qui renvoie les turbulents et les paresseux ; non ! mais il y a la bonne volonté, l'émulation à bien faire, et puis il y a le règlement, la loi, et, pour la faire respecter, il y a le gérant et les chefs élus, qui ont le droit légitime de commander et auxquels on obéit avec joie, *en tout ce qui concerne le service*, comme c'est le devoir de tout bon associé.

Mais c'est trop longtemps parler de l'administration ; venons-en maintenant au mode de paiement des associés et à tout ce qui concerne le partage des fruits du travail.

Tous les associés touchent régulièrement une rétribution qui leur tient lieu de salaire et qui pourrait en recevoir le nom, si le *mot* même ne devait pas être proscrit des associations qui ont précisément pour but d'abolir la *chose*. La rétribution se fait, soit aux pièces, soit à la journée ; dans ce dernier cas, tantôt elle est égale pour tous, et tantôt elle varie, suivant la force et l'habileté des ouvriers et suivant la nature du travail, d'après les usages reçus dans le métier. En tout cas, elle doit être suffisante pour pourvoir aux premiers besoins d'une famille ; c'est là une limite, un minimum au-dessous duquel on ne doit jamais descendre.

Quand le taux de la rétribution l'a permis, et pour fortifier la société en augmentant son capital, beaucoup d'associés-fondateurs ont consenti à subir un prélèvement destiné à l'acquittement des dettes sociales ; c'est ainsi que les typographes de la rue de Seine, nº 36, qui impriment cet ouvrage, ne touchent que les quatre-cinquièmes du prix de leurs travaux, prix qui est conforme au tarif reçu dans l'imprimerie ; le dernier cinquième est mis en réserve et accumulé pour servir au remboursement du prêt qui leur a été fait par l'État.

Au moyen de cette rétribution, les ouvriers associés vivent comme tous les autres ouvriers ; eux aussi, ils ont leur jour de paie, et cette paie reçue, ils en disposent à leur gré pour se loger, se nourrir, se vêtir et agir en tout comme ils veulent, sans être astreints à aucun règlement. Dans l'atelier, ils sont associés et doivent tout leur temps et tout leur travail à l'association ; hors de l'atelier, ils rentrent dans leur pleine liberté d'homme et de citoyen, et leurs confrères n'ont plus rien à exiger d'eux, sinon de ne pas porter atteinte par leur conduite à la bonne renommée de l'association, dont l'honneur collectif se compose de l'honneur de tous ses membres.

Le gérant et tous les fonctionnaires de l'association reçoivent aussi une rétribution qui, en général, est égale à celle des meilleurs ouvriers. Si les fonctions qu'ils remplissent ne leur prennent qu'une partie de leur temps, ils ne sont payés qu'au prorata de ce temps, et ils consacrent le restant de leurs journées à travailler dans l'atelier. Le plus souvent les fonctions de membre des conseils sont purement gratuites. Le principe qui domine en cette matière est que l'exercice du pouvoir dans les associations ne doit jamais être une occasion de bénéfice ; les fonctionnaires ont le droit de vivre de l'exercice de leurs fonctions, comme les ouvriers de leur travail, mais ils n'en ont pas d'autre.

L'association fonctionnant ainsi, sans état-major coûteux et en ne payant que des rétributions assez faibles, a toutes chances de faire des bénéfices, et la plupart de celles qui existent aujourd'hui en réalisent en effet, et quelquefois d'assez beaux. Que fait-on de ces bénéfices ?

D'abord, et aussitôt que la constatation en a été faite par les inventaires qui sont dressés à des époques déterminées, on opère sur leur montant divers prélèvements proportionnels, dont l'importance varie beaucoup suivant les associations. Ces prélèvements sont destinés :

Les uns, à former ou à augmenter un capital social, qui est la propriété collective de l'association ;

Les autres, à constituer un fonds commun entre diverses sociétés pour qu'elles puissent s'aider mutuellement ;

D'autres enfin, à assurer des secours aux veuves et aux enfants des associés décédés, et des retraites aux associés invalides. Pour ce dernier objet, il existe dans presque toutes les associations des caisses particulières, dites caisses d'assistance fraternelle ou de secours mutuels, et, comme l'ouvrier a bon cœur, il est toujours disposé à les doter largement ; si bien que s'il y a une tendance à combattre, c'est celle de trop donner à ces caisses, qui sont un appendice naturel et utile de l'association, mais n'en sont pas le but.

Ces prélèvements faits, tout le surplus des bénéfices, c'est-à-dire jamais moins de 60, et d'ordinaire 80 à 90 pour 100, doivent être partagés entre les associés. Telle est la règle ! Mais aujourd'hui, toujours par dévouement à l'association et pour l'aider à surmonter les crises de sa croissance, il arrive souvent que les associés consentent à lui laisser la jouissance d'une partie des bénéfices qui leur sont alloués, comme ils lui laissent celle d'une partie de leur rétribution. C'est en sus du prélèvement opéré d'abord au profit du capital social, qu'ils font ainsi à ce capital, sur leurs bénéfices individuels, un prêt quelquefois assez élevé. Plus tard, en des jours plus heureux, quand l'association aura fait sa fortune et pourra reconnaître les services de ses fondateurs, elle leur remboursera le montant de ces prêts, mais jusque-là elle y trouvera une *réserve* qui lui sera souvent nécessaire pour parer aux pertes et aux crises, et qui lui sera surtout utile pour l'extension de ses affaires.

Le partage des bénéfices ne se fait pas partout suivant la même règle ; tantôt il a lieu par tête et au prorata seulement du temps passé dans l'association, et tantôt proportionnellement aux rétributions touchées par les travailleurs, c'est-à-dire au travail effectué et à la valeur de ce travail. Nous avons déjà dit qu'une divergence semblable avait lieu, en ce qui concerne la fixation des rétributions : c'est la fameuse controverse sur l'égalité des salaires qui divise ainsi les associations. Nous reviendrons plus tard sur ce point.

Quoiqu'il en soit, et abstraction faite de cette question, la supériorité de la position de l'ouvrier associé sur l'ouvrier salarié est évidente. Aujourd'hui, quand il y a des bénéfices, ils sont tous pour le patron, qui ne doit à ses ouvriers que leur salaire, et qui, après l'avoir payé, garde pour lui seul tout le surplus du produit de leur travail. Voilà le régime actuel, régime d'iniquité, où le maître a la grosse part sans autre titre que sa maîtrise! Dans l'association, il en est tout autrement. C'est à tous les travailleurs qu'appartient le produit du travail ; tous ont contribué à produire, et tous partagent ensemble ce qu'ils ont produit ensemble. A vrai dire, la rétribution journalière qu'ils reçoivent ne doit même être considérée que comme une avance sur les bénéfices, qui leur est faite pour les mettre à même de vivre et de continuer à travailler. C'est ainsi que l'égalité et la justice se substituent à l'injustice dont le pauvre souffre aujourd'hui.

Mais, dira-t-on, si l'association, au lieu de faire des profits, fait des pertes, qui les supportera? Le capital de la société, comme aujourd'hui c'est le capital du patron. Ce capital social peut diminuer comme il peut s'augmenter, et si les pertes se répètent, il arrivera certainement bien vite qu'il s'épuisera, et il est vrai qu'alors l'association sera ruinée et qu'elle disparaîtra. Mais qui donc prétend que les associations ouvrières soient à l'abri de la ruine? Ce que nous prétendons, c'est que, sous l'aiguillon d'un intérêt commun et avec les garanties de bonne gestion que présente leur organisation, elles réunissent toutes les conditions d'un succès régulier et constant, qui ne saurait leur manquer pour peu qu'elles soient honnêtes, raisonnables et persévérantes.

Pour terminer l'analyse des contrats d'association, il reste deux mots à ajouter sur le capital social.

J'ai dit tout à l'heure que sur les bénéfices, et avant tout partage entre les associés, une part est prélevée pour accroître ce capital. Aucun emploi plus utile, plus fécond, ne saurait assurément être fait de ces bénéfices. L'avenir des associations est là.

Le travail, en effet, a besoin du capital. Les ouvriers les plus robustes et les plus habiles, avec leurs bras et leur courage, même avec leur union, ne feront rien, s'ils n'ont pas d'atelier, s'ils n'ont pas d'outils ou de machines, s'ils n'ont pas de matières premières, s'ils n'ont pas les avances nécessaires pour vivre en attendant que le produit soit achevé et vendu. Il leur faut tout cela, et tout cela, c'est le capital; et les associations ne l'ont pas, et elles ne se le procurent qu'en partie, à grand'-peine et à force de sacrifices, et c'est pour cela que leurs commencements sont si pénibles. Quelques-unes ont obtenu un fonds du gouvernement, mais il faut le rembourser.

Le premier intérêt des associations, leur premier devoir, est donc de se procurer un capital qui soit à elles.

Or, pour cette acquisition, elles n'ont qu'un moyen sûr : c'est l'épargne; et voilà pourquoi chaque année elles prélèvent sur leurs bénéfices cette part plus ou moins forte qui est destinée à l'accroissement du capital social.

Mais ce capital, auquel chaque année doit ainsi payer son tribut et qui provient d'un prélèvement opéré avant tout partage sur les bénéfices du travail commun, à qui appartiendra-t-il ?

C'est ici que les sociétés ouvrières se distinguent profondément des sociétés capitalistes.

Dans la plupart de nos associations, en effet, on a admis que ce capital ne se divise pas entre les associés, mais reste le bien indivis de l'association elle-même, dont il est la propriété collective.

C'est par cette voie que les associations doivent arriver à se constituer un patrimoine dont elles n'aient l'intérêt à payer à personne et qui une fois acquis reste toujours à la libre disposition du travail.

Ce capital, aucun associé n'aura do[illegible] jamais le droit d'en disposer individuellement, même pour la plus petite fraction, mais tous ensemble ils pourront toujours en user à leur guise comme de leur instrument de travail commun.

C'est par là que les associations s'élèveront au dessus du danger des crises passagères, qu'elles échapperont aux griffes des prêteurs, des banquiers et de tous les usuriers, qu'elles secoueront le lourd fardeau des intérêts, et qu'en se créant une propriété collective et en l'augmentant sans cesse, elles parviendront à étendre toujours le cercle de leur production et à enrôler dans leurs cadres un nombre toujours croissant de travailleurs, jusqu'au jour (trop éloigné, mais certain) où, dans le monde du travail, il n'y aura plus que des associés.

J'apprécierai plus loin avec beaucoup de soin la valeur de cette institution; je dois seulement dire ici qu'à mon sens elle est la base la plus solide de la société ouvrière.

Le capital indivisible est le trésor des associations; c'est leur sang nourricier, c'est la rançon avec laquelle les travailleurs achèteront leur affranchissement (1).

Le tableau que je viens de tracer est très-imparfait; il est trop abrégé; c'est tout au plus une esquisse. Je crois pourtant y avoir réuni les principaux traits de l'organisation des associations ouvrières. Maintenant, et pour contre-épreuve, afin d'être plus sûr d'être bien compris et pour suppléer à l'attention du lecteur qui, d'ordinaire, n'en est pas très-prodigue, je tiens à dis-

(1) Il ne faut pas confondre le *fonds indivisible*, qui est le vrai capital social, avec le *fonds de réserve*, qui se compose des prêts faits à l'association par les associés sur les bénéfices à eux alloués, comme je l'ai dit plus haut. Le fonds de réserve n'est qu'un accessoire du capital social, et l'on peut très-bien supposer que l'association s'en passe une fois qu'elle sera enrichie. En général, il porte intérêt au profit des associés qui en sont propriétaires.

tinguer cette conception du socialisme pratique des idées plus ou moins voisines avec lesquelles on peut la confondre. Après avoir essayé de dire ce que c'est qu'une association ouvrière, il n'est pas inutile, pour éviter tout malentendu, de dire ce qu'elle n'est pas.

L'association ouvrière n'est pas la communauté; cela est évident, puisque chaque travailleur associé reçoit sa rétribution et sa part des bénéfices, dont il a la propriété absolue et dont il dispose tout à fait à son gré, chose qui répugne essentiellement à l'idée de communauté.

L'association ouvrière n'est pas même la vie en commun ni l'association dans la consommation, ces diminutifs de la communauté. Chaque associé, en effet, n'est tenu qu'à travailler dans l'atelier, et, ce travail fait, il reste maître de ses actions. Libre à lui, s'il le veut, de s'associer avec des amis pour vivre à meilleur marché; mais cette seconde association n'a rien à démêler avec la première. Libre encore aux sociétés ouvrières de chercher à procurer à leurs membres les avantages d'économie attachés aux approvisionnements en gros et à la consommation en commun; mais les associés doivent toujours être libres de les refuser; et, en aucun cas, ce refus ne doit leur causer le moindre préjudice. En fait, d'ailleurs, les sociétés actuelles ne se mêlent pas de fournir à personne ni le logement, ni la nourriture, ni le vêtement, et elles ont raison; car rien n'est plus difficile ni plus périlleux que la vie commune, et si l'association ouvrière s'y laissait aller, elle y périrait certainement et bien vite.

L'association ouvrière n'est pas non plus l'association *intégrale* des fourriéristes, où tous les métiers et toutes les professions doivent se réunir et où chaque sociétaire doit passer à sa fantaisie d'un travail à l'autre. Jusqu'ici le phalanstère n'est qu'une utopie, et nos sociétés, essentiellement pratiques, où ne s'unissent pour travailler ensemble que des hommes occupés de la confection du même produit, et où chacun a sa tâche spéciale et ne fait que ce qu'il sait bien faire, ne lui ressemblent pas du tout.

L'association ouvrière n'est pas davantage la simple participation des ouvriers dans les bénéfices du patron, puisque dans la véritable association il n'y a plus de patron ni de salariés, il n'y a que des associés. La participation aux bénéfices, en intéressant les travailleurs dans l'entreprise, constitue un progrès sur l'état actuel, mais elle n'est qu'une application incomplète et insuffisante du principe de l'association, et elle n'a de valeur réelle que parce qu'en certains cas, notamment dans les grandes fabriques, elle servira de passage pour arriver à mieux.

Enfin et surtout, l'association ouvrière n'est pas du tout l'association des capitaux, cette association, qu'ont tant vantée les économistes de l'école anglaise, et qui ne peut aboutir qu'à constituer de grandes exploitations par la réunion de petites fortunes, sans rien faire pour les travailleurs qu'aggraver leur sort, comme le prouve l'histoire de la grande industrie. Il ne s'agit pas dans nos sociétés d'associer des capitaux, mais des hommes; le but n'est pas d'assurer un plus grand profit aux capitalistes, mais d'arracher les travailleurs à la dépendance où ils sont à l'égard de ces capitalistes; le but, c'est que les travailleurs gagnent le capital : argent, usines, terres, maisons, dont ils ont besoin pour travailler; le but, c'est que le capital appartienne au travail, et que, par suite, le fruit du travail appartienne tout entier au travailleur. On voit bien que l'association des ouvriers n'a rien de commun avec l'association des capitalistes.

Mais il faudra revenir plus tard et avec plus de détails sur tous ces points que je n'ai pu qu'effleurer dans un premier chapitre. J'aurai toutefois atteint mon but, si le lecteur a pris une idée juste de l'association, et s'il est en état de me suivre, quand je vais lui en démontrer la puissance et la fécondité.

LIVRE II

LES BIENFAITS DE L'ASSOCIATION

CHAPITRE PREMIER

COUP D'ŒIL GÉNÉRAL SUR LE MAL ACTUEL.

La description des vices économiques dont souffre notre société a été faite assez souvent pour être devenue presque un lieu commun ; je ne peux pas me dispenser néanmoins de la retracer brièvement dans ses principaux traits.

Avant de dire ce que l'association peut faire pour guérir le mal, il faut dire quel est ce mal.

Aujourd'hui, en France, au point de vue économique, les citoyens se divisent en trois classes :

1° Les capitalistes, qui possèdent les instruments de travail de toute nature, terres, maisons, usines, argent, etc.;

2° Les entrepreneurs, qui font travailler, qui ont des ouvriers ; tels sont les fabricants et les fermiers, tels sont aussi les commerçants qui forment une sous-classe distincte;

3° Les salariés qui vivent uniquement du prix de leur travail personnel.

C'est entre ces trois classes que se partagent annuellement tous les produits du travail de la société française (1).

(1) Je range dans la même catégorie et je comprends sous le même nom les capitalistes proprement dits et les propriétaires fonciers, à cause de l'analogie de leur position et de leurs droits, et parce qu'en

Aux capitalistes, la moins nombreuse des trois catégories, revient sur ce produit total une très-grosse part, connue dans l'usage sous les noms divers de fermages, loyers, arrérages, intérêts, dividendes, et qu'on peut désigner par un seul mot, LA RENTE. Cette rente est le prix de la location de l'instrument de travail. Elle se distribue très-inégalement entre les individus, mais elle se prélève avec régularité, et elle est presque fixe.

Aux entrepreneurs, sur cette même production annuelle de la nation, revient également, à titre de profits ou de bénéfices, une part assez forte, mais essentiellement variable, qui dépend pour chacun des résultats de ses affaires, c'est-à-dire de son habileté et de circonstances données sur lesquelles personne ne peut rien.

Aux salariés enfin, les plus nombreux de beaucoup, et toujours sur cette production annuelle dont ils sont les agents directs, revient une rétribution, qui est le prix de leur travail, le salaire; rétribution qui varie beaucoup aussi, mais qui a pour caractère principal d'être convenue à l'avance, et de ne pas dépendre du succès ou de l'insuccès des opérations.

En fait, ces trois catégories se mêlent et se confondent souvent, de sorte que les diverses qualités se réunissent sur la même tête. La plupart des entrepreneurs sont en même temps propriétaires au moins d'une partie du capital dont ils disposent, sans quoi ils ne pourraient presque rien entreprendre. En général, la tendance des petits capitalistes est de faire valoir eux-mêmes leurs capitaux. Dans la petite culture, le propriétaire qui cultive son propre champ récolte à la fois dans sa moisson l'équivalent de la rente du capitaliste et du salaire du travailleur. Mais tous ces mélanges n'empêchent pas l'existence de la loi générale, et il est toujours vrai que la condition des individus dépend de leur

réalité ils jouent le même rôle dans l'économie sociale. Pour la même raison, j'appelle *rente*, non pas seulement le revenu net de la terre, mais aussi l'intérêt des capitaux, et en général tout revenu que donne la location d'un instrument de travail quelconque.

participation aux avantages ou aux inconvénients attachés à chaque classe.

Or, sous le double rapport de la vie morale et physique, voici la condition générale de ces trois classes :

La perception régulière de la rente garantit aux capitalistes, dès que leur capital est seulement médiocre, la satisfaction des premiers besoins; elle assure à beaucoup d'entre eux la jouissance de toutes les aisances de la vie; elle permet à quelques-uns tous les raffinements du luxe et toutes les profusions du superflu ; surtout elle donne à presque tous la sécurité, ce bien inestimable que le propriétaire seul connaît, et que toujours les travailleurs ont ignoré depuis qu'ont été brisés les fers de l'esclavage. C'est aux capitalistes qu'appartient aussi presque exclusivement le monopole de l'instruction et des avantages qu'elle procure, attendu que chez nous l'instruction se paye, et que les capitalistes seuls ont de quoi la payer. Il faut encore ajouter qu'un assez grand nombre d'entre eux restent oisifs et n'ont d'autre métier dans la société que celui de consommateurs. Ce sont les capitalistes *purs;* ils sont capitalistes et ne sont rien que cela.

Quant aux entrepreneurs, ils ne participent d'ordinaire aux avantages dont jouit la première classe que s'ils sont capitalistes eux-mêmes, et dans la mesure où ils le sont. Les bénéfices seuls de leurs entreprises les laisseraient pour la plupart dans une grande pauvreté, s'ils n'avaient à y joindre l'intérêt de leurs capitaux. En tout cas, la sécurité n'est pas faite pour eux. Jetés au milieu des périls de la concurrence, ils ne se maintiennent dans leur position qu'à force de soins, d'attention, d'économie, et trop souvent à l'aide de manœuvres déloyales, qui sont malheureusement le moyen le plus court de faire fortune.

Voyons maintenant la troisième classe, celle des salariés, la plus nombreuse de toutes, qui en France comprend au moins les deux tiers de la population.

Dans cette classe quelques individualités exceptionnelles (les artistes et les hommes de lettres en renom) reçoivent des salaires fabuleux qui leur donnent accès à toutes les jouissances de la richesse; une minorité très-faible relativement à la masse (les employés, surtout ceux de l'État), reçoit au moins de quoi suffire à son existence; une autre minorité également faible (les domestiques, attachés au service personnel des riches), obtient la large satisfaction de ses besoins physiques aux dépens de sa dignité morale. Quant à l'immense majorité qui est purement occupée de travaux manuels, son sort est tout différent. Ne participant en rien aux bénéfices, n'étant pas intéressés au succès des opérations, ne profitant pas du tout de l'abondance ni de la bonté des produits qui sont leur œuvre, n'étant en réalité que des instruments de travail animés qu'il faut payer, et dont la paye est comprise dans le prix de revient du produit, comme l'entretien des machines, des outils ou des bestiaux, les salariés n'ont jamais droit qu'au payement du prix de leur travail, tel qu'il a été fixé à l'avance, soit à la journée, soit à l'année, soit à la tâche. Ils labourent, sèment et moissonnent; mais si riche que soit la récolte, ils n'ont toujours que leur salaire.

Or, quel est ce salaire?

L'économie politique anglaise a parfaitement élucidé ce problème. Elle a démontré que, dans l'état normal, dans la règle, la loi du salaire est de descendre au taux suffisant pour se procurer les objets de la plus stricte nécessité, juste ce qui est nécessaire pour ne pas mourir.

La population, en effet, croissant toujours en proportion de la quantité des subsistances et même la débordant un peu, les travailleurs, à moins de circonstances exceptionnelles, ne doivent jamais manquer. Or, le taux du salaire, qui en droit résulte d'une convention librement débattue entre le salariant et le salarié, ne peut dépendre en fait que du rapport entre la quantité de travail *offerte* et celle qui est *demandée*, et puisque la première tend toujours à dépasser la seconde, il s'ensuit nécessairement que le salaire doit toujours baisser jusqu'à ce qu'il descende enfin à sa dernière limite, celle où l'ouvrier ne pourrait absolument plus vivre.

L'expérience a démontré la justesse de ce raisonnement. Depuis des siècles, les salariés de l'agriculture sont réduits, dans presque toute l'Europe, à la mesure la plus étroite possible des biens nécessaires à l'existence, et quant aux salariés de l'industrie, depuis que l'abolition des corporations et la cessation des guerres ont laissé les choses suivre leur cours normal, on a vu partout les salaires baisser et la condition des salariés empirer, malgré l'accroissement des capitaux et des produits.

Voici donc quelle est la condition de la masse des travailleurs qui forment le fonds de toute la population européenne.

Ils sont salariés, — et, en cette qualité, ils sont soumis au salariant, qui est leur *maître*, et à qui ils sont tenus d'obéir, même quand il a tort, sous peine d'être renvoyés et d'aller chercher ailleurs un autre maître pour gagner leur vie.

Ils sont salariés, — et presque toujours leur salaire est trop bas pour leur permettre d'entretenir et d'élever leur famille, de s'assurer une retraite pour l'âge de la vieillesse et de se réserver quelques épargnes pour les jours de la maladie ou du chômage.

Ils sont salariés, — et ce salaire déjà si vil tend sans cesse à s'avilir encore par les efforts continuels des patrons pour diminuer les prix de revient, par le nombre excessif des apprentis, dont l'invasion gâte bientôt les meilleurs métiers, et par la concurrence incessante que se font entre eux tant de gens qui ont besoin de travail pour vivre, qui l'implorent comme un bienfait et l'acceptent à tout prix.

Ils sont salariés, — et si par malheur le travail vient à cesser, à être suspendu, le salaire cesse également, et il ne reste plus au travailleur de ressource que dans l'assistance de la charité publique ou privée, à laquelle il demande du travail, et qui en place lui donne l'aumône en le condamnant à l'oisiveté.

Certes, en écrivant ces lignes, je n'ai pas du tout l'intention ni le désir d'irriter les salariés contre les salariants. Ces derniers ne sont pas coupables du mal qui existe, et dont ils souffrent souvent les premiers. Si parmi eux il y a d'injustes patrons qui aggravent le malheur de leurs subordonnés, il y en a aussi de bons qui l'atténuent. Et puis, d'ailleurs, ce n'est pas par la colère ou par la haine qu'on peut résoudre le problème économique; ce n'est que par l'amour fraternel, par la vraie charité, fondée sur le dévouement personnel et sur le respect des droits de l'homme. Mais il n'en importe pas moins de voir les choses comme elles sont, de constater les faits dans leur réalité, et je ne fais pas autre chose ici.

Je dis donc que c'est un fait, et le fait capital de notre économie sociale, et un fait inévitable, *le salariat étant donné,* que la pauvreté extrême de la grande majorité de la population française. Et qu'on le remarque bien, je ne parle pas de la misère exceptionnelle où sont tombées certaines populations industrielles, de cette misère qui démoralise, qui détruit toute prévoyance, qui énerverait les plus fiers courages, qui mène tout droit à l'abrutissement et à la dépravation, et qui finit par abâtardir les races et par punir la société en la privant des forces humaines dont elle a abusé. Non! je ne parle pas des ouvriers de Mulhouse, de Rouen, de Lille, de tant de milliers de victimes sacrifiées au démon de l'usine, ni des canuts de Lyon, ni des chiffonniers du faubourg Saint-Marceau. Je parle d'un fait général et permanent, de la condition ordinaire des salariés, et je constate que cette condition est une pauvreté telle qu'elle n'est plus tolérable à l'âge de civilisation où nous sommes arrivés.

La France est un pays fertile, où les climats et les productions sont très-variés, dont le sol a été fécondé par les travaux de cinquante générations; où le capital fixe, maisons, usines, travaux d'art, routes, est multiplié presque à l'infini, et où le capital circulant est suffisant. Quant aux capitaux d'une autre nature, et qui ne sont pas moins nécessaires, à ceux qui naissent de la moralité, de l'intelligence, de l'instruction, tels que l'amour et l'habitude du travail, la science des industriels, l'habileté des ouvriers, nous avons une supériorité reconnue sur la plupart des autres nations. En somme, la France est donc très-riche; il n'y a que l'Angleterre qui, sous certains rapports, soit plus riche qu'elle, et néanmoins chez ce peuple, que tant de peuples envient, la plus grande partie des familles en sont réduites à ce degré de pauvreté que le travail le plus assidu ne suffit à leur procurer ni une alimentation suffisante, ni un logement salubre, ni des vêtements sains et décents, ces trois choses que le sage de l'Écriture appelle les premières nécessités de la vie humaine.

Sans entrer dans des descriptions inutiles, il suffit de rappeler que les neuf dixièmes de nos paysans ne mangent de viande qu'aux jours de fête, et encore ne mangent pour la plupart que du porc, que la viande de boucherie leur est presque inconnue, et que la poule au pot de Henri IV est restée pour eux une gasconnade, tout comme il y a deux cent cinquante ans. Quant aux autres nécessités de la vie civilisée, quant à l'abondance du mobilier, qui donne tant de charme à l'intérieur des familles, quant à la nourriture et aux délassements de l'esprit, quant à l'assurance d'une vieillesse paisible, quant aux soins de la médecine en cas d'accident ou de maladie, quant à l'éducation des enfants, à la culture et au développement de leurs dispositions naturelles, hélas! tous ces biens, que tant de capitalistes possèdent *gratis*, les salariés ne peuvent les acheter à aucun prix, pas même à celui de l'ordre, de la régularité et de l'économie de toute leur existence; ces biens ne sont pas faits pour eux, pas même pour ceux d'entre eux qui sont dans des conditions relativement bonnes. Leur lot, leur seul lot, c'est la gêne, c'est le dénûment, c'est l'ignorance, c'est une pauvreté continue, avec la crainte et la perspective permanente de la misère, si survient le moindre accident, si la maladie frappe le père de famille, si le travail chôme, si la disette augmente le prix du blé. Leur lot, c'est une vie courte, plus courte, en moyenne, que celle des capitalistes. Des quartiers les plus riches de Paris aux quartiers les plus pauvres, la moyenne de la durée de l'existence descend de plus de cinquante ans à moins de vingt ans. Oui ! voilà le lot des travailleurs, et ce lot restera le leur tant que subsistera le salariat, dont il est la conséquence naturelle.

En faisant l'inventaire abrégé de notre situation économique, j'ai d'abord parlé de la distribution des richesses, parce que, à mon sens, c'est là que gît la racine du mal ; je dois cependant ajouter quelques lignes sur les vices de la production.

Ces vices peuvent se réduire à ces quatre chefs principaux :

1° Que les produits utiles ou même nécessaires sont très-insuffisants, tandis que les produits superflus surabondent ;

2° Que la production n'est pas régulière en sa marche, qu'elle ne proportionne pas les produits aux besoins, ou au moins à la demande ; mais qu'elle procède par accès, aboutissant souvent à l'encombrement pour reculer ensuite jusqu'à la disette ou au moins à l'insuffisance ;

3° Que les agents de la production, c'est-à-dire la population des travailleurs, est mal répartie entre les diverses industries, dont la première de toutes, l'agriculture, manque souvent de bras, tandis que beaucoup d'autres en regorgent ;

4° Que les instruments de travail, soit naturels (la terre), soit créés par le travail (les usines, les outils, le capital, le mobilier, etc.), ne sont ni bien distribués ni bien employés ; que, par exemple, ils sont souvent émiettés au détriment de la production, comme dans la petite culture et dans la petite fabrique, ou détournés de leur vraie destination, comme quand on défriche des bois nécessaires à l'intérêt public; que souvent ils affluent aux emplois peu utiles ou même nuisibles, comme aux jeux de bourse ou aux spéculations aléatoires, et se refusent aux emplois nécessaires, comme aux améliorations agricoles, à la fécondation du sol ;— toutes circonstances qui empêchent la production générale d'être la plus fructueuse possible avec le moins de travail possible, ce à quoi pourtant on doit viser.

Tous ces vices sont évidents, et ils ont été trop souvent signalés pour qu'il soit nécessaire d'y insister avec détail. Il importe pourtant de bien remarquer que le plus grave de tous, le premier, celui qui consiste dans la nature des produits, dans l'insuffisance de l'utile et du nécessaire en présence de tant de superflu, ne provient pas de la production en elle-même, mais bien des vices de la distribution des produits, dont il n'est qu'un résultat. Si une grande partie du travail est consacrée à la production d'objets de luxe, tandis que les objets de première nécessité et d'utilité réelle font défaut à tant de citoyens qui ont droit de les réclamer, la cause en est que, par suite de l'injuste répartition des produits, la masse est très-pauvre et la minorité très-riche, et que par conséquent la demande, qui détermine toujours la production, ne porte pas assez sur les objets qui satisfont aux besoins réels de tous, et porte beaucoup trop sur ceux qui satisfont aux besoins factices de quelques-uns. Supposez que les produits du travail national soient plus équitablement répartis, et aussitôt la demande se rectifiera. On voudra moins de bijoux, de diamants, de coûteuses dentelles, et plus de bonnes et solides étoffes, plus de chaussures, plus de linge; moins de chevaux et de carrosses de prix, et plus de voitures de place et de transport en commun; moins d'éditions de luxe, et plus de livres. Ainsi se transformerait la nature de la demande, et par suite celle de la production.

Peut-être pourrait-on établir que les autres vices signalés plus haut tiennent également en partie à la mauvaise distribution des produits. Si, par exemple, il y a des industries, comme l'agriculture, que les travailleurs abandonnent, ce fait provient évidemment de ce qu'ils y sont trop mal traités et n'y reçoivent pas une part suffisante des récoltes; mais ce n'est pas ici le lieu d'entrer dans ces détails. Il suffit d'avoir montré que la production est mal ordonnée, et que la distribution des produits se fait plus mal encore, d'où suit qu'en sa généralité l'économie sociale actuelle est profondément vicieuse et injuste, et qu'elle exige une réforme radicale.

Telle qu'elle est, cependant, et c'est ce qu'on oublie trop, cette économie est meilleure qu'elle ne l'était il y a un siècle, sous la monarchie absolue, au temps des corporations, ou au moyen âge, quand le servage existait encore; meilleure surtout, bien meilleure que dans l'antiquité, quand l'immense majorité des travailleurs était esclave. A part de déplorables exceptions, les salariés de nos jours jouissent de plus de bien-être, de liberté et d'instruction; ils participent plus abondamment aux avantages de la société que leurs pères des siècles passés. Ces améliorations sont le fruit des trop lentes conquêtes successivement faites par l'esprit de réforme et de justice dans le sein des sociétés chrétiennes; mais ces progrès antérieurs ne doivent pas empêcher de sentir le mal actuel; ils doivent au contraire encourager à le combattre dans la ferme espérance de le guérir, comme l'humanité en a déjà guéri tant d'autres. La plaie du paupérisme et de la misère n'est pas plus incurable que celle de l'esclavage: pourquoi donc ne se cicatriserait-elle pas à son tour? La différence consiste seulement en ceci, qu'elle peut et doit se guérir beaucoup plus vite, parce qu'en réalité elle est moins profonde, parce que les travailleurs libres des sociétés modernes ont l'énergie morale, le courage et le dévouement dont l'esclavage privait les travailleurs de l'antiquité, et enfin parce que les grandes réformes politiques accomplies depuis soixante ans donnent au peuple le moyen régulier et pacifique d'opérer son affranchissement définitif.

CHAPITRE II

DEUX EXPLICATIONS NÉCESSAIRES.

Les bienfaits que l'association doit produire sont nombreux, et surtout ils ont une portée qu'il est presque impossible de mesurer aujourd'hui. On peut dire, sans rien exagérer, que le principe de l'association porte en ses flancs la régénération de tout le monde économique. C'est cette vérité que je dois établir dans ce livre; mais auparavant, et afin que le lecteur ne cherche pas ici plus que je ne prétends y mettre, j'ai deux aveux à lui faire, sur lesquels j'appelle son attention.

Le premier, c'est que l'association ouvrière n'est pas une institution d'un effet immédiat, dont l'application doive changer presque instantanément les conditions d'existence des travailleurs. Non! L'association n'est pas de nature à faire succéder tout d'un coup à l'âge de fer où nous souffrons, un âge d'or où la prospérité, la richesse, l'égalité, le bonheur fassent oublier aux hommes les misères du passé. Rêver une semblable régénération, que le législateur puisse opérer par quelques décrets, comme un magicien par un coup de baguette, c'est s'abandonner à la plus folle et à la plus grossière des illusions. Les peuples ne sautent pas ainsi du désert à la terre promise. Il est d'expérience universelle que les systèmes sociaux ne se transforment que par des efforts longtemps répétés et par des transitions graduelles, et que le bien ne s'achète que par le sacrifice; de sorte qu'*en fait* les réformateurs ne travaillent presque jamais pour eux, et que les révolutions ne sont que des semences dont les générations suivantes sont seules appelées à recueillir les fruits. Telles sont les conditions du progrès dans l'humanité! Telle est la loi! loi fatale, dont nous pouvons amoindrir les effets par le dévouement, par l'amour du bien public, par l'esprit de fraternité, par la pratique de toutes les vertus, mais que nous ne saurions abolir, et dont il est prodigieux d'entendre si souvent méconnaître l'existence, dans un siècle dont la gloire scientifique sera d'avoir découvert et démontré la théorie du progrès!

Mon second aveu est que l'association ouvrière ne peut pas suffire à la réforme des abus et des injustices qui pullulent dans la sphère du travail. De même qu'en médecine on a reconnu depuis longtemps la vanité de ces remèdes prétendus universels, de ces *panacées*, qui devaient suffire à la guérison de toutes les maladies, de même il faut bien se convaincre que toute panacée sociale est également chimérique. Ce n'est pas par l'effet d'une seule institution, c'est par un ensemble, par une série, par une continuité d'améliorations et de créations dirigées dans le même esprit, que peut s'opérer une transformation profonde et durable dans l'organisation du travail et dans la condition des travailleurs. Le règlement de l'apprentissage, par exemple, pour prévenir l'encombrement des métiers; — la gratuité de l'enseignement professionnel pour donner aux citoyens la liberté de suivre leur vocation; — la réforme hypothécaire et les institutions du crédit foncier, pour fournir à bon marché aux propriétaires l'argent qu'exige l'amélioration de leurs terres; — d'autres institutions de crédit, plus larges et plus utiles encore, pour faire baisser partout le taux de l'intérêt; pour mettre les instruments de travail, y compris la terre, à la portée des travailleurs et des associations elles-mêmes; pour dispenser le capital circulant aux grandes fabriques, tantôt avec abondance et tantôt avec réserve, selon les probabilités de la demande, de manière à prévenir les crises; — des agences de publicité, pour faire connaître les besoins et l'état du marché, et arracher ainsi les producteurs à l'ignorance dont ils sont si souvent victimes; — des réserves de grains, pour parer aux disettes et amener plus de fixité dans le prix des produits agricoles; — des lois sur les fermages pour les maintenir à un taux juste et pour assurer aux fermiers la plus-value créée par leurs travaux; — des minimum de salaire à fixer dans chaque industrie par les conseils de prud'hommes; — la refonte de tout le système des impôts, pour les faire porter exclusivement sur les capitaux et les revenus, en les graduant d'après une échelle progressive, de manière à faire contribuer les citoyens en raison croissante de leur fortune; toutes ces mesures et toutes les autres du même genre, qui, malgré la diversité de leur objet, seront conçues dans le même but, rentrent naturellement dans le cadre de la transformation économique, qui est la principale mission de notre siècle, et qui doit être poursuivie par tous les moyens possibles, pourvu qu'ils soient légitimes.

Mais, il faut se hâter de l'ajouter, *sans l'association* toutes ces mesures, toutes ces réformes, toutes ces institutions ne seraient qu'une œuvre vaine et stérile.

Si elle était seule, l'association serait insuffisante; à peine même pourrait-elle se développer; c'est vrai; mais *sans elle* il ne peut RIEN se faire qui soit d'une utilité réelle, qui soit de quelque fécondité, qui aille au cœur du mal, qui réponde aux besoins profonds de notre époque, qui satisfasse aux aspirations de justice et d'égalité dont sont travaillées toutes les âmes démocratiques.

L'association, c'est la clef de voûte de l'édifice futur; c'est le lien qui donne la solidité à tout le reste; c'est le premier et le dernier mot, c'est le fond même et la base de toute la réforme économique.

Par l'association, en effet, les travailleurs doivent être délivrés à la fois de l'exploitation des entrepreneurs et de celle des capitalistes ; les plus criants abus de la concurrence doivent disparaître; la répartition des fruits du travail doit se faire avec justice; les priviléges du capital doivent décroître sans cesse pour aboutir à leur extinction finale ; la somme de la production et de la richesse sociale doit beaucoup augmenter, et en même temps il doit s'opérer dans la condition morale des travailleurs un progrès considérable. Voilà ce que j'espère démontrer par la simple exposition des résultats qu'obtiendront nécessairement les sociétés ouvrières actuellement fondées, si elles se multiplient et s'étendent, si elles se généralisent dans la société française.

Il est probable, je le reconnais, qu'en se développant les sociétés se modifieront plus ou moins dans leur constitution. Elles ne sont encore qu'à leur aurore : qui donc pourrait dire ce qu'elles seront devenues à leur midi, quand elles auront conquis toute leur puissance et tout leur éclat? Peut-être ces unités isolées se grouperont-elles! peut-être s'assureront-elles les unes les autres! Peut-être s'établira-t-il entre elles une union plus ou moins étroite! Je ne songe certes pas à enchaîner leur avenir; plus loin même j'examinerai jusqu'à quel point il peut leur être avantageux de marcher dans cette voie; mais actuellement je n'étends pas ma pensée si loin ; je suppose que les associations persistent dans leur isolement, et même dans cette position, je veux prouver qu'elles doivent produire tous les avantages que je viens d'énumérer.

Les dix chapitres suivants sont consacrés à l'exposition détaillée des bienfaits de l'association, en tout ce qui touche l'économie sociale.

Voici l'ordre dans lequel se déroulera cette exposition :

D'abord, pour ce qui concerne la production, trois chapitres : *Abondance dans la production; — De la régularité dans la production ; — De la concurrence.*

Ensuite, pour ce qui concerne l'amélioration des conditions du travail et la réforme des abus dont les travailleurs sont aujourd'hui victimes de la part des chefs d'industrie, cinq chapitres : *Affranchissement de l'ouvrier à l'égard du patron ; — Sécurité des travailleurs ; — Justice dans la répartition des bénéfices ; — Suppression des intermédiaires ; — Réforme de l'apprentissage.*

Puis, pour ce qui concerne le capital, trois chapitres : *Affranchissement du travail à l'égard du capital; — Abolition progressive de la rente ; — Accumulation des capitaux.*

Enfin un dernier chapitre est réservé à l'étude des *progrès moraux et intellectuels* que l'association doit produire.

CHAPITRE III

ABONDANCE DANS LA PRODUCTION.

Il se débat depuis plus d'un siècle entre les partisans de la grande propriété et ceux de la petite une controverse qui n'est pas vidée. Les uns démontrent que dans les grandes exploitations, grâce à la division du travail, à l'emploi des machines et à la diminution des frais généraux, on produit davantage avec une égale quantité de forces, c'est-à-dire qu'on produit à meilleur marché; les autres démontrent que la petite propriété, grâce au zèle qu'elle inspire pour le travail, rachète les inconvénients attachés à la division excessive de la terre et au manque de capitaux mobiliers, et que, si elle produit plus cher, c'est-à-dire moyennant plus de travail, elle produit néanmoins davantage. Elle emploie plus de travailleurs, et, après les avoir payés, elle laisse moins d'excédant de production ; son produit *net* est donc moins élevé ; c'est un fait incontestable ; mais son produit *brut* au contraire est plus élevé ; et le produit *brut*, la masse des produits, c'est la véritable richesse sociale. Les deux faits sont également prouvés, et des deux côtés les partisans de chaque opinion ne font plus que ressasser les mêmes arguments sans que la discussion avance d'un pas.

Cette discussion, d'ailleurs, quoiqu'elle ait surtout porté sur l'agriculture, s'est étendue et doit s'étendre en effet à l'industrie proprement dite, où les inconvénients et les avantages des grandes et des petites fabriques sont absolument les mêmes.

Or, c'est à l'association, et à elle seule, à trancher enfin cette discussion. L'association, en effet, réunit les avantages des deux modes d'exploitation, sans avoir les inconvénients de l'un ni de l'autre. D'une part, par l'étendue des établissements, soit ruraux, soit industriels, par l'emploi de tous les moyens perfectionnés de fabrication, par la division du travail et son exécution rationnelle, elle possède tous les mérites de la grande culture et de la grande industrie ; et, d'autre part, l'intérêt qu'elle donne à tous les travailleurs dans le succès de l'entreprise, et la fusion qu'elle crée ainsi de l'intérêt général et des intérêts particuliers de chacun, lui assurent tous ceux de la petite propriété.

Il n'est pas besoin d'insister sur le premier point. Puisqu'elles forment de grandes exploitations, il est clair que les associations obtiendront dans la production l'économie que procure ce mode de travail. Quant au second point, quant au zèle et à l'activité que l'association inspirera aux travailleurs, le fait est déjà constaté, et il n'est pas difficile de prouver qu'il résulte naturellement de la constitution des sociétés ouvrières.

Les associés, en effet, sont plus que des intéressés dans l'entreprise ; ils en sont co-propriétaires. Comment donc ne seraient-ils pas dévoués à sa fortune?

Comment n'auraient-ils pas de zèle pour ses intérêts? Comment ne travailleraient-ils pas de bon cœur pour elle, quand sa réussite doit faire leur réussite à eux-mêmes, et quand leurs bénéfices individuels dépendent de son bénéfice collectif? Et non-seulement ils se trouvent ainsi stimulés dans leur propre travail, mais ils ont un intérêt réel à se faire travailler les uns les autres, de sorte que, outre l'émulation, si naturelle et si puissante entre des coopérateurs libres, les ateliers des associations sont incessamment activés par une surveillance mutuelle, qui ne permet à personne d'interrompre ni de ralentir son travail. En réalité, l'œil du maître s'y multiplie autant de fois qu'il y a d'associés, et c'est là un avantage de plus que l'association possède sur l'individualisme.

On a constaté bien des fois combien le travail *libre* l'emporte en fécondité sur le travail *esclave;* il n'est pas moins certain que le travail des associés doit l'emporter tout autant sur le travail des salariés.

CHAPITRE IV

DE LA RÉGULARITÉ DANS LA PRODUCTION.

Sous le régime de l'association, la masse des produits tendra sans cesse à s'accroître; c'est un premier point qui est acquis. Maintenant, un second problème est de savoir si la production, en devenant plus abondante, acquerra en même temps plus de régularité, de manière à se mieux proportionner aux besoins, tels qu'ils sont manifestés par la demande, et à prévenir les crises, ce terrible fléau de la grande industrie manufacturière.

Ce second problème, il faut le reconnaître sans hésiter, ne saurait être résolu par l'association toute seule, et il est même évident que, parmi les institutions que j'ai énumérées plus haut, il en est plusieurs, telles que les réglements sur l'apprentissage, l'instruction professionnelle, les établissements de publicité et de crédit, les réserves de denrées agricoles, qui auraient en ce point plus d'efficacité. En répartissant les travailleurs selon les besoins des métiers, en contenant ou activant la production selon les probabilités du marché, en diminuant les variations des prix, elles contribueraient certainement davantage à arrêter ou du moins à ralentir ce perpétuel jeu de bascule entre l'encombrement et l'insuffisance dont les peuples souffrent tant; mais il n'en est pas moins vrai que les associations, de leur côté, peuvent et doivent aider à cet heureux résultat, surtout par l'esprit nouveau qu'elles introduiront nécessairement dans l'industrie.

Qu'arrive-t-il aujourd'hui, en effet? Qu'en temps de prospérité, c'est-à-dire quand la demande dépasse la somme des produits, les fabricants poussent la production à toute vapeur, sans aucun souci du sort futur des ouvriers qu'ils recrutent de tous côtés, et qu'ensuite, quand au bout de cette voie ils arrivent à l'encombrement des produits, ils interrompent brusquement le travail et mettent les ouvriers à la porte. Or, il est certain que des associations se conduiraient tout autrement. On conçoit ces spéculations aventureuses de la part d'un fabricant qui ne risque que ses capitaux, ou le plus souvent les capitaux d'autrui, et qu'enivre l'espérance d'une prompte fortune; mais elles ne sauraient assurément séduire autant des ouvriers associés, à qui le succès ne peut offrir de perspectives si brillantes et dont, en cas de revers, le pain peut être compromis. Certes, quand la demande pressera, les associations seront moins portées que les fabricants actuels à élargir beaucoup leurs cadres et à y appeler de nouveaux travailleurs, dont l'introduction ne se fait jamais qu'aux dépens des anciens ; et dans les temps difficiles, elles seront en revanche disposées à faire beaucoup plus de sacrifices pour continuer le travail, dont tous leurs membres ont besoin pour vivre. En deux mots, elles exagèreront moins la production dans la première période, et dans la seconde elles l'abandonneront moins, de sorte que si les crises reviennent toujours par des circonstances indépendantes de leur volonté, elles perdront du moins de leur violence.

L'association, je le répète, n'est donc pas, elle seule, un remède curatif des maux qu'entraîne pour certaines populations l'alternative fiévreuse d'un travail excessif et d'un chômage forcé ; mais elle les pallie du moins, elle les calme, elle les tempère, et en présence de si cruelles douleurs, personne n'a le droit de rejeter ni de dédaigner le traitement qui peut les alléger.

CHAPITRE V

CONCURRENCE.

La concurrence n'est pas détruite par l'existence des associations. Elle continue de subsister, d'une part, entre les produits des diverses associations, et, d'autre part, entre ces produits et ceux du travail individuel, qui doit toujours rester libre.

Tuer la concurrence, ce serait tuer à la fois la liberté et le progrès.

Mais si l'association ne supprime pas la concurrence, elle la limite et elle en détruit les abus les plus odieux,

Je n'ai qu'à énoncer ici ce qui a déjà été ou ce qui sera exposé ailleurs.

1° L'association, comme je viens de le prouver dans le chapitre précédent, en introduisant plus de régularité dans la production, modère les alternatives de disette et de trop plein dont souffre la grande industrie;

2° En établissant l'unité d'intérêt dans l'atelier, et en mettant un terme aux efforts constants faits par les patrons pour amener la baisse des salaires, elle détruit la cause la plus puissante de la diminution de la rétribution du travail (voir le chapitre suivant);

3° En faisant prédominer dans l'industrie les vues d'avenir, l'association est le plus grand encouragement qu'on puisse donner à la loyauté commerciale, que l'excès de la concurrence individuelle a tant affaiblie chez nous. Je reviendrai sur ce point en signalant les progrès que l'association doit amener dans l'ordre moral (voir le chap. XIV).

Après avoir établi que l'association ajoute à la puissance du travail et tend à régulariser la production, après avoir dit en quoi elle modère et limite la concurrence, j'en viens aux améliorations qu'elle doit réaliser dans les conditions du travail, aux avantages immédiats qu'elle doit procurer aux ouvriers et à la réforme qu'elle doit opérer des abus de l'industrie.

CHAPITRE VI

AFFRANCHISSEMENT DE L'OUVRIER A L'ÉGARD DU PATRON.

En donnant à l'industrie une constitution nouvelle, l'association aura pour effet naturel de couper jusques dans leurs racines les abus dont les ouvriers souffrent aujourd'hui par le fait des fabricants, des fermiers et des autres entrepreneurs de l'industrie.

Comment les administrateurs d'une société ouvrière auraient-ils jamais la pensée de traiter les travailleurs associés, qui individuellement sont leurs égaux et qui réunis sont leurs souverains, comme les patrons traitent leurs salariés?

Évidemment les associations ne congédieront pas leurs membres au premier ralentissement de la production; — elles ne renverront pas les malades et les infirmes, sans secours, sans pain, sans autre ressource que l'hôpital; — elles ne refuseront pas impitoyablement de l'ouvrage aux travailleurs dont l'âge commence à affaiblir les forces; — surtout elles ne s'acharneront pas à imposer par tous les moyens possibles la réduction du prix du travail; — elles ne tiendront pas les portes de l'atelier constamment ouvertes à tout nouveau travailleur qui consentira à l'abaissement du salaire; — elles n'appelleront pas des enfants et des femmes pour faire aux hommes une concurrence ruineuse. Les patrons font tout cela, parce que leur seul but, comme leur seul intérêt, est de produire à bon marché pour arriver avec plus d'avantages sur la place, et parce qu'en général ils ne répugnent pas, pour augmenter leurs bénéfices, à spéculer sur la misère des salariés. Mais comment supposer qu'une association agisse jamais ainsi?

Les associés se plairaient-ils donc à se frapper les uns les autres pour arriver à se ruiner tous? Chercheraient-ils à diminuer sans cesse le prix de la main-d'œuvre pour diminuer leur propre rétribution? N'est-il pas certain, au contraire, que la tendance universelle des patrons à abaisser les salaires, cette tendance toujours persistante, et dont les résultats ont été si désastreux depuis vingt ans; — qui est quelquefois forcée, je le reconnais, et qu'il serait trop rigoureux de traiter de criminelle, mais qui, en définitive, n'en aboutit pas moins à la ruine des travailleurs; — n'est-il pas certain que cette tendance disparaîtrait dans les associations pour faire place à la tendance opposée, à celle d'augmenter le prix de la main-d'œuvre?

Le patron, qui ne travaille pas de ses mains, est toujours porté à diminuer ce prix; c'est chose simple: le travailleur, au contraire, tendra toujours à l'augmenter; rien non plus qui soit plus simple, ni plus certain.

Or, il est aisé de voir que par cela seul, la concurrence sera naturellement limitée et corrigée dans un de ses effets les plus désastreux. Dès que les directeurs de la production ne seront plus intéressés à la réduction des salaires, on peut être assuré que, dans la plupart des cas, cette réduction s'arrêtera aussitôt. Quand l'association n'aurait pas d'autre mérite que d'amener ce résultat, elle aurait plus de valeur que tous les projets de caisses de secours mutuels et de retraite dont se berce la philanthropie. Prêchez donc l'épargne et la puissance des intérêts composés à l'ouvrier qui ne gagne pas de quoi vivre!

Et qu'on ne dise pas que, dans ces conditions, les sociétés ouvrières ne soutiendront pas la concurrence contre les autres établissements! L'expérience fait tous les jours justice de cette objection. Certes, les associations qui ont été fondées depuis deux années, avaient bien des obtacles à vaincre; la plupart manquaient presque absolument de capital; toutes marchaient dans une voie encore inexplorée; elles bravaient les périls qui menacent toujours les novateurs et les débutants. Et néanmoins, dans beaucoup des industries où elles se sont établies, elles constituent déjà pour les anciennes maisons une rivalité redoutable, qui suscite même des plaintes nombreuses dans une partie de la bourgeoisie, non pas seulement chez les traiteurs, les limonadiers et les coiffeurs, c'est-à-dire dans les industries où la nature des produits permet aux associations de compter sur la clientèle démocratique, mais dans d'autres industries où elles n'ont pas les mêmes avantages. On n'a qu'à consulter, par exemple, les fabricants de fauteuils, de chaises, de limes, et l'on saura d'eux si les établissements les plus importants en leurs genres de fabrication ne sont pas les établissements des associés.

Ces succès des sociétés ouvrières s'expliquent aisément. A défaut de la déplorable exploitation du salarié, qui est le seul fondement de la fortune de beaucoup d'industriels, elles ont, en effet, leurs ressources à elles : d'abord, dans la supériorité de leur puissance productive, qui a été démontrée plus haut et qui leur permet de se présenter sans crainte sur la plupart des marchés, et ensuite dans la composition même de leur personnel, qu'il leur est facile de recruter parmi les ouvriers les plus habiles et les plus intelligents de chaque métier. Qu'on le remarque, en effet, les associations ont le choix ; tous les ouvriers frappent à leur porte; il n'en est pas un, ayant quelque conscience de sa dignité, qui n'y préfère les dangers même et les luttes de l'affranchissement à la tranquillité servile dont il pourrait jouir chez le meilleur patron. Que doit-il donc arriver dans une telle situation? que naturellement, et par suite même de leur extension, les associations absorberont de plus en plus les ouvriers d'élite, pour ne laisser aux patrons que les ouvriers de rebut ; — et c'est là peut-être le gage le plus sûr de leur victoire définitive : car tant valent les hommes et tant valent les institutions.

En résultat donc on voit que les associations peuvent supprimer l'exploitation de l'ouvrier, sans que leur prospérité en souffre.

CHAPITRE VII

SÉCURITÉ DES TRAVAILLEURS.

Toute sécurité manque aujourd'hui aux salariés.

Ce que j'ai dit dans le chapitre précédent et quelques lignes que je vais ajouter dans celui-ci, suffiront à montrer comment l'association garantit à tous ses membres ce bien si précieux.

Dans l'association, en effet, le sort des travailleurs ne dépend plus des caprices de qui que ce soit. Ils n'ont plus à craindre d'être un jour ou l'autre jetés dans la rue, sans travail et sans pain. Ils ne sont plus des employés chez autrui, ils sont *chez eux*. L'atelier où ils travaillent est *à eux*, au même sens où l'on peut dire que la France est aux Français, en ce sens que personne n'a le droit de les en bannir, et qu'aussi longtemps qu'ils y pourront travailler, ils ont la certitude morale d'y être employés, s'ils le veulent, — à moins que, par leur propre faute et par des fautes graves, ils n'aient détruit leur propre droit et n'aient encouru une exclusion qui ne peut être prononcée que par un jugement solennel. En ce cas ils seront chassés, et ce sera justice. Car, on ne saurait trop le redire, la probité et l'honneur sont les deux pôles sur lesquels roule l'association et c'est la ruiner que d'y porter la moindre atteinte. Mais qu'ils restent honnêtes, et les associés ont devant eux une perspective assurée de travail, tant qu'ils auront de la force et de l'activité, et plus loin, pour les jours de la vieillesse, l'espérance fondée des secours et des retraites qu'aucune association, si elle réussit, ne refusera à ses invalides.

CHAPITRE VIII

JUSTICE DANS LA RÉPARTITION DES BÉNÉFICES.

Parmi les abus dont les salariés sont victimes par le fait de leurs patrons et que l'association est appelée à réformer, il en est un, plus criant et plus profond que tous les autres, qui mérite un examen particulier; c'est l'extrême et injuste inégalité qui se trouve aujourd'hui dans la distribution de bénéfices de l'industrie entre les producteurs.

Je ne parle pas encore du capital ni des capitalistes, je prie le lecteur d'y faire attention. Je ne parle que des producteurs, et en tant qu'ils sont producteurs. Je ne considère donc le patron que comme le directeur de la production et je ne fais que continuer à signaler les abus qu'il commet, en cette qualité, à l'égard des autres travailleurs.

Or, les produits étant aujourd'hui la propriété du patron *seul*, il en résulte que c'est *à lui seul* que reviennent tous les bénéfices du travail commun, sans que les ouvriers, qui ont concouru avec lui à la production, en recueillent la moindre part.

Dans les associations, au contraire, le produit appartenant *à tous*, c'est entre *tous* que se partage le bénéfice.

On voit combien l'opposition est tranchée; mais pour bien mesurer toute l'importance de ce changement radical et pour en apprécier toute la justice, il importe de s'arrêter un moment à l'examen des résultats de l'institution actuelle et de peser les arguments dont on s'est servi pour la défendre.

C'est en étudiant les populations des grandes villes de fabrique, qu'on peut le mieux se rendre compte de tout ce que la distribution des bénéfices industriels, telle qu'elle se pratique aujourd'hui, a de funeste et d'odieux. On sait combien les fortunes abondent dans toutes ces villes ; les millionnaires n'y sont pas rares et y forment une aristocratie nouvelle devant laquelle la vieille aristocratie a été obligée de baisser pavillon. Or, d'où proviennent ces richesses accumulées dans quelques familles ? en partie sans doute d'économies, d'épargnes sur les revenus ; mais en beaucoup plus grande partie des bonnes affaires qu'on a faites, des gains souvent fabuleux qu'on a réalisés, des spéculations heureuses, en un mot de l'industrie. Beaucoup d'entrepreneurs, il est vrai, beaucoup de fabricants, beaucoup de gros industriels ont misérablement échoué ; mais d'autres ont fait fortune et ont pu transmettre à leurs enfants les patrimoines considérables qui en font les maîtres et les seigneurs de la société actuelle.

Eh bien ! dans ces mêmes villes, à côté de ces immenses richesses, se rencontre la plus horrible misère ; sous la couche superficielle de l'opulence et du luxe, vivent, dans la souffrance et dans le dénûment, des masses profondes, où les générations ne se transmettent d'autre héritage que celui des privations, de l'ignorance, de la maladie et de l'hôpital pour mourir. Voilà un terrible contraste ! mais pour l'achever il faut dire encore que c'est la même industrie, le même travail, qui a fait aux uns et aux autres des conditions si opposées. Oui ! ces hommes ou les pères de ces hommes ont travaillé ensemble ; ils ont vécu dans les mêmes ateliers ; ils ont concouru à la même fabrication ; ils y ont donné également chacun son talent, son temps, sa vie ; — et où les uns ont gagné la richesse avec la puissance qu'elle donne, les autres n'ont récolté que la misère.

Est-ce juste ?

Et remarquez que le même fait, quoique avec moins d'intensité, se reproduit partout, dans les campagnes comme dans les villes. Partout se retrouvent les entrepreneurs, les fermiers, les fabricants, les commerçants, les patrons de toutes les sortes, dont un certain nombre, dont beaucoup quelquefois font fortune ; — en général même les fortunes honorables de la bourgeoisie n'ont pas d'autre origine ; — et puis viennent les salariés, qui, en travaillant sous la direction de ces patrons, ne gagnent presque tous que juste ce qu'il faut pour ne pas mourir ; qui, sauf quelques exceptions purement individuelles qui ne profitent en rien à la masse, sont condamnés à végéter jusqu'à la fin dans leur misérable condition, sans espoir d'en assurer une meilleure à leurs enfants.

Est-ce juste?

Est-il juste qu'un travail, qui ne peut se faire que par l'association de diverses forces humaines, aboutisse pour ces forces, c'est-à-dire pour des intelligences, pour des libertés, pour des esprits, à des résultats aussi contraires?

Sans doute pour le travail il faut une direction, et c'est le patron qui la donne aujourd'hui ; mais pourquoi cette direction prélèverait-elle sur le produit une si grosse part, quand les autres travailleurs n'en perçoivent individuellement qu'une si faible ?

La seule raison un peu spécieuse qu'on ait donnée pour essayer de justifier cette inégalité de répartition, est dans le *talent* qu'exige la direction du travail. Les phalanstériens surtout ont beaucoup insisté sur cet argument. Mais qu'est-ce que le TALENT?

Sans doute les riches industriels ont du talent, et c'est par ce talent que la plupart (je ne parle que des honnêtes gens), ont gagné leur fortune. Mais est-ce que les autres travailleurs n'en ont pas? La vérité est qu'il n'y a aucune espèce de travail qui n'exige une certaine somme de talent. L'ouvrier a le sien, comme l'ingénieur, comme le soldat, comme le poëte, comme le commerçant, comme le fabricant. Les forces brutes de la nature sont seules dépourvues de talent; il y en a toujours dans l'emploi des forces humaines. L'idée de talent est inséparable de l'idée même de travail.

Pourquoi donc, je le répète, un talent spécial, celui de la direction d'un travail quelconque, serait-il si largement récompensé, tandis que les autres talents spéciaux, qui sont tout aussi nécessaires, ne recueilleraient aucun avantage de la bonne exécution de ce même travail? Un tel système peut-il être juste?

Non, il n'est pas juste. C'est un *fait*, mais un fait qui n'est pas conforme au *droit*, — et l'un des plus grands bienfaits de l'association est certainement de le détruire par l'introduction d'un meilleur mode de partage des bénéfices.

Dans les associations, comme il a été dit plus haut, le produit appartenant *à tous*, c'est *à tous* que profitent les bonnes affaires qui sont le résultat des talents et du travail de *tous*.

Le partage des bénéfices doit se faire entre *tous* les associés : tel est le principe nouveau, principe d'équité et de progrès, en dehors duquel il n'y aurait plus d'association.

Seulement, dans son application, ce principe varie en ce que tantôt et le plus souvent le partage se fait proportionnellement à la valeur du travail fourni par chacun, et que d'autres fois il se fait *par tête*, en proportion seulement du temps passé dans l'association. J'ai déjà signalé cette divergence dans le premier chapitre, j'y reviendrai plus loin, et j'espère démontrer aisément que dans la plupart des cas le second mode, celui de l'égalité absolue, est impraticable, qu'il est contraire à la prospérité des associations, et que même, malgré les apparences, il blesse la bonne justice; mais tel qu'il est, il est certainement plus juste que le mode actuel, car tous les talents y trouvent une récompense, et si cette récompense est la même (chose souvent peu raisonnable), on n'y voit pas du moins ce scandale que le talent et le travail d'un seul y accaparent tous les profits au détriment des talents et des travaux de tous les autres

CHAPITRE IX

SUPPRESSION DES INTERMÉDIAIRES.

Outre l'exploitation régulière et habituelle des patrons, les ouvriers ont souvent à subir par surcroît celle des sous-entrepreneurs, qui traitent avec l'entreprise principale, et qui prennent pour leur compte une portion du travail à forfait. C'est surtout dans les industries qui se rattachent au bâtiment que cet usage est répandu, et l'on doit se rappeler les plaintes et les soulèvements qu'il a excités en 1848.

Plus, en effet, se multiplient les intermédiaires et plus souffrent les travailleurs du dernier échelon; cette règle est constante, et il n'est pas difficile de s'en rendre compte. N'est-ce pas en foulant sans pitié la masse dont ils s'efforcent de sortir, que les sous-patrons escaladent peu à peu les degrés de la maîtrise et de la fortune? On sait bien que leurs bénéfices ne doivent diminuer en rien ceux du patron principal; c'est aux dépens de l'ouvrier seul qu'il faut les obtenir; c'est sur son nécessaire qu'il faut les prendre. Aussi il n'y a qu'à voir comme on l'écrase! Comparativement la domination du patron est douce; c'est une surveillance lointaine à laquelle on peut se dérober souvent; mais le marchandeur, le tâcheron, qui est ouvrier lui-même, qui connaît toutes les ruses du métier, qui est toujours là présent, toujours ardent à la tâche, car il est dévoré par l'ambition et il ne peut rien perdre, — ah! voilà sans doute le plus intraitable et le plus exigeant de tous les maîtres!

Depuis la révolution de février, le marchandage a diminué, et, ce qui vaut mieux, il s'est assez souvent transformé en marchandage par association. Dans les grands travaux de terrassement surtout, beaucoup d'ouvriers se sont momentanément réunis par groupes pour entreprendre à leur compte commun des travaux partiels, quelquefois assez importants. Cette transformation est d'autant plus heureuse qu'elle a fait pénétrer dans de nombreuses classes d'ouvriers les principes de l'association, et a commencé d'en créer les mœurs ; mais il ne faut pas s'y tromper ; des associations passagères, qui n'ont pas de capital à elles, qui se forment un matin pour se dissoudre la semaine ou le mois suivant, n'auront jamais qu'une extension restreinte, et elles n'empêcheront pas le marchandage de renaître ; car, outre qu'il est plus commode pour les gros entrepreneurs, ce marchandage s'harmonise très-bien avec la constitution de l'industrie actuelle, qui ne prospère que par la surexcitation de la cupidité et de l'égoïsme. C'est la pépinière des maîtres, et cette pépinière se renouvellera aussi longtemps que le travail sera soumis à la maîtrise.

Mais dans les associations, où il n'y a pas de maître, où le travail s'administre dans l'intérêt de tous et non pas de quelques-uns, — ah! qu'on ne craigne pas de voir le marchandage s'y implanter jamais. Il ne saurait vivre dans cette atmosphère. Comment, après s'être affranchi de l'oppression des patrons, le peuple des associés irait-il se courber sous celle des marchandeurs?

CHAPITRE X

RÉFORME DE L'APPRENTISSAGE.

La plus sûre dot qu'on puisse donner à un enfant, c'est la connaissance d'une profession qui lui permette de gagner honorablement sa vie. Aucune autre richesse ne vaut cette richesse-là ; car, outre qu'elle assure à la fois à son possesseur quelque indépendance et quelque sécurité, une fois conquise, elle ne se perd plus.

Aucune richesse non plus n'est appréciée davantage chez les travailleurs.

Aussi, dès que l'enfant du pauvre approche de sa douzième année, sa famille s'occupe-t-elle de lui faire apprendre un métier ; mais comme elle n'a pas de quoi lui payer des maîtres ni de quoi l'entretenir pendant son temps d'études, elle en est réduite à le louer ; elle vend ses services pour un temps déterminé et souvent très-long, pour trois, quatre, cinq ans et quelquefois plus, pendant lesquels il travaillera chez un maître, sans rien ou presque rien gagner, et apprendra ou sera censé apprendre son état.

L'apprentissage, c'est la conscription de l'industrie. Heureux encore l'apprenti, quand, comme au soldat, on lui donne le pain de munition, quand on consent à le nourrir et à le loger, quand il ne reste pas à la charge de ses parents pour toutes les nécessités de la vie.

Donc l'enfant quitte sa famille ; il quitte ce logis domestique, où il a souvent éprouvé des privations et des souffrances, mais où il a aussi connu les douces joies du premier âge, où l'éducation de son esprit s'est faite sous la discipline paternelle, où son cœur s'est ouvert à la tendresse et à la reconnaissance sur les genoux de sa mère, où il a été entouré de l'affection de ses frères, de ses sœurs : il va servir chez l'étranger.

Pauvre enfant! Quel changement dans sa condition! Quelle rude expérience de la vie il va faire!

En général, les patrons sont très-disposés à prendre des apprentis, et cela se conçoit. Le travail de l'apprenti, s'il est beaucoup moins bon que celui de l'ouvrier, est en revanche beaucoup moins coûteux, de sorte que, tout compte fait, on arrive d'ordinaire en l'employant à fabriquer à meilleur marché, et par conséquent à mieux placer ses produits et à faire de plus gros bénéfices, — ce qui est le but constant de tous les patrons, et je ne les en accuse pas; le désir du gain est le ressort naturel de l'industrie; c'en est la loi, et l'on a parfaitement le droit de la suivre, à condition seulement que pour gagner de l'argent, on ne viole pas la loi supérieure de la justice.

C'est donc avant tout dans un esprit de lucre, c'est pour bénéficier sur eux que les plus honnêtes des patrons prennent des apprentis.

Cela posé, on comprend que, pour la plupart d'entre eux, on serait très-mal venu à leur dire qu'en prenant un enfant en apprentissage, ils contractent l'obligation de veiller à son éducation, qu'ils sont appelés à remplacer le père, qu'ils prennent la charge d'une âme.

Évidemment, ils ne comprendraient rien à ce langage.

Ils ne se considèrent pas du tout comme des éducateurs, mais comme des industriels.

Ils ne voient pas dans l'apprenti un élève; ils n'y voient qu'un agent de travail, dont il faut tirer le plus possible, en dépensant pour lui le moins possible; c'est ainsi que l'opération sera bonne.

Peu leur importe donc que l'enfant consume quelques années de sa vie à apprendre ce qu'il pourrait savoir au bout de quelques mois!

Peu leur importe que, pendant ces précieuses années de l'adolescence, il reste privé de cette éducation de l'homme et du citoyen qui ne devrait manquer à aucun Français !

Peu leur importe qu'il devienne, comme cela se voit trop souvent, le souffre-douleur de l'atelier ; qu'il y soit opprimé, vexé, battu ; qu'il y soit la victime de quelques hommes faits qui paraissent croire que la force confère un droit de tyrannie sur la faiblesse !

Peu leur importe encore, cela se voit aussi, et je le dis à la honte de notre temps, peu leur importe que cet atelier soit pour lui une école de vice, où des ouvriers, des Français, peut-être même des républicains ou des gens qui se disent républicains, se plaisent à initier à la corruption l'âme de cet enfant qui n'a personne pour le protéger ni pour le guider !

Peu importent à la plupart des patrons ces malheurs et ces crimes ! car l'apprentissage pour eux n'est qu'une spéculation commerciale ; et il n'est pas dirigé dans l'intérêt de l'apprenti, mais dans leur intérêt, à eux, chefs d'industrie, et pour arriver à la production à bon marché.

Voilà comment l'adolescence est exploitée chez nous ! Voilà comme elle l'est, plus ou moins, dans presque tous les ateliers, dans les petits comme dans les grands, et davantage même dans les petits, où l'on métamorphose trop souvent en domestique l'enfant qu'on a reçu pour lui enseigner une profession.

Sans doute il existe encore beaucoup de patrons qui comprennent et remplissent leurs devoirs envers leurs apprentis.

Sans doute aussi, pour adoucir la plaie que nous venons de sonder, beaucoup de mains pieuses se plaisent à y verser l'huile et le baume. Dieu me garde de décourager leurs efforts ! Le moindre verre d'eau donné à celui qui a soif est d'un prix infini, quand il est donné avec un sentiment de charité sincère.

Mais il n'en est pas moins évident que ni les palliatifs de la philanthropie ni les vertus individuelles ne peuvent guérir la lèpre odieuse qui flétrit les générations dans leur fleur.

Et puis d'ailleurs, à ce premier vice de l'apprentissage actuel, s'en joint un second qui n'est pas moins funeste, et où le dévouement privé ni l'assistance publique ne peuvent rien, c'est l'exagération du nombre des apprentis.

Toujours dans le même intérêt de produire à meilleur marché, les patrons s'attachent, dans beaucoup d'industries, à faire exécuter la plus grande partie possible de la fabrication par des apprentis qu'ils paient très-peu, de manière à ne conserver que le nombre d'ouvriers faits qui est absolument nécessaire pour diriger et achever la besogne. Cette méthode économique et lucrative a fait la fortune de beaucoup d'industriels, et il arrive par là que, même dans les métiers proprement dits où il faut pourtant quelque connaissance et quelque pratique de l'art, le travail de l'adolescent fait de plus en plus une concurrence redoutable à celui de l'adulte, par une innovation analogue à celle qui a chassé les hommes de tant de grandes manufactures pour les y remplacer par des femmes et des enfants.

Ce qui résulte de cette pratique, on le comprend : c'est que les métiers s'encombrent de plus en plus, et que par suite les salaires y baissent; c'est qu'ainsi la multiplication excessive des apprentis, après avoir diminué le nombre des ouvriers employés dans l'atelier, permet aux entrepreneurs de payer moins cher ceux qu'ils ont conservés; c'est enfin que la distribution du travail est profondément viciée, que les ouvriers ne trouvent plus d'ouvrage et que les apprentis eux-mêmes ne savent pas comment vivre en sortant d'apprentissage.

En somme, l'apprentissage, tel qu'il se pratique aujourd'hui, constitue donc un double fléau : l'exploitation de l'enfance et le désordre dans la distribution du travail.

Or, il est évident que ce double fléau disparaîtra tout naturellement sous le régime de l'association, où, d'une part, les ouvriers, maîtres de l'atelier, tendront plus tôt à diminuer qu'à exagérer le nombre des conscrits qui entreront chaque année dans leurs rangs, et où, d'autre part, les apprentis, choisis par les associés, et pris surtout parmi les enfants de ces associés et parmi les enfants de leurs parents et de leurs amis, trouveront toujours dans l'atelier un patronage bienveillant et protecteur, et comme une transition naturelle pour passer de la famille à la grande société. Alors on n'exploitera plus l'adolescence, on l'enseignera.

CHAPITRE XI

AFFRANCHISSEMENT DU TRAVAIL A L'ÉGARD DU CAPITAL.

J'ai commencé par exposer la puissance productive et régulatrice de l'association. J'ai montré ensuite comment elle arrache les travailleurs à l'exploitation des entrepreneurs et assure une équitable distribution du prix du travail entre tous les producteurs. Mais je n'ai pas encore dit un mot des rapports du capital et du travail.

C'est ce grand et redoutable problème qu'il faut enfin aborder, et c'est ici que va se révéler toute la vertu de l'association.

Aujourd'hui les capitalistes exercent dans la société économique une souveraineté presque absolue.

Pour travailler, en effet, il faut à l'homme des instruments; il lui faut des matières premières, des ateliers, des outils et des machines; il lui faut de quoi se procurer le nécessaire de la vie, en attendant la confection et la vente des produits; en un mot, il lui faut le capital. Or, ce capital n'appartenant pas, pour la plus grande partie, aux travailleurs qui en sont réduits à l'emprunter, à le louer, il en résulte qu'ils dépendent absolument de ceux qui le détiennent, des capitalistes, dont le concours seul leur permet de travailler, et par suite de vivre.

Étant donné une société où il y ait beaucoup de besoins à satisfaire et beaucoup de travail disponible, il ne suffira pas, pour faire marcher la production, que les capitaux accumulés y abondent ; il faudra encore que les détenteurs de ces capitaux consentent à les faire circuler.

En réalité, ce sont donc les capitalistes qui tiennent sous leurs doigts la détente de la machine. Qu'ils le veuillent, qu'ils versent leurs capitaux dans la production... et tout va rouler. Qu'ils ne le veuillent pas, que, pour un motif quelconque, ils resserrent leurs capitaux... et tout s'arrête, tout languit, tout meurt.

La révolution de février vient de nous fournir un mémorable exemple de cette vérité. Quand la chute du trône fut suivie tout à coup d'une suspension presque universelle de l'industrie, est-ce qu'il y avait en France moins de besoins, moins de bras, moins de richesses qu'auparavant ? Non, sans doute ; mais le capital avait peur, il se cachait ou il émigrait, et, par suite, la production cessait presque partout.

On le voit, c'est des capitalistes que dépend la prospérité de nos sociétés.

De leur côté, les propriétaires terriens, qui louent leurs domaines, ne jouissent pas d'une puissance moins redoutable dans leur sphère ; seulement ce n'est pas par les mêmes motifs. Ils ne sauraient, eux, transporter ni cacher leur capital ; mais, en revanche, ils ont le privilége d'être les maîtres du marché, car, tandis que le travail se multiplie sans cesse avec la population, le capital-sol est fixe, il est limité par la nature ; d'où suit que, dans presque tous les pays entièrement défrichés, les offres de travail par le cultivateur dépassent toujours les offres de terre par le propriétaire. Les propriétaires terriens sont donc en possession d'un véritable monopole, et il en résulte que tous les efforts et que toutes les créations du travail finissent toujours par tourner à leur profit par le renchérissement de la rente.

En somme donc, il n'y a pas d'exagération à dire que, dans l'état économique actuel, c'est le capital qui est souverain, et le travail qui est sujet.

Or, sous le régime de l'association, c'est-à-dire quand le capital appartiendra à des sociétés ouvrières au lieu d'appartenir à des capitalistes (et nous verrons que c'est là une conséquence nécessaire de la prospérité et du développement des associations) sous ce régime le rapport sera renversé; c'est le travail qui sera souverain et le capital qui sera sujet.

Que des capitalistes, qui restent étrangers à la production, ne fassent valoir leur capital que dans le but de l'augmenter et d'en tirer le plus d'argent possible; qu'ils ne se préoccupent en rien des besoins du travail ni de ceux de la société; qu'ils ne visent qu'aux gros intérêts, aux gros revenus, aux gros dividendes; il n'y a pas lieu de s'en étonner; c'est la règle. Mais des ouvriers associés se trouvent naturellement placés à un tout autre point de vue. Travaillant eux-mêmes et ayant avant tout besoin de travail, c'est évidemment aux intérêts du travail qu'ils doivent s'attacher le plus. Ce qu'ils veulent surtout, c'est que la production marche, que les échanges se fassent, que les affaires se multiplient : de là des pensées et une conduite que ne connaît pas le capitaliste. Tandis que celui-ci ne gouverne sa fortune qu'avec les préoccupations de l'égoïsme individuel, les associations, dans le gouvernement de la leur, ne peuvent oublier le bien de la société entière, dont elles partagent toujours, soit la prospérité, soit les revers.

Donnez à une association la propriété de tous ses capitaux, et dites-moi si dans les jours de crise elle s'empressera de les retirer de la circulation, comme nos capitalistes français de 1848, au risque d'arrêter court le travail, la production et toute la vie sociale!

Dans la pensée du capitaliste, c'est la richesse, *la*

chose qui domine; dans la pensée des travailleurs associés, c'est le travail, c'est *l'homme* c'est la société.

CHAPITRE XII

ABOLITION PROGRESSIVE DE LA RENTE.

D'après les chiffres fournis par les statistiques officielles, on évalue d'ordinaire le montant total de la production annuelle en France à 11 milliards environ. Ce chiffre est très-exagéré. Il n'a été obtenu qu'à l'aide de beaucoup de doubles et de triples emplois. Correction faite de ces erreurs, on n'arriverait pas même à un résultat de 9 milliards, dont moins de 6 pour l'agriculture, et plus de 3 pour l'industrie (1).

Or, sur cette richesse nationale, créée annuellement par le travail de tous les Français, on ne peut pas évaluer à moins de 3 milliards, c'est-à-dire du TIERS, le montant de la part que les capitalistes-propriétaires prélèvent pour le loyer des instruments de travail, (terres, maisons, usines, machines, argent) qu'ils fournissent aux travailleurs. Ce prélèvement, c'est ce qu'on appelle tantôt rente de la terre, tantôt loyers, tantôt intérêts, tantôt dividendes, et que je comprends sous ce seul mot : LA RENTE.

9 milliards environ de produits et 3 milliards de rente au moins : voilà le résumé de la situation économique de la France.

M. Proudhon a porté le montant de la rente beaucoup

(1) Ce résultat est encore exagéré d'un milliard au moins. Je l'admets néanmoins pour qu'on ne m'accuse pas de fausser les évaluations dans l'intérêt de ma démonstration.

plus haut ; il l'a évalué à 5 milliards, comme on peut se rappeler l'avoir lu longtemps, en tête du journal *le Peuple*. Je crois qu'il exagérait. Il avait sans doute oublié qu'une grande partie du capital français et surtout du capital territorial appartient à des travailleurs qui l'exploitent eux-mêmes, et que, par conséquent, les produits qu'ils en tirent ne sont soumis à aucun prélèvement.

M. Thiers, d'autre part, exagérait en sens contraire quand, devant l'Assemblée constituante, le 31 juillet 1848, il n'évaluait le montant de la rente qu'à 2 milliards. Pour descendre jusqu'à ce chiffre, il était obligé, en effet, d'abord de diminuer le plus possible l'estimation de tous les revenus mobiliers, et, en outre, d'omettre les intérêts de toutes les créances non hypothéquées, et de déduire des revenus de la propriété foncière le montant de ses contributions, qui, pourtant, comme il ne l'ignore pas, sont en général payées par les fermiers. De telles erreurs et de telles omissions prouvent évidemment que son chiffre était beaucoup trop bas.

Pour démontrer, d'ailleurs, que la proportion du *tiers* de la production totale que j'attribue à la rente, n'est pas exagérée, il suffit de faire remarquer que, dans la grande industrie agricole, elle s'élève beaucoup plus haut pour toutes les terres qui sont louées, c'est-à-dire pour la majeure partie des terres de France. Dans toutes les contrées où règne le métayage, le métayer ou colon partiaire donne au propriétaire la moitié du produit brut, et comme en sus il est presque toujours chargé des impôts, et que le plus souvent il est obligé de fournir le cheptel et l'outillage, ce qui constitue un capital relativement assez considérable, il en résulte que, sous ce régime, les propriétaires prélèvent en réalité *plus de la moitié* du produit brut afférent au capital territorial qu'ils fournissent. Quant aux pays de fermage, où le sol est généralement plus fécond, on ne saurait admettre que les propriétaires y prélèvent une part moindre.

En somme, le chiffre de 3 milliards pour la rente doit

donc approcher de la vérité, autant que le permet l'état actuel de la statistique, et la proportion d'un tiers sur le produit total du travail annuel de la France est plutôt atténuée qu'amplifiée.

Comprend-on maintenant pourquoi depuis quelques années les discussions économiques se concentrent de plus en plus sur le problème de la rente, et pourquoi la Révolution, dans son développement logique, après avoir renversé les priviléges de la noblesse, du clergé d'Etat, des corporations et du trône, en arrive à attaquer les priviléges du capital?

Je ne veux pas du tout faire de déclamations contre les capitalistes-propriétaires, ni contester à aucun d'eux les droits qu'il a sur sa chose. Les biens qu'ils ont acquis en vertu de la loi sont leurs biens légitimes, et je leur reconnais la faculté, le droit *en conscience* de les louer, de les affermer et de les prêter à leur guise et aussi cher qu'ils pourront, pourvu qu'ils se renferment dans les limites légales. M. Proudhon, dans sa controverse avec M. Bastiat, a amnistié la bonne foi et reconnu le bon droit du prêteur à intérêt; je n'irai certes pas plus loin que M. Proudhon. En un mot, ce ne sont pas les hommes que j'accuse, et ce n'est pas davantage le droit de propriété que je conteste; mais c'est le règlement actuel, c'est l'organisation de ce droit que je critique, et je ne les critique que pour les transformer.

Ce que je prétends donc, et ce que tout le socialisme prétend avec moi, c'est que la rente est le plus profond des maux que la science découvre dans l'économie industrielle des sociétés humaines. La rente est le fondement de toutes les iniquités. C'est elle qui perpétue l'inégalité des classes; c'est elle qui soutient et vivifie les aristocraties; c'est elle qui alimente le luxe des uns et crée la misère des autres, qui enlève au travailleur le fruit de son travail pour le donner à l'oisif.

Toute société, dans sa notion la plus élémentaire, peut être conçue comme un immense atelier, où, par la division des travaux, chacun s'attache à une des professions nécessaires à l'existence du tout, de sorte que la prospérité sociale résulte du libre jeu de toutes les activités individuelles. De même qu'un corps vivant est un ensemble d'organes, qui ont chacun leur destination, de même les sociétés sont des ensembles de fonctions; et de même que, dans l'organisme, la matière ne vaut que comme organe, de même dans la société l'homme ne vaut que par la fonction qu'il remplit. Le citoyen, qui n'est pas un fonctionnaire social, en prenant ce mot dans sa plus large acception, n'est qu'un parasite. Or, l'effet naturel de la rente est de créer et de multiplier ces parasites, qui jouissent du travail d'autrui sans rendre en échange aucun travail personnel, qui ne se donnent d'autre peine que celle de vivre, qui n'ont pas d'autre profession que la profession commode de rentiers, qui consomment toujours et ne produisent jamais.

L'apôtre saint Paul, il y a dix-huit siècles, a posé ce grand principe que : *quand on ne veut pas travailler, on ne doit pas manger* (2e Ep. aux Thess., III, 10), et, sous la même inspiration, Rousseau, dans un de ses plus magnifiques élans, a flétri de l'épithète de FRIPON le citoyen volontairement oisif, qui vit aux dépens de la société sans rien faire pour elle. Or, tant que la rente subsistera, il y aura de ces fripons, et le principe de l'apôtre ne sera qu'un vain mot.

Donc attaquer la rente par tous les moyens licites, en diminuer le taux, en restreindre le domaine, tendre sans cesse à son abolition, tel est le but capital, le fond et l'esprit même du socialisme économique. En dehors de là, il n'y a pas de socialisme. Pour m'assurer si un citoyen est vraiment socialiste, je lui adresserais volontiers cette question : *Es-tu l'ennemi de la rente?*

Il faut donc marcher à l'abolition de la rente; — mais comment et par où? Comment abolir les fermages et les loyers? Comment supprimer les intérêts, les arrérages, les dividendes? Comment renouveler notre société, de telle sorte qu'on puisse un jour effacer du Code civil les titres du louage et du prêt à intérêt, ces titres où sont écrits l'abaissement et la misère de tant de nos concitoyens, mais dont l'application seule fait fonctionner aujourd'hui la plus grande partie de la machine économique? Comment, à défaut du louage et du prêt à intérêt, ou, en d'autres termes, à défaut de la rente, comment mettre les grands instruments du travail national en la possession des travailleurs?

Évidemment il ne peut s'agir ni de confiscation, ni de spoliation d'aucune sorte. Outre que les propriétaires-capitalistes ont des droits légitimes que tout gouvernement est tenu de respecter, ils sont trop nombreux en France pour qu'aucun homme de bon sens songe jamais à les inquiéter. Qui ne sait, d'ailleurs, que les bouleversements violents de la propriété n'aboutissent le plus souvent qu'à enlever aux uns pour donner aux autres, sans rien créer qu'un immense désordre, où toute prospérité disparaît, si la société elle-même n'y périt pas? Les socialistes ne sont pas des spoliateurs; ils ne sont pas même des révolutionnaires; leur seul but est de trouver et d'employer des moyens pacifiques et légaux, par où la société puisse se transformer et se guérir.

Comment donc abolir la rente?

On a parlé vaguement de la supprimer par des décrets, d'interdire tout louage de terres et de maisons, de proscrire le prêt à intérêt, comme il l'a été pendant des siècles par la législation canonique. Mais évidemment cette pensée n'était pas sérieuse. Enlevez, en effet, aux propriétaires, aux capitalistes, l'avantage qu'ils trouvent à louer leurs terres, leurs maisons, leurs usines, leur argent, — et il en résultera tout simplement qu'ils les garderont pour eux, et que, faute de ces instruments, le travailleur sera réduit à l'impuissance, comme un soldat désarmé. Le capital se refusera, et sans capital il n'y a pas de production.

Mais si la prohibition légale est impossible, que faut-il penser d'une autre solution qui a fait plus de fortune et qui est en effet plus spécieuse ? Je veux parler de la gratuité du crédit, — cette conception inattendue, qui a dérouté le vieux socialisme, en le transportant sur le terrain nouveau des banques et de la circulation. — Je ne discuterai pas ici avec détail l'hypothèse nouvelle, je dois seulement expliquer en quelques lignes pourquoi elle est irréalisable.

Tout le secret de M. Proudhon gît dans la multiplication des valeurs de confiance. Faire du papier, et en faire assez pour satisfaire, non-seulement aux échanges de produits déjà créés, ce qui n'affranchirait pas le travail, mais à tous les besoins des producteurs, de manière à fournir les moyens de produire à tous les gens de bonne volonté et de talent : — telle est la seule conclusion pratique où arrive le fondateur de la banque du peuple.

Or, je dis qu'en se multipliant ainsi, les billets de toute sorte, de quelque nom qu'on les décore, — et en supposant même qu'on ne les emploie que pour commanditer de bonnes entreprises, — n'en aboutiront pas moins nécessairement et très-vite à une complète dépréciation.

Tout ce papier, en effet, ne peut tirer sa valeur que de sa proportion aux besoins de la circulation, c'est-à-dire à la somme des produits et des échanges. Or, je prétends qu'en agissant comme on annonce devoir le faire, la masse du papier croîtrait beaucoup plus vite que ne l'exigerait l'augmentation des affaires. Pour fournir aux travailleurs les capitaux nécessaires aux productions nouvelles, il faudrait, en effet, émettre des quantités de papier infiniment plus considérables que n'en absorberait la circulation des nouveaux produits. Il faudrait, par exemple, en créer dix millions pour l'établissement d'une usine, dont les produits bruts ne monteraient qu'à deux millions par an et n'absorberaient qu'une circulation de quelques centaines de mille francs. Ne résulterait-il pas de cette disproportion une baisse nécessaire, inévitable, dans la valeur du papier ?

Je crois que si l'on veut étudier cet argument, on le trouvera invincible; mais ce n'est pas tout. Supposé même qu'on pût, sans les déprécier, multiplier incessamment les valeurs de papier, j'ajoute que cette multiplication n'amènerait pas, pour la majorité des travailleurs, l'abolition ni même la diminution du prélèvement capitaliste. Elle ne ferait certainement pas que les innombrables propriétaires de maisons actuellement bâties et d'usines déjà créées, donnassent pour rien l'usage de leurs maisons et de leurs usines, et surtout elle ne ferait pas que les propriétaires de terres les louassent moins cher aux cultivateurs. En quoi donc ces derniers seraient-ils troublés dans la puissance de leur monopole par l'institution de la gratuité du crédit? Ils n'ont pas à craindre de concurrents. On peut multiplier le capital mobilier: on peut même bâtir de nouvelles maisons et de nouvelles usines; mais comment créer de nouvelles terres? Or, dès qu'il n'y aurait pas sur le marché plus de terres à louer, comme d'autre part il n'y aurait pas moins de gens prêts à les louer, il est évident que la rente de la terre ne baisserait pas. Heureux les cultivateurs si elle ne montait pas au contraire, par suite même des facilités d'établissement données à beaucoup d'entre eux, et du redoublement de concurrence qui en résulterait entre les aspirants fermiers!

Ce dernier résultat, que M. Proudhon aurait dû prévoir, est certainement le plus probable; et, en tout cas, il est acquis à la discussion que la réalisation complète du système de la banque du peuple ne ferait pas baisser d'un sou le montant du fermage, ni ne diminuerait pas d'une gerbe la part que les propriétaires se réservent sur la récolte annuelle de la France.

Comment donc abolirait-elle la rente?

La gratuité du crédit est une chimère. Ce qu'il faut demander, c'est le crédit à bon marché, qui, en ouvrant aux pauvres et surtout aux associations l'accès des capitaux, les mettra à même d'arriver plus aisément à la propriété. Acquérir la propriété, voilà le but, voilà l'affranchissement réel! Le crédit n'est qu'un moyen.

La révolution, qui se préoccupait peu du crédit, comptait arriver par une voie plus courte au même but que nous poursuivons aujourd'hui; car, elle aussi, elle tendait à la suppression de la rente, ou du moins de la rente proprement dite, celle de la terre, et elle faisait plus que d'y tendre, elle y travaillait énergiquement. Son procédé était moins neuf, mais il était à la fois plus simple et plus efficace que l'invention de M. Proudhon : c'était la division de la propriété.

Se trouvant en possession des immenses domaines du clergé et des émigrés, la révolution commença par les dépecer, par les vendre à bas prix, par les jeter par fractions dans la circulation. Elle appelait ainsi douze cent mille acheteurs, dont beaucoup, dont la plupart travaillaient de leurs mains, à la succession des quelques milliers de bénéficiaires et des vingt-sept mille familles nobiliaires qui avaient déserté la France. En même temps elle encourageait les bandes noires, qui depuis ont incessamment poursuivi son œuvre; et pour empêcher la reconstitution de la grande propriété, pour diviser de plus en plus les patrimoines, elle jetait sur de nouvelles bases toute la législation des successions. Enfin, par tous les moyens, violents ou réguliers, elle se hâtait de mettre le sol en la possession du cultivateur, et elle a assez bien réussi pour que la petite propriété, qui auparavant n'existait que dans quelques provinces, se soit étendue et enracinée dans toute la France, de façon qu'aujourd'hui, sur 43 millions d'hectares cultivés, on estime à 20 millions le nombre de ceux qui le sont directement par le propriétaire. C'est près de la moitié du sol affranchi de l'extorsion de la rente.

Voilà ce qu'a fait la révolution, et ce dont il faut la bénir! car c'est à cette gigantesque refonte de la propriété territoriale que nous devons en grande partie l'accroissement de notre production agricole, et que tant de nos concitoyens doivent leur délivrance de l'insécurité et des angoisses du prolétariat. La petite propriété, en effet, a ce double avantage sur la grande : d'abord, de stimuler sans cesse l'activité des cultivateurs, par l'intérêt qu'elle leur donne à l'accroissement des récoltes et à l'amélioration du sol et de pousser ainsi à l'augmentation continue des produits; et, en second lieu, d'assurer une meilleure et plus équitable répartition de ces produits. En outre, elle a encore cet inestimable privilége d'affermir la société, en l'asseyant sur la large base de toute une population que la propriété du sol intéresse à la fois à l'indépendance de la patrie et à la conservation de l'ordre établi. Il n'est pas de peuple, l'histoire le prouve, qui soit plus invincible à l'étranger ni qui soit moins exposé aux bouleversements sociaux que celui où la masse des citoyens est propriétaire.

Néanmoins, et malgré ces mérites, ce n'est pas à la division de la propriété que le socialisme peut demander aujourd'hui l'abolition de la rente, et cela pour plusieurs raisons.

D'abord, cette division n'est pas praticable partout; elle ne l'est pas dans la fabrique, dans les manufactures, dans le commerce. Comment diviser une usine, une machine? On peut seulement en diviser la valeur, en représentant les fractions du tout par des titres particuliers. Mais qu'importe une semblable division aux producteurs, aux ouvriers qui, en général, ne sont pas actionnaires, et que le prélèvement opéré par le capital pressure également, soit qu'il se divise entre beaucoup de poches, soit qu'il s'accumule dans une seule? La vérité est que le système de la petite propriété n'a de valeur qu'en agriculture, où chaque famille à la rigueur peut posséder son champ. Mais là même il entraîne de nombreux inconvénients, que tout le monde aujourd'hui connaît, dont j'ai déjà parlé en passant, et que je vais me contenter ici d'énumérer rapidement.

Outre qu'elle est presque incompatible avec divers genres de culture, comme l'exploitation des bois et l'élève du bétail, la petite propriété ne saurait se plier aux variétés de culture qu'exigerait la variété des terrains. S'attachant surtout à produire toutes les denrées nécessaires à la consommation de la famille, elle demandera du blé à des terres à pré ou à vignes et du vin à la terre à blé, violentant ainsi la nature à son propre détriment et au détriment de tout le pays. Surtout elle constitue sur de mauvaises bases l'atelier agricole ; elle y rend la division du travail impossible ; elle en exclut toute direction intelligente et raisonnée. Forcément sourde aux conseils de la science, elle ne peut, faute de capitaux, mettre à profit les découvertes les plus précieuses. Les machines les plus simples sont encore trop chères pour elle. Ainsi elle n'a pas de science, elle n'a pas de direction, elle n'a pas de capitaux, et comme elle travaille dans l'isolement, elle en est réduite à violer sans cesse ce principe si vrai et si fécond que l'association multiplie les forces. Aussi n'est-ce que par des efforts excessifs que le petit propriétaire rachète l'infériorité de ses moyens de culture. Il n'y a pas de pays où l'homme soit astreint à des travaux plus rudes et plus écrasants que celles de nos communes rurales où le morcellement continu a émietté le sol. Et cela est encore un mal ; car l'homme n'est pas destiné à n'être qu'un outil animé, et la bonne tendance, en cet ordre de faits, est de substituer le plus possible au travail purement manuel un travail moins fatigant et où l'intelligence ait plus de part.

Pour compléter ce tableau, il faut ajouter que, dans ce système, l'inégalité des conditions, quoique amoindrie, subsiste toujours par l'inégalité des patrimoines, et que la liberté de l'homme n'y est pas complète, puisque chacun ne peut pas choisir son état et suivre sa vocation. La petite propriété est comme une nouvelle servitude qui enchaîne les familles à la glèbe. Enfin, sous le rapport moral, elle engendre un amour de la terre qui, chez le paysan, dégénère souvent en une passion sauvage et égoïste, et devient une source perpétuelle de haines et de dissensions. Plus le sol est pulvérisé, et plus les procès pullulent, plus les hommes de loi s'enrichissent !

De tout ce qui précède il résulte évidemment que ce n'est pas par la petite propriété que doit s'opérer l'abolition de la rente.

Mais si cette abolition ne peut être obtenue ni par des prohibitions légales, ni par le crédit, ni par la division de la propriété, et si pourtant la justice veut qu'elle s'opère, — comment donc se fera cette grande révolution ?

Comment ? Le lecteur a déjà fait la réponse : — PAR L'ASSOCIATION

L'association ! oui ! c'est à elle et à elle seule que peut échoir la glorieuse tâche de détruire enfin et à tout jamais l'exploitation que le capital fait de l'homme.

Par elle, en effet, les instruments de travail seront mis en la possession des travailleurs, qui, tant qu'ils resteront attachés à l'association, en conserveront l'usage, *sans avoir rien à payer à personne.*

Sans doute une association nouvelle, qui se fonde et qui emprunte son capital, doit commencer par en payer l'intérêt ; elle est dans la position d'un entrepreneur ; les bénéfices sont pour elle, mais elle reste chargée de la rente. Voilà ses débuts ! Mais nous avons déjà fait voir, et nous montrerons encore avec plus de détails et de soins comment, avec le temps et par l'épargne, elle doit acquérir la propriété même de son instrument de travail, de manière à s'affranchir de toute redevance à l'égard des capitalistes.

C'est ainsi qu'au lieu d'être la *chose* d'un individu, qui, s'il ne s'en sert pas lui-même, en loue l'utilité aux travailleurs le plus cher possible, l'instrument de travail deviendra la *chose* d'une collection de travailleurs.

Or, par là, non-seulement les vices du morcellement des ateliers et des exploitations disparaîtront, mais l'organisation actuelle de la propriété se trouvera en même temps profondément modifiée et réformée.

Les produits seuls resteront, comme aujourd'hui, une propriété complétement abandonnée à la disposition des individus. Ils sont les fruits du travail; que ceux qui les ont fait naître en disposent souverainement, rien de plus légitime. Mais les instruments de la production ne seront plus une propriété de cette nature, dont un maître puisse user et abuser à sa guise, sans contrôle et sans règle; ils deviendront une propriété *collective*, à laquelle un certain nombre de travailleurs auront un droit que le travail leur conférera, et qui ne se perdra que le jour où ils ne travailleront plus.

En réalité, c'est donc au travail lui-même que la propriété sera attribuée.

Ainsi s'uniront l'un à l'autre, par un lien indissoluble, le travail et le capital, ces deux facteurs nécessaires de toute production; et dans cette union, comme le veut la justice, c'est le travail, ou en d'autres termes c'est l'*homme* qui aura la prééminence sur le capital, sur la *chose*, à laquelle il commandera en maître et qu'il dominera, au lieu de lui obéir et d'en dépendre.

Voilà donc ce que fera l'association! Elle est appelée à constituer et à conserver, au profit de chaque groupe de travailleurs, la possession gratuite de l'instrument dont ils ont besoin pour travailler.

Autrefois, dans l'intérêt de l'aristocratie, on avait créé en droit civil des institutions puissantes, qui avaient pour but de maintenir la possession des mêmes domaines dans les familles nobles : tels étaient les majorats et les substitutions. Aujourd'hui, l'association, dans l'intérêt de la démocratie et de la justice, ne doit pas avoir de moins puissants effets; elle doit mettre et maintenir le capital à la libre disposition du travail.

L'abolition de la rente dans ce système, on le comprend, ne proviendra pas d'une interdiction légale ni d'aucune intervention du pouvoir; elle ne sera pour chaque association qu'une suite naturelle, une conséquence de son développement. Ce n'est pas à la loi à la prononcer; elle se présentera comme un résultat.

Supposez qu'une association, par son travail et par ses épargnes, se soit amassé peu à peu un fonds social suffisant pour ses travaux, pourquoi irait-elle quêter ailleurs des capitaux dont elle aurait à payer l'intérêt?

Supposez qu'elle ait *ses* terres, *ses* fabriques, *ses* maisons, *ses* usines; pourquoi en louer qui soient à autrui?

Supposez qu'elle ait de l'argent en caisse, pourquoi en emprunter?

Le propriétaire sage à qui son champ suffit, qui y trouve l'emploi de toutes les forces de sa famille, qui y moissonne de quoi vivre, qui s'est fait une réserve pour les mauvais jours, cet homme-là ne connaît pas la porte du banquier ni du prêteur. Or, c'est à cette position d'un père de famille riche, économe et prévoyant, que les associations doivent tendre sans cesse.

Ah! sans doute, en attendant qu'elles en soient là, elles ne négligeront pas la ressource du crédit; elles y puiseront, autant qu'elles le pourront et que la prudence le leur permettra, pour s'agrandir et pour se développer; mais ces emprunts pour elles ne seront pas la règle, le but, comme dans l'hypothèse de la Banque du peuple, ils ne seront qu'un moyen, qu'un levier, qu'une force dont elles useront momentanément pour parvenir à s'en passer plus tard, quand elles auront conquis la propriété.

Car, il faut le répéter, la conquête de la propriété par les travailleurs et au profit des travailleurs, voilà le seul moyen d'abolir la rente; et l'association seule permet de la réaliser.

Persévérez donc dans la voie nouvelle où vous vous êtes si hardiment lancés, vous tous qui, depuis deux années, avez commencé à pratiquer l'association dans le travail! Conquérez la propriété! Grossissez sans cesse votre capital commun; remboursez les emprunts qui le grèvent; épargnez chaque année pour créer à l'association la fortune qui vous délivrera, vous et vos frères! A mesure qu'augmentera cette fortune, élargissez le cercle de vos affaires et recrutez-vous de nouveaux associés! Achetez vos ateliers, vos outils, vos machines et vos instruments de travail! Faites tout cela! — Et en vous émancipant du joug du propriétaire et du capitaliste, vous en arriverez bientôt à n'avoir plus de rente à payer à personne.

Oui, l'abolition progressive de la rente sera le résultat inévitable de l'extension des associations.

Heureux temps où les associations couvriront la terre de France, où les laboureurs associés d'un grand domaine n'auront plus de fermage à prélever pour un oisif, où les tanneurs seront propriétaires de leurs tanneries et de leurs cuirs, les mineurs de leurs mines et les vignerons de leurs vignes; où le travail ne sera plus tributaire du capital! Heureux temps! les générations à venir en jouiront; c'est à nous à le préparer.

CHAPITRE XIII

ACCUMULATION DES CAPITAUX.

Les progrès de la richesse générale ne se font que par l'épargne annuelle sur la masse des produits créés et par l'emploi de cette épargne dans un but de reproduction. C'est par là que les capitaux s'accumulent, que les nations s'enrichissent, que la civilisation marche.

Les peuples en décadence détruisent peu à peu leur fonds en le consommant; ils vivent sur le travail du passé.

Les peuples en progrès consacrent chaque année une partie de leurs forces et de leurs produits à améliorer et à augmenter leur fonds producteur; ils économisent au profit de l'avenir.

Or, dans l'état actuel de la production, cette grande fonction de l'épargne sociale est entièrement abandonnée aux hasards des intérêts et des caprices individuels; et il résulte de là, qu'au lieu de s'opérer, comme le bien public le voudrait, par un retranchement sur les consommations superflues du riche, elle porte sur le nécessaire des classes pauvres, qui ne reçoivent pas sur la masse des produits annuels de quoi suffire à leurs premiers besoins. Tantôt elle est l'œuvre d'une vertu, la prévoyance du père de famille, et tantôt d'un vice, l'avarice ou la cupidité. En général, dans la très-grande et dans la très-petite propriété on économise peu et l'on améliore par conséquent peu : — dans la première, parce qu'on n'en a pas besoin; — dans la seconde, parce qu'on ne le peut pas. En somme, l'accumulation et l'emploi reproducteur des capitaux sont partout insuffisants; souvent même, au lieu d'économiser pour l'avenir, on escompte par avance l'espérance de ses travaux. Il en est ainsi, par exemple, quand l'État fait un emprunt qu'il consomme aussitôt et dont la rente doit charger ensuite son budget à perpétuité.

L'épargne, telle qu'elle se pratique actuellement, pèche donc à la fois par son insuffisance, par son irrégularité et par son injustice : trois grands vices qui, tous trois, trouvent leur correctif dans l'association.

Dans l'association, en effet, l'accumulation des capitaux s'opère sur une large échelle par le prélèvement, au profit du fonds social, d'une partie des bénéfices, qui sont ainsi consacrés à la reproduction; elle se fait régulièrement en proportion de ces bénéfices, et enfin elle ne porte jamais sur le nécessaire du travailleur, auquel il est pourvu par la rétribution journalière.

CHAPITRE XIV

PROGRÈS MORAUX ET INTELLECTUELS.

J'ai réservé ce chapitre pour le dernier, comme étant le plus important. Il n'est rien, en effet, à quoi la science sociale doive plus viser qu'à faire régner la bonne foi dans les transactions, à réconcilier les classes ennemies, à faire respecter les droits et la dignité de l'homme, à adoucir et à policer les mœurs, et surtout à accroître la valeur morale et intellectuelle des individus.

Or, ces fruits de paix, de liberté et de justice, sont tous en germe dans l'association.

Et d'abord, il n'est pas douteux que la loyauté commerciale n'y trouve un puissant encouragement. Etant fondées et administrées dans un but d'avenir, les sociétés ouvrières, dans leur propre intérêt, éviteront naturellement les ruses et le charlatanisme, à l'aide desquels on ne peut brusquer la fortune qu'en risquant la ruine d'un établissement. Comme elles rechercheront surtout la fidélité de la clientèle, elles ne devront pas tromper le public. Obligées d'ailleurs à une publicité presque journalière, elle ne pourront pas se procurer un crédit excessif, et les délibérations auxquelles elles sont astreintes, en arrêtant l'esprit d'aventure, les empêcheront de se lancer témérairement dans les orages de la spéculation. Un autre esprit, un esprit de mesure, de suite, de bonne foi, remplace ainsi l'esprit de jeu et de fraude qui a envahi depuis trente ans tout le commerce. On brassera moins d'affaires peut-être; on en fera de moins brillantes, mais à coup sûr on en fera de plus solides. Par cette voie, si l'on arrive moins vite à la fortune, on y arrivera plus sûrement, et, en tout cas, l'honnêteté publique ne pourra qu'y gagner.

La société devra donc au développement des associations un progrès notable dans la moralité commerciale. Elle leur devra plus encore; elle leur devra sa pacification sur tout le terrain économique.

Aujourd'hui, les ateliers sont le théâtre d'une lutte incessante entre le patron et les salariés. Cette lutte s'étend partout, dans les fermes et les métairies de l'agriculture, comme dans les fabriques et les ateliers de l'industrie, comme dans les boutiques et les magasins du commerce. Partout se trouvent en présence deux intérêts opposés, celui du maître, qui tend toujours à obtenir de l'ouvrier le plus de travail possible au moindre prix possible, et celui de l'ouvrier, qui ne veut, au contraire, vendre que le moins de travail possible au plus haut prix possible. Quelle que soit l'élévation des sentiments moraux, il est impossible, l'expérience le prouve, que d'une telle situation ne résulte pas de l'hostilité entre les deux classes.

Notre ennemi, c'est notre maître,

a très-justement dit Lafontaine, et, de son côté, le maître en pense autant de son ouvrier; il y voit de même un ennemi.

Donc, une hostilité nécessaire entre les deux classes les plus nombreuses de la société, une hostilité qui peut parfois se dissimuler ou s'adoucir, mais qui subsiste toujours au fond, et qui ne peut manquer d'éclater à une époque comme la nôtre, où la passion de l'égalité a pénétré dans le cœur des masses, telle est la conséquence forcée de l'institution actuelle ; — et c'est là une des raisons principales pour lesquelles cette institution est radicalement mauvaise.

Dans l'association, au contraire, plus rien de semblable. Le grand commandement de l'Evangile : QU'IL N'Y AIT PLUS DE MAITRE PARMI VOUS, y est réalisé à la lettre.

Les deux classes ennemies se sont fondues en une seule classe; patrons et salariés, tous sont devenus des associés. Les deux intérêts opposés ont disparu; il n'y a plus qu'un intérêt commun entre tous, celui de l'association. Ainsi se trouvent terminées les luttes séculaires des maîtres et des ouvriers; l'harmonie si longtemps troublée se rétablit, et l'empire de la haine en diminue d'autant.

L'atelier actuel, c'est l'organisation de la guerre civile; l'atelier des associés, c'est l'union dans le travail et la fusion des intérêts.

En décrivant l'association ouvrière, j'ai dit qu'elle se gouverne à la façon d'une république démocratique. Rien n'est plus exact. Les révolutions de l'atelier reflètent fidèlement les révolutions politiques, et l'association ouvrière n'est pas autre chose que l'avènement des doctrines républicaines dans le régime de l'atelier. Le patron, en effet, n'est-il pas un monarque? D'où lui vient son droit de commander, sinon de son patrimoine ou de son habileté, ou de son esprit de ruse et d'intrigue? C'est-à-dire que ce droit lui est tout personnel, et que les ouvriers n'y sont pour rien. Aussi est-ce un droit absolu, une souveraineté complète, qui n'est et ne peut être soumise à aucun contrôle. Le patron seul décide de tout; ses coopérateurs ne sont que ses sujets. Leur seule fonction est d'obéir, et s'ils se croient lésés ou tyrannisés, ils n'ont que la ressource de quitter l'atelier: heureux s'ils en trouvent un autre qui leur soit ouvert et où la souveraineté soit plus douce! Or, par l'association, ce monarque est détrôné; son pouvoir est aboli, et en place de la monarchie sont institués des pouvoirs républicains: pouvoirs élus, auxquels chaque associé peut parvenir, si ses confrères l'en jugent capable et ont confiance en lui; pouvoirs limités et contrôlés, qui sont soumis à une loi écrite et au-dessus desquels plane toujours la souveraineté du peuple des associés.

Aujourd'hui, la direction du travail appartient presque

exclusivement à la richesse ; dans l'association, elle ne doit être attribuée qu'*au plus digne*. N'avais-je pas raison de dire que l'association, c'est LA RÉPUBLIQUE DANS L'ATELIER.

Les résultats moraux d'un tel mode d'administration ont une valeur dont il importe de se bien pénétrer. C'est par là sans doute que se formeront, chez les peuples modernes, des mœurs vraiment démocratiques et conformes aux principes écrits dans nos lois politiques. Que d'élévation, en effet, que de dignité, que de liberté gagne le travailleur sous ce nouveau régime ! Il n'est plus un serviteur dépendant d'un maître, un inférieur soumis dans l'exécution de son travail à la surveillance inquiète et tracassière du supérieur qui lui est imposé, un fils d'esclave qui porte encore le reste des chaînes de ses pères et qui hésite sans cesse entre la servilité et la révolte ; il devient un homme libre ; il n'est soumis qu'à la loi qu'il a acceptée et qu'il contribue à faire ; il ne travaille qu'avec ses égaux ; il ne doit d'obéissance que dans les limites de son service et aux fonctionnaires élus, à qui la majorité a délégué temporairement le pouvoir. Il leur doit aussi le respect, parce que le pouvoir légitime est toujours respectable et qu'il n'y a pas de source plus légitime pour le pouvoir que le choix fait par des égaux ; mais le respect n'est pas une servitude ; et ce pouvoir, d'ailleurs, à qui il est soumis, il en reste toujours, avec ses co-associés, le juge en dernier ressort et le souverain véritable ; car c'est dans l'association tout entière que réside la souveraineté ; c'est de là que part le pouvoir, et c'est là qu'il revient se faire juger.

N'est-il pas vrai que, par cette constitution, les travailleurs sont réellement et complétement affranchis jusque dans les détails et dans la pratique de la vie la plus vulgaire ?

Combien, en même temps, leur intelligence ne doit-elle pas grandir ! Les salariés ne sont que des rouages aveugles d'une grande machine ; dépourvus de tout intérêt dans le succès des entreprises, ils n'ont à s'occuper chacun que de faire sa corvée, et de la faire le plus vite possible. Les associés, au contraire, doivent être au courant des affaires de la maison; il faut qu'on les consulte souvent; on leur demande leur avis dans tous les cas graves; ils savent où l'on en est et ce que l'on fait. Ils ne sont plus des instruments presque passifs d'une fabrication dont les résultats leur restent étrangers; ils sont les coopérateurs intelligents et actifs d'une entreprise commune, à laquelle ils s'attachent naturellement de cet amour puissant que l'homme porte à tout ce qu'il regarde comme son œuvre.

Ah! quand quelques millions de Français auront vécu sous ce régime, on verra les changements qui se seront opérés dans les caractères, dans les idées, dans les coutumes; on verra combien l'activité intellectuelle et l'aptitude aux fonctions les plus difficiles se seront développées, combien de talents se seront révélés, combien les habitudes d'ordre et de prévoyance auront pénétré chez les travailleurs. C'est alors que s'étendra le goût des plaisirs de l'intelligence, que se poliront et s'adouciront les mœurs, que disparaîtront les vieux préjugés de la barbarie, qu'en comprenant mieux sa dignité l'homme apprendra à respecter celle des autres, et qu'enfin s'effaceront, dans les usages de la vie, ces distinctions odieuses de classes, qui sont proscrites dans les textes de la loi, mais qui sont encore si marquées dans les rapports des hommes entre eux, et qui semblent perpétuer le régime des castes au milieu de la démocratie.

Ah! sans doute, la société ne sera pas parfaite encore; mais supposez-y de plus quelque dévouement dans les citoyens, quelque vertu dans les familles, quelque moralité dans les consciences; soufflez-y, par la pensée, quelques étincelles de cette fraternité que l'Évangile a enseignée à l'humanité et qui est la condition de tout vrai bonheur! et, dites-moi, si la France de ce temps-là n'approchera pas de cet idéal de la société chrétienne que nous devons poursuivre de nos vœux et de nos efforts.

Telle est la fécondité des principes de l'association qu'on a droit, sans exagération aucune, d'en comparer les conséquences sociales à la transformation qu'amena dans le monde l'abolition de l'esclavage.

Pendant des milliers d'années, les travailleurs n'avaient connu d'autre condition que la servitude. Par l'affranchissement, ils entrèrent, il y a quelques siècles, dans la voie pénible et glorieuse de la liberté. Dans l'avenir, ils auront à la fois cette liberté, et de plus l'égalité, par L'ASSOCIATION.

LIVRE III

DE L'ORGANISATION DES ASSOCIATIONS.

CHAPITRE PREMIER

DES CLAUSES CAPITALES DES CONTRATS D'ASSOCIATION.

A quelles conditions une association entre ouvriers sera-t-elle démocratique et réformatrice ?

Ou en d'autres termes, quelles doivent être les bases constantes de l'organisation des sociétés ouvrières ?

Le lecteur est sans doute en mesure de répondre aussi bien que moi à ces questions.

Dans le premier livre de cet ouvrage, j'ai dû me contenter d'esquisser le tableau des associations, telles qu'elles fonctionnent aujourd'hui ; dans celui-ci, après avoir si longuement exposé les résultats qu'elles sont appelées à produire, je peux davantage ; je peux donner la raison et faire sentir l'importance des règles principales sur l'observation desquelles elles reposent.

En thèse générale, les associations doivent être abandonnées à leur liberté. Loin de les ramener à un type uniforme, il faut les laisser s'établir et se développer dans toute la variété qu'entraîneront la nature des travaux, la différence des mœurs et même celle des idées. Mais, sous cette variété, il doit néanmoins se retrouver toujours un même fond, sans quoi les associations n'atteindraient pas le but de réforme et d'égalité pour lequel elles sont instituées.

Toute association entre ouvriers, en effet, n'est pas par là même démocratique et sociale. Il peut s'en créer beaucoup qui ne le soient qu'en apparence et dont le seul résultat soit d'augmenter le nombre des maîtres au détriment des ouvriers. Pour être vraiment utiles, pour mériter les épithètes dont elles se parent, pour contribuer réellement à la transformation de l'industrie, pour produire enfin les bienfaits que j'ai essayé de décrire, les associations ouvrières sont naturellement astreintes à certaines conditions fondamentales, qui doivent former, pour ainsi dire, la substance de leur contrat, et en dehors desquelles elles seraient peut-être encore utiles à des individus, mais ne le seraient plus à la classe dont elles doivent opérer l'affranchissement.

Ces conditions dont il importe beaucoup de se bien pénétrer, pour juger les diverses associations, pour discerner les véritables des fausses, pour distinguer les conceptions du socialisme des vains palliatifs de la philanthropie, sont, d'ailleurs, peu nombreuses. Pour mon compte, je les réduis à cinq points capitaux que je vais indiquer successivement.

1° *Liberté des associés.* — Cette liberté doit être sérieuse et réelle. En conséquence, les engagements des sociétaires ne seront jamais à vie; ils ne devront pas même s'étendre à beaucoup d'années; ou plutôt la liberté de se retirer quand il voudra, devra être laissée à chaque associé, à condition seulement que cette retraite ne se fasse pas à contre-temps ni de mauvaise foi, pour nuire à la société, ou pour éviter les mauvaises chances, après avoir profité des bonnes.

En fait, c'est ainsi que les choses se passent. Parmi les associations fondées depuis deux ans, il en est peu qui n'aient beaucoup varié dans leur personnel; quelques-unes ont même perdu la plupart de leurs fondateurs et ont dû les remplacer par de nouveaux membres. En général, il ne paraît pas que ces mutations aient été nuisibles aux associations ; elles les ont plutôt servies, en leur permettant de s'épurer et de se recruter plus heureusement qu'elles ne l'avaient fait dans les hasards d'une première formation.

Sans doute, cette mobilité ne durera pas ; l'association, au contraire, aura pour résultat ordinaire de fixer les travailleurs dans le même atelier pour toute leur vie ; mais elle ne doit jamais les y retenir par contrainte; sans quoi, au lieu de leur assurer la liberté, ce qui est son but, elle les assujettirait à un nouveau servage.

Dans le même intérêt de la liberté individuelle, il est également nécessaire de ne jamais faire aux associés une obligation de la vie commune.

Sur ce dernier point, je renvoie au chapitre suivant.

2° *Égalité des associés.* — Dans les sociétés ouvrières, tous les associés ont des droits égaux ; tous sont également appelés à élire le gérant et les principaux fonctionnaires ; tous sont également aptes à être élus. Toutes les fonctions, d'ailleurs, sont électives et temporaires, si même elles ne sont pas toujours révocables. En réalité, c'est seulement à la majorité des associés qu'appartient l'autorité décisive.

Toute cette matière a été assez longuement discutée pour qu'il soit inutile d'y insister davantage. Quant à l'égalité des salaires, j'en parlerai dans le prochain chapitre, en traitant des questions controversées.

3° *De l'extension des associations.* — Fondées dans un but d'avenir et pour l'avantage de tous les travailleurs qui y seront employés, les associations doivent toujours rester ouvertes, dans la proportion du travail disponible, à la bonne volonté et au dévouement. Dès que l'extension des affaires le permet, il faut donc que leur cadre, essentiellement élastique, s'étende également et que de nouveaux travailleurs y soient admis, qui jouissent des mêmes droits que les anciens, comme dans l'armée les conscrits prennent place à côté des vétérans et se confondent sous le même drapeau.

C'est par cette large et généreuse politique que les associations grandiront et en viendront un jour à absorber toute la population ouvrière et par suite toute la production.

Autrement, si par égoïsme elles ne voulaient pas s'étendre, se recruter ; si elles se considéraient comme des corps fermés ; si, quand l'augmentation du travail le demanderait, au lieu d'appeler dans leur sein les candidats sociétaires, elles les repoussaient pour employer des salariés, comme font les maîtres, — il est clair que, par de telles pratiques, non-seulement elles ne profiteraient qu'à quelques-uns des plus riches et des plus heureux des ouvriers d'aujourd'hui, — ce qui serait manquer leur but, — mais qu'en outre elles se condamneraient à végéter toujours, sans se développer et sans mériter l'intérêt de personne.

En règle générale, les associations ne doivent donc pas employer de salariés. Cette règle ne souffre d'exception que pour les travaux extraordinaires qui exigent momentanément un surcroît de bras, ou bien s'il ne s'offre pas de candidats qui réunissent les qualités d'un bon associé; et encore est-il bon que, dans ces cas, les auxiliaires temporaires participent aux bénéfices du travail.

Les associations ne doivent pas non plus exiger aucun apport des nouveaux associés ; elles ne doivent pas fermer leurs portes aux pauvres. On admet seulement aujourd'hui, que, pendant les premières années qui suivent leur entrée, et pour venir en aide à l'insuffisance du capital, les nouveaux associés soient soumis à des retenues sur les bénéfices, qui compensent en partie les sacrifices antérieurs que l'association a faits et dont ils profitent.

4° *De la durée des associations.*—En principe, chaque association doit être considérée comme perpétuelle.

Pourquoi se dissoudrait-elle, en effet, à un jour donné, quand elle aurait grandi, quand elle porterait ses fruits, quand elle assurerait la liberté de beaucoup de travailleurs ?

Comment ! après s'être donné beaucoup de peine pour créer une institution, on irait la détruire, quand elle serait toute faite, quand elle fonctionnerait !

Évidemment ce serait de la folie.

Qu'on le remarque, d'ailleurs ! La nature, la composition même du fonds commun, suppose et nécessite la perpétuité des associations. Ce fonds, en effet, se crée par des prélèvements annuels opérés sur les travaux et sur les épargnes de tous les travailleurs qui passent dans l'association. Qu'en faire donc à l'époque fixée pour la dissolution ? On ne peut songer à le partager, en proportion des droits de chacun, entre les centaines, entre les milliers de travailleurs qui auront contribué à le former, dont beaucoup seront décédés ou absents, et qui, pour la plupart, n'auraient à réclamer que des sommes très-faibles, quelques francs peut-être. Une telle liquidation est évidemment impossible. Mais, d'autre part, on ne pourrait, sans une extrême injustice, autoriser les associés *en exercice*, qui ne sont que les derniers venus, à s'attribuer à eux seuls et à se partager tout le fonds social, qui pour la plus grande partie aura été amassé par leurs prédécesseurs.

Dans les nations, dans l'humanité, une génération, loin d'avoir le droit de consommer le capital que lui ont transmis les générations antérieures, est tenue, au contraire, de le conserver et même de l'accroître, pour le transmettre à la génération suivante, qui aura à son tour les mêmes devoirs : ainsi l'exige la morale sociale. Or, dans les sociétés ouvrières, les obligations de chaque génération de sociétaires sont absolument les mêmes, et, malgré leur moindre importance, elles ne sont pas moins sacrées.

L'association doit donc durer toujours : voilà le principe !

Mais, comme la loi actuelle ne reconnaît pas la perpétuité des sociétés civiles et commerciales, ce principe ne peut aujourd'hui être posé et formellement exprimé dans les contrats.

Pour sortir de cet embarras, et se trouvant obligées de

s'assigner une durée pour se mettre en règle avec le Code, les associations existantes en ont pour la plupart choisi une fort longue, et en outre, pour mieux rentrer dans l'esprit de leur institution, elles ont stipulé qu'à l'expiration du temps fixé, la majorité des associés pourrait renouveler le contrat, et qu'en ce cas le fonds commun lui serait attribué, et que si, au contraire, le renouvellement n'avait pas lieu, ce fonds ne serait pourtant pas partagé entre les associés, mais serait consacré tout entier à une œuvre de bienfaisance ou d'utilité publique ou serait rendu à l'Etat.

Par ces stipulations, les associations ont voulu garantir, et elles ont garanti, en effet, autant que le permet la législation actuelle, la continuité et la perpétuité de leurs établissements.

Trop souvent on a vu les sociétés de secours mutuels s'éteindre par le partage du fonds entre tous les mutuellistes. Les clauses prévoyantes des contrats d'association préserveront l'institution nouvelle de scandales analogues, qui ici seraient bien plus odieux, et que la société tout entière est intéressée à conjurer.

5° *Capital indivisible.* — Ce cinquième et dernier point est le plus important de tous.

Le capital indivisible est le pivôt autour duquel tout tourne dans l'association.

Il est le levier à l'aide duquel elle remuera tout le vieux monde.

C'est à lui qu'elle devra sa force et c'est lui aussi qui fera sa durée.

Sans lui, elle ne pourrait pas plus se perpétuer que s'étendre.

Il est pour elle ce que le patrimoine est pour la famille, ce que le domaine et le Trésor sont pour l'Etat.

L'indivisibilité du capital social est la condition nécessaire de l'affranchissement des salariés.

Les associés passent, mais l'association, qui subsiste, conserve son capital ; et, en le transmettant gratuitement aux ouvriers, de génération en génération, pour leur servir d'instrument de travail, elle les dispense de payer à personne ni intérêt ni loyer.

C'est ainsi qu'elle bat sans cesse la rente en brèche.

C'est par là que la propriété se transformera et que le capital tombera sous la dépendance et la domination du travail.

Rayer d'un contrat l'indivisibilité du capital, ce serait blesser l'institution dans son cœur et dans le centre même de sa vie.

Voilà des vérités qu'on ne comprend pas toujours assez bien dans les associations, et dont il importe pourtant qu'on se pénètre !

Sans doute, il peut être pénible d'abandonner une partie de son gain dans un intérêt d'avenir ; il en coûte toujours de travailler pour autrui. Mais qu'on le sache bien, c'est par là seulement que les ouvriers s'affranchiront. S'ils ne veulent travailler que chacun pour soi, ils resteront salariés et opprimés. L'émancipation n'a jamais été et ne sera jamais conquise qu'au prix du dévouement et du sacrifice (1).

—

En résumé :

La liberté des associés,

Leur égalité devant une loi commune,

Un recrutement perpétuel et obligatoire,

La perpétuité ou du moins la durée indéfinie de l'association,

L'indivisibilité du capital ;

Telles sont les conditions fondamentales auxquelles une association doit satisfaire pour avoir sa valeur réformatrice.

Sur toutes ces conditions les partisans de l'association sont à peu près d'accord, et, sauf peut-être ce qui con-

(1) Pour bien apprécier toute l'importance de l'indivisibilité du capital social, j'engage le lecteur à se reporter aux chapitres XI, XII et XIII du livre précédent, touchant *l'affranchissement du travail à l'égard du capital, l'abolition progressive de la rente* et *l'accumulation des capitaux*. — Voir en outre une note additionnelle à la fin du livre.

cerne les dangers de la vie commune, ils pourraient presque tous signer ce que je viens d'écrire. Mais il y a d'autres points, qui intéressent éminemment l'organisation de l'association, et où s'élèvent au contraire les dissentiments les plus graves, non-seulement entre les publicistes, mais aussi parmi les ouvriers qui ont commencé de s'associer.

Ces questions ont été trop controversées pour ne pas consacrer à chacune d'elles un chapitre spécial.

CHAPITRE II

QUESTIONS CONTROVERSÉES. — ÉGALITÉ DES SALAIRES.

Les questions controversées entre les partisans de l'association roulent sur :

1° L'égalité des salaires ;

2° L'unité ou la multiplicité des associations dans chaque métier ;

3° La vie commune ;

4° La légitimité ou l'illégitimité des bénéfices réalisés dans la vente des produits.

Égalité des salaires. — La théorie de l'égalité des salaires a été inspirée par un scrupule de justice.

Pourquoi deux hommes, travaillant pendant le même temps et avec la même assiduité, recevraient-ils des salaires différents !

Pourquoi l'infériorité des forces de l'un d'eux, en supposant que cette inégalité ne résulte pas de sa faute, mais de circonstances entièrement indépendantes de sa volonté et de sa conduite, pourquoi cette infériorité fatale, dont il est innocent et dont par suite il ne devrait pas être responsable, conclurait-elle pour lui à une infériorité de rétribution ?

Pourquoi ces deux travailleurs, s'ils font chacun tout

ce qu'ils peuvent, ne seraient-ils pas également récompensés pour des efforts égaux ?

Ainsi raisonnent les partisans de l'égalité des salaires, et l'on ne peut nier que dans leur argumentation il n'y ait au moins une apparence de justice.

Effacer devant la loi les différences de force et de constitution physique qui proviennent de l'hérédité, et au-dessus des inégalités de la naissance faire régner l'égalité des droits, rien assurément, au premier coup d'œil, ne semble plus conforme aux vrais principes de la justice sociale.

La chose pourtant n'est pas ausi simple qu'on paraît le croire.

D'abord, sous le régime de justice qu'on veut établir, il est au moins singulier de réduire au même salaire des gens qui sont dans des positions très-diverses et qui ont des besoins très-différents, un célibataire, par exemple, et un père de famille. Il y aurait certainement bien plus de justice à faire varier les salaires suivant les charges qui pèsent sur les associés.

Voilà donc, en premier lieu, un défaut de logique.

En second lieu, il faut remarquer que les avantages individuels qu'on efface par le système de l'égalité de rétribution, ne sont pas seulement des dons gratuits ; ils sont aussi, et ils sont très-souvent des conquêtes qui coûtent beaucoup de travail.

On peut dire qu'en grande partie l'homme se fait lui-même ; son habileté comme ses forces dépendent beaucoup de sa conduite, de sa volonté, de son énergie ; c'est par ses efforts qu'il augmente sa valeur productive, comme il la diminue par son inertie ou par ses vices.

La vérité même est qu'entre ouvriers exerçant une profession à laquelle ils soient propres, l'inégalité de valeur productive proviendra surtout et presque exclusivement d'eux-mêmes. Sans doute, dans l'hypothèse contraire, si un homme exerce une profession à laquelle il soit impropre, il n'y pourra jamais racheter son infériorité native. Mais pourquoi choisir cette profession ?

Quoiqu'il en soit, — entre les forces acquises qui sont les mérites et les forces héritées qui ne sont que des dons, il faudrait certainement distinguer.

Or, sous le régime proposé, on ne tient pas compte des secondes; soit! mais on ne tient pas non plus compte des premières, et l'on viole ainsi ce principe de simple équité que plus l'homme prend de peine et plus il acquiert de droit.

Maintenant je vais plus loin, et je demande si, même en ce qui concerne les qualités héréditaires du travailleur, elles ne doivent pas entrer comme un élément dans la fixation du prix de son travail.

Dans l'humanité, dont les membres sont unis par une solidarité inévitable, où les générations sont nécessairement liées les unes aux autres, où personne ne peut s'isoler de son milieu ni se séparer de son passé, est-il bien certain qu'il y ait de l'injustice à tenir compte aux travailleurs d'une supériorité de valeur productive, qui leur vient de la naissance, il est vrai, ou de l'éducation, mais qui leur est propre néanmoins, qui leur est personnelle, qui leur appartient comme leur corps est à eux?

Est-ce que la vigueur, l'intelligence et l'activité dont un Français a hérité de ses pères ne lui donnent pas plus de droit que la faiblesse, la sottise et l'apathie d'un Hottentot ou d'un Papou?

Si l'un de nos compatriotes faisait une société avec l'un de ces sauvages, le soumettrait-on à l'égalité des salaires? Et quand il aurait fabriqué à lui seul les neuf-dixièmes du produit total, faudrait-il qu'il n'en prît que la moitié, pour en attribuer autant à son associé?

Or, si l'on admet que l'égalité de rétribution ne soit ni applicable, ni raisonnable, ni même équitable entre étrangers, je ne vois pas comment elle le serait entre compatriotes.

En somme, sous le rapport de la justice, le principe de l'égalité des salaires, même en se plaçant au point de vue de ses partisans et en raisonnant sur leurs données, est donc au moins contestable.

Sous le rapport de l'utilité, il est bien plus attaquable encore.

En réduisant tous les travailleurs à un même niveau, l'égalité des salaires, en effet, brise le ressort que donne à l'homme le désir d'améliorer sa position, et elle détruit ainsi en leur germe les plus grandes ressources de l'avenir.

Des deux puissants stimulants qui nous poussent à l'action, du devoir et de l'intérêt, elle supprime le second pour ne respecter que le premier, qui est un mobile plus noble, je le sais, qui seul est méritoire, et sans qui l'on ne peut rien de grand, mais qui, évidemment, ne saurait suffire à lui seul à toutes les nécessités de la vie sociale.

Comment! le culte du devoir n'a pu préserver les associations religieuses de la décadence et de la mort, et l'on voudrait le faire régner seul dans l'organisation industrielle, sans y joindre aucune espérance de gain, aucune crainte de perte, sans autre sanction qu'une vaine promesse de gloire et d'honneur!

En vérité, il faut qu'un législateur soit bien candide pour donner dans ces chimères!

Enlevez aux hommes toute perspective d'amélioration, soit pour eux, soit pour leurs familles, et vous verrez ce que vous en tirerez.

Si, par impossible, l'égalité des salaires était jamais admise chez un peuple, j'ose dire qu'en peu d'années elle en détruirait toute la vitalité et y accumulerait plus de ruines que tous les désastres d'une invasion.

Je pourrais m'arrêter ici; mais, pour résoudre complétement le problème, je crois qu'il importe de le prendre de plus haut.

Élevons-nous donc jusqu'au principe général de la répartition des produits.

En règle générale, les travailleurs ont droit à la satisfaction de leurs besoins réels, à la suffisante vie.

C'est le premier point d'où il faut partir.

Dans la pratique, la détermination de ce droit est difficile, parce que la quantité du nécessaire varie, suivant les pays et suivant le degré de la civilisation des peuples ; mais le principe lui-même est incontestable.

Il suit de là que, dans les sociétés ouvrières, les moindres associés, quand ils ont travaillé avec assiduité dans la limite de leurs forces, doivent recevoir une rétribution suffisante pour vivre avec décence et pour élever leur famille. Si ce but n'était pas atteint, il n'y aurait pas lieu de rétribuer davantage les plus forts et les plus habiles.

En d'autres termes, il doit y avoir dans les sociétés ouvrières un minimum de salaire au dessous duquel il ne soit pas permis de descendre.

Voilà une première part faite à la justice!

Mais ce minimum payé, pour le surplus du prix des produits, comment s'opèrera le partage?

C'est ici que doit s'appliquer le principe souverain qui constitue la propriété, qui est la garantie des droits de l'individu, qui est l'agent le plus actif du progrès et qui est aussi essentiellement juste.

Ce principe est que le travailleur est le maître de la chose qu'il a faite, et cela par un titre analogue à celui que Dieu a sur le monde. Dieu est le souverain de l'univers, parce qu'il l'a créé ; le fabricateur d'un objet quelconque en est le propriétaire, parce qu'il l'a produit. Seulement, tandis que le droit de Dieu est un droit absolu, le droit de l'homme est un droit limité, parce que l'homme ne crée jamais dans le vrai sens du mot, parce qu'ayant toujours besoin pour produire du concours de la société, le droit de cette societé doit toujours dominer le sien.

Mais il n'en est pas moins vrai que le travail donne au producteur un incontestable droit sur le produit, et que, par conséquent, en principe général, la répartition de tous les produits doit se faire suivant les œuvres de chacun.

En droit donc, les premiers besoins de tous les travailleurs étant supposés satisfaits, et le domaine éminent de la société étant réservé, la répartition des produits SUIVANT LES ŒUVRES, voilà le principe vraiment juste, vraiment libéral, vraiment progressif !

D'où suit la condamnation de l'égalité des salaires; l'inégalité des œuvres entraînant, dans la répartition des produits, une inégalité proportionnelle.

Il est vrai qu'un autre principe général a été proposé pour la répartition des produits, celui qui prend, non plus les œuvres, mais les besoins pour la règle des droits du travailleur; de sorte qu'en exigeant de chacun un travail proportionné à ses forces, on lui attribue une part du produit proportionnelle à ses nécessités et à ses charges.

C'est le système communiste qui se résume en cet aphorisme : *De chacun selon ses forces, à chacun selon ses besoins.*

En un sens, ce système de répartition a certainement un grand avantage sur l'égalité absolue des salaires, celui de prendre en considération les différences de position entre les travailleurs et de donner plus ou moins, suivant l'étendue des besoins; au lieu de courber indifféremment tous les hommes sous un niveau inflexible, qui, sous prétexte d'égalité, crée par le fait une très-grande inégalité, au détriment de ceux qui ont le plus de charges.

Cette supériorité est incontestable.

Aussi, M. Louis Blanc et tous les esprits logiques de son école, ont-ils fini par renoncer à l'égalité des salaires, qu'ils ne demandent plus que comme une transition et par accommodement avec les nécessités du temps, et par adopter le principe communiste.

Néanmoins, ce principe est tout aussi condamnable que celui de l'égalité des salaires.

D'une part, il blesse la justice, en négligeant les différences de la production individuelle et en violant, par conséquent, le droit de propriété que le travailleur a sur son produit.

D'autre part, il décourage le travail, en ne récompensant pas les efforts ni les progrès des travailleurs,

On prétend exiger de chaque homme la quantité de travail dont il est capable dans un temps donné, et l'on ne réfléchit pas que cette quantité est essentiellement variable, qu'elle augmente ou diminue, suivant la volonté ou la conduite; et qu'en ôtant aux travailleurs toute espérance d'accroissement dans leur aisance et dans leurs ressources, on tend sans cesse à la faire baisser, tandis que l'intérêt social est de la faire toujours monter.

L'homme n'est pas seulement sur la terre pour satisfaire aux nécessités, aux besoins de la vie matérielle: il a une autre tâche à remplir ici-bas, celle de se développer et de progresser sans cesse, je dirais presque de se créer, pour créer avec lui l'humanité.

Il n'a pas été fait pour jouir, mais pour grandir.

Comment donc la science sociale pourrait-elle admettre un principe qui, au lieu de favoriser le développement des forces individuelles, ne tend qu'à l'entraver, à l'étouffer et à arrêter ainsi tous les progrès de la société.

Dans l'exercice de sa liberté, il est honorable à l'homme de travailler tant que le lui permettent ses forces et de ne consommer que dans la limite de ses besoins réels. Agir ainsi, c'est faire acte de christianisme.

Mais transporter cette règle sur le terrain de l'économie sociale, dans l'ordre de la loi, pour en faire le principe obligatoire de la répartition des produits, exiger de chacun tout ce qu'il peut faire, l'exiger par la force, car il faut en venir là, et ne laisser à l'homme, au travailleur, le droit de disposer de rien, pas même du fruit de son travail, c'est à la fois abolir la liberté, violer la justice et détruire à jamais le progrès en son germe.

En résumé, le seul principe vrai et inattaquable en en cette matière reste donc le principe de la répartition *selon les œuvres*.

Or, c'est à ce principe, ainsi que je l'ai déjà dit, que se sont rattachées la plupart des sociétés ouvrières. Le travail, en effet, s'y paie d'ordinaire à la tâche, et quand il se paie à la journée, les salaires varient suivant les usages du métier. Enfin, les répartitions de bénéfices à la fin de l'année, se font en proportion des sommes que chaque associé a touchées pour le paiement de son travail.

Ainsi, la rétribution des travailleurs est toujours proportionnelle à la valeur des produits qu'ils ont confectionnés.

Dans un assez grand nombre de sociétés, l'égalité absolue des salaires avait été admise, il est vrai; mais il n'en est presque aucune, ayant quelque importance, où elle ait été conservée.

Après dix-huit mois d'expérience, elle a été abandonnée par la société des tailleurs, dite de Clichy, qui y a substitué le travail aux pièces.

En outre des vices dont j'ai parlé, les tailleurs lui reprochaient d'engendrer sans cesse des discussions, des querelles, à cause de l'intérêt que chacun avait à faire travailler ses voisins. La surveillance mutuelle de l'atelier dégénérait ainsi en un esclavage véritable, qui ne laissait à personne la liberté de son temps et de ses actions.

Ces dissensions ont disparu par l'introduction du travail aux pièces.

L'égalité absolue des salaires est donc aujourd'hui un système jugé; la pratique l'a condamné.

S'il existe encore quelque part, ce n'est que dans de petits établissements, où tous les ouvriers étant occupés d'un même travail avaient depuis longtemps l'habitude de recevoir un même salaire, et où par conséquent les inconvénients que j'ai signalés ne se rencontrent pas.

Mais il y a pourtant un assez grand nombre d'associations, qui, tout en admettant l'inégalité des salaires, sont restées soumises à l'égalité dans la répartition des bénéfices. Cette répartition alors se fait par tête, en proportion seulement du temps consacré au travail, et non des salaires reçus. On conçoit tout ce qu'une telle transaction a de déraisonnable. Le temps et la logique en feront aisément justice. Ou l'égalité dans la rétribution du travail est bonne, et il faut l'appliquer partout ; — ou elle est mauvaise, — comme je crois l'avoir prouvé, — et il ne faut l'appliquer nulle part.

CHAPITRE III

DE L'UNITÉ OU DE LA MULTIPLICITÉ DES ASSOCIATIONS DANS CHAQUE MÉTIER.

En général dans les sociétés ouvrières existe la pensée d'absorber peu à peu par un développement continu tous les ouvriers du même métier travaillant dans la même ville, de manière à les unir tous dans une même association et à rétablir ainsi au profit de la démocratie les anciennes corporations.

Souvent même on va jusqu'à rêver, soit la fusion des divers métiers dans une même ville, soit la fusion des ouvriers du même métier dans différentes villes.

Enfin, au *summum* de toutes ces espérances et de tous ces désirs, se trouve quelquefois, comme l'idéal où l'on aspire, la fusion de tous les métiers et de toutes les professions de toutes les communes de France, en une association unique, où tous les travaux et tous les produits se distribueraient entre 36 millions d'associés solidaires.

A ce degré, cette doctrine a un nom bien connu et un caractère bien tranché ; elle s'appelle le communisme.

Je n'ai pas ici à combattre le communisme ; je n'ai pas à prouver que c'est une doctrine d'esclavage où, sous prétexte d'égalité, toute liberté est proscrite ; une doctrine de routine et d'ignorance, où tout progrès est étouffé en germe. Ces vérités sont de mieux en mieux comprises parmi les classes laborieuses des grandes villes, où je désire surtout être lu. Mais si le communisme complet et sincère est en baisse rapide, il n'en est pas de même de la doctrine, qui tend à ressusciter les corporations, à établir une solidarité complète entre les diverses associations, à détruire toute concurrence. Cette doctrine, qui, au fond, n'est qu'un diminutif de la doctrine communiste dont elle a la prétention de préparer l'avénement,—qui en est, on peut le dire, la sœur cadette ou la sœur bâtarde,—cette doctrine, quoiqu'elle soit peu franche, conserve encore beaucoup de crédit, et c'est pour cela qu'il importe de la combattre, et de démontrer qu'elle a la plupart des vices, sans avoir même les mérites des théories de Babœuf et de Cabet.

Moi aussi, comme la plupart des socialistes, j'ai commencé, sous l'influence des idées d'organisation saint-simoniennes, par espérer que les associations, en grandissant toujours, absorberaient peu à peu tous les établissements de même nature existant dans une même commune, et peut-être dans un même pays. C'est qu'alors j'aspirais surtout à la suppression de la concurrence, que je détestais comme la source maudite de la plupart des misères des travailleurs. Mais depuis, en y réfléchissant davantage, j'en suis venu à mieux comprendre que si la concurrence a beaucoup de puissance pour le mal, elle n'a pas moins de fécondité pour le bien, surtout en ce qui concerne le développement des facultés individuelles et le succès des innovations ; et d'autre part, en étudiant plus profondément le problème de la misère, j'ai vu de plus en plus clairement que la racine la plus profonde des maux et des iniquités qui couvrent le monde industriel, n'est pas la concurrence, mais bien l'exploitation du travail par le capital et la part énorme que les possesseurs des instruments de travail prélèvent sur les produits.

Grâce à cette double lumière, j'ai su mieux me diriger dans mes études économiques, et c'est par suite de cette direction nouvelle que j'ai complétement renoncé et que je suis devenu hostile à toute pensée d'union forcée, de fusion légale, entre les sociétés ouvrières d'un même métier.

Sans doute il n'entre pas dans ma pensée d'interdire à ces sociétés ni le droit de s'aider mutuellement, ni l'ambition de s'agrandir. Loin de là ! Je ne leur défends même pas d'aspirer et de travailler à l'absorption des établissements rivaux, pour régner seules dans le métier. Peu m'importent ces tendances, ces efforts, pourvu que la lutte soit loyale, pourvu surtout, et ce point est capital, pourvu que dans la lutte les sociétés ouvrières ne comptent que sur elles-mêmes, et n'appellent jamais à leur aide l'autorité de la loi.

En un mot, le rétablissement de la corporation fermée, avec le droit exclusif pour ses membres de travailler et de vendre, et avec la prohibition de la concurrence qui en est la suite, telle est la pensée que je repousse aujourd'hui comme une erreur et comme un danger.

Les raisons principales qui ont déterminé mon changement d'opinion sont très-simples.

D'abord, dans le système d'unité d'associations, comme il devrait s'établir dans chaque ville et au profit de chaque corporation un monopole plus ou moins complet, je dis que ce monopole amènerait nécessairement l'exploitation des consommateurs au profit des producteurs. Qu'on suppose, par exemple, tous les cuisiniers de Paris, ou même du département de la Seine, unis en une seule association, possédant tous les établissements culinaires et ayant seuls le droit de travailler pour le public, rien évidemment ne les empêchera de hausser leurs prix et de profiter du besoin impérieux des estomacs pour rançonner leurs pratiques. Or, il en sera de même, le même abus se reproduira, avec un caractère plus ou moins odieux et avec une puissance plus ou moins redoutable, pour les vendeurs de denrées de toute sorte, de vêtements, de meubles, d'outils, etc.

— Et alors, pour arrêter les progrès du mal, pour maintenir dans de justes limites les prétentions des producteurs, il ne restera qu'une ressource; il faudra en appeler à l'intervention des législateurs; il faudra que les magistrats descendent dans tous les détails de la vie privée et dans l'examen des ventes de chaque détaillant; il faudra imposer partout un tarif uniforme ou au moins un maximum infranchissable.

Curieux remède vraiment, et qui aurait au moins le mérite d'être bouffon!

Voyez-vous le gouvernement occupé à fixer le prix d'un befteack ou d'un potage!

Voyez-vous le commissaire appelé à décider si tel fromage est de Gruyère ou de Hollande, si telle qualité de chandelle rentre dans telle ou telle catégorie du tarif!

Donc, ou l'abandon du consommateur à la discrétion du producteur;

Ou le maximum le plus ridicule et le plus impraticable s'étendant à tous les objets de consommation;

Il n'y a pas, dans l'hypothèse posée, d'autre solution possible au problème de la consommation.

Maintenant, si j'examine les résultats du monopole quant à la condition des producteurs eux-mêmes, je vois d'abord que pour chaque association il y a obligation d'employer tous les travailleurs du métier, puisqu'en dehors ils ne trouveraient à travailler nulle part. Ainsi tout tailleur sera employé dans l'association des tailleurs, tout cordonnier dans celle des cordonniers, etc.

Très-bien; mais dans cette organisation, si des travailleurs se prétendent lésés, s'ils croient avoir à se plaindre des chefs ou de la majorité, s'ils ne se trouvent pas assez rétribués ou chargés de travaux assez avantageux, que feront-ils? Que feront les mécontents? Aller dans un autre atelier, il n'y a pas à y penser; travailler pour le public, c'est défendu. Que faire donc? sinon ronger son frein, endurer sa peine, et se résigner à vivre tristement au milieu d'une société qu'on n'aime pas et dont on n'est pas aimé ; — à moins pourtant qu'on ne préfère s'exiler et aller chercher fortune ailleurs. L'exil ou le joug, — telle est la gracieuse alternative offerte à l'ouvrier mécontent.

Je laisse à penser, d'ailleurs, de quelle paix et de quelle harmonie jouiraient les associations, étant composées de tels éléments.

Mais ce n'est pas tout. Remarquez qu'on ne peut pas refuser à l'association le droit de renvoyer les paresseux, les maladroits et les coupables, qu'elle ne pourrait conserver, en effet, sans faire tort au public, sans s'exposer à la ruine, sans diminuer la qualité et la quantité de la production. Donc on les renverra. Très-bien encore! Mais que deviendront-ils? Chassés de leurs ateliers, jetés sans ressource au milieu d'une société où il n'y aura plus de place pour eux, véritables excommuniés, comment vivront-ils? Comment feront-ils vivre leurs familles?

Et si, par hasard (la chose est possible), ils étaient moins coupables que malheureux ; s'ils étaient victimes d'accusations fausses, de condamnations injustes ; s'ils appartenaient à une minorité opprimée par une majorité passionnée..... Comment! auraient-ils donc perdu par là même le droit au travail, et ne pourraient-ils exercer chez eux, pour leur compte, le métier qui est leur gagne-pain?

Dans l'antiquité, on interdisait parfois aux proscrits le feu et l'eau. En vérité, le supplice était moins cruel que d'interdire ainsi le travail de sa profession à l'homme qui n'en sait pas d'autre.

Je demande si dans aucun pays et dans aucun temps on a jamais investi une corporation d'un arbitraire plus insolent, et si l'on a jamais imaginé une tyrannie plus rigoureuse.

Dans l'ancien système des corporations, la multiplicité des maîtres et des ateliers offrait au moins quelque asile à la liberté des ouvriers ; mais dans la corporation telle qu'on la propose, où il n'y a plus qu'un seul cadre de travailleurs, la condition de l'ouvrier devient semblable à celle du serf de la glèbe, avec cette aggravation qu'il ne peut briser le lien de sa servitude sans tomber dans la misère.

Allons plus loin; continuons notre examen.

Je demande ce qu'il en adviendra du progrès dans le système; du progrès, qui est toujours l'œuvre des minorités, qui ne se fait accepter qu'avec peine, même par la jeunesse, qui est un fruit de la concurrence, et qui désormais dépendrait partout des majorités des corporations, c'est-à-dire de travailleurs déjà mûrs, qui n'auraient nulle envie de recommencer leur apprentissage, et qui ne seraient d'ailleurs stimulés par aucun besoin de soutenir la lutte contre des rivaux qui n'existeraient plus.

Faites donc adopter des innovations dans de telles conditions!

Du progrès! Et pourquoi? vous dira-t-on. Nous avons notre marché, nos consommateurs, qui nous appartiennent, qu'on ne nous enlèvera pas, qu'on ne peut même nous disputer. Continuons donc paisiblement à faire comme nous avons toujours fait et comme ont fait nos pères, et ne nous cassons pas la tête à toutes ces inventions dont on s'est bien passé jusqu'ici.

Ainsi dans tous les temps ont raisonné les monopoleurs, et ainsi ils raisonneront toujours.

L'unité des associations, la corporation, c'est la souveraineté de la routine.

Routine, servitude, discorde, diminution de la production, voilà les fruits du monopole.

J'ajoute, pour terminer, que le nouveau système des corporations ouvrières ne serait pas seulement funeste; il est tellement contraire à nos mœurs, à nos idées, à nos tendances, que la réalisation en est complétement impossible.

D'abord, sans l'autorité de la loi, en admettant la liberté du travail, le monopole ne saurait s'établir ni subsister.

La démonstration de cette vérité a été complétement établie dans divers articles du journal *l'Atelier*, et notamment dans le passage suivant :

« C'est ne tenir compte ni de l'expérience universelle ni de la nature humaine, que de croire à l'agrégation naturelle de tous les membres de la société (*et de même de tous les ouvriers d'un métier*) autour d'un premier centre fondé.

« On peut faire des associations en commandite d'une puissance indéfinie. Les personnes intéressées n'y sont représentées que par leurs écus, et les écus n'ont ni les défauts ni les qualités de l'homme ; ils ne se querellent pas. Toute autre chose est d'une association de personnes. Il y aura toujours, quoi qu'on fasse, des individus mécontents, qui, à tort ou à raison, croiront leur intérêt lésé, qui tendront à sortir de l'association pour en fonder une nouvelle ou pour entrer dans une autre, pour travailler isolément.

« Prenons pour exemple la première association, celle qui devrait être, aux termes de la théorie, le noyau de l'association universelle.

« Elle a de toute nécessité un gouvernement : les directeurs et administrateurs sont des hommes, et, comme tous les hommes chargés d'un gouvernement quelconque, susceptibles d'inactivité, d'immobilisme, en un mot de toutes les faiblesses trop communes aux gouvernants. D'un autre côté, parmi les associés, se trouvent des hommes actifs, ardents, ambitieux, disposés à s'exagérer les fautes de la direction, croyant, à tort ou à raison, qu'ils feraient beaucoup mieux ; ils se feront chefs d'opposition, et produiront, tôt ou tard, mais infailliblement, une scission. Et de là naîtra une association concurrente.

« C'est ainsi que les choses se passent dans la vie, et quand on fait des théories sur l'organisation des sociétés humaines, il faut, à peine de n'être pas pris au sérieux, compter un peu sur le caractère de l'homme. »

Ces considérations sont éminemment raisonnables, et elles établissent parfaitement cette vérité, d'ailleurs évidente en soi, qu'avec la liberté du travail une association ne peut arriver à l'accaparement d'une industrie, au monopole. Toute crainte à ce sujet, de la part des libéraux, comme toute espérance de la part des communistes, seraient également vaines. Donc la réalisation de la théorie des corporations fermées est impossible avec la liberté; mais je vais plus loin, et je prétends que, dans l'état actuel de nos mœurs, elle ne serait pas possible, même par l'autorité de la loi.

Peut-être, chez des populations dociles, inertes, assouplies à l'obéissance, soumises à une classe plus intelligente et plus instruite, peut-être, dans ces conditions, un régime analogue pourrait-il s'établir par l'initiative et par l'action du pouvoir, comme on a vu une variété du communisme s'introduire chez les sauvages convertis du Paraguay sous la direction des Jésuites. Mais rêver rien de semblable pour la France du XIXe siècle; penser à la création d'un monopole universel, avec tous les règlements, toutes les restrictions et toutes les prohibitions qu'il entraîne, chez un peuple qui, grâce à ses révolutions, a pris l'habitude de scruter les titres et d'éplucher les actes de toutes les autorités; prétendre soumettre toutes les industries aux visites et aux vexations de l'exercice, que maudissent nos vignerons et nos brasseurs; vouloir introduire partout la main du pouvoir et de ses agents, dont on ne veut nulle part; s'imaginer qu'on brisera le sentiment si vif de la personnalité, du droit, pour faire entrer tout le monde dans les cadres d'une organisation administrative; — en vérité, c'est une illusion si grossière, que j'ai eu tort de la signaler comme un danger.

Le danger, pour l'esprit français, n'est plus du côté de la passion de l'autorité et de l'unité; il serait plutôt du côté de la liberté.

CHAPITRE IV

LA VIE COMMUNE.

Si des ouvriers associés, au lieu de vivre chacun chez soi, préfèrent vivre en commun, comme des religieux ou des soldats, — libre à eux !

S'il leur plaît, au lieu de se disperser par la ville, de se réunir pour loger ensemble dans quelque vaste caserne, dans quelque immense couvent, où chacun aura sa cellule ;

S'il leur plaît, au lieu de manger à la petite table de la famille, de déjeuner, dîner et souper à la grande table du réfectoire ;

S'il leur plaît, au lieu de choisir chacun à sa fantaisie le vêtement qui lui agrée, de revêtir l'uniforme ;

S'il leur plaît, en deux mots, de sacrifier les douceurs de la vie individuelle aux exigences de la vie commune et la liberté à la discipline ;

Soit ! je ne m'y oppose pas, et je reconnais volontiers qu'ils trouveront à ce régime plus d'économie qu'à celui de l'isolement.

Les soldats, qui vivent par association dans chaque compagnie, se procurent certainement la suffisante vie à un prix moindre qu'elle ne coûte dans les mêmes lieux à des ouvriers isolés.

De même des ouvriers associés pourront trouver dans un régime analogue une économie semblable.

Les économistes du capital eux-mêmes ont recommandé ce genre d'association : « J'ai montré, dit M. Rossi, comment chaque famille d'ouvriers pouvait améliorer sa condition par un système équitable de secours mutuels et de dépenses en commun... Il est une communauté partielle, une communauté d'achats, d'approvisionnements, de chauffage, de repas, de secours, qui n'a rien d'impossible ni d'immoral, et qui ne passe nullement par ses combinaisons l'intelligence des classes laborieuses... Des associations volontaires, temporaires, de cinq, six, dix familles, plus ou moins, pour mettre en commun, *non leur travail*..., mais une partie de leurs gains, de leurs dépenses, de leur consommation, de leur vie domestique, matérielle et extérieure, dans une vue de secours mutuel, ne seraient pas seulement pour les travailleurs un moyen de bien-être, mais un moyen d'éducation et de moralité. »

Ainsi, M. Rossi ne veut pas que les ouvriers mettent en commun leur travail; mais il souhaite, il demande qu'ils mettent en commun une partie de leur consommation. Mon avis, à moi, est tout opposé. J'avoue tenir médiocrement à ce que les ouvriers s'associent pour leurs dépenses; tandis qu'en revanche je tiens énormément à ce qu'ils s'associent pour leur travail. Le contraste est complet, comme on voit; mais il n'a rien d'étrange; il prouve seulement que si les associations de travail sont une transformation qui commence pour tout le monde économique, les simples associations de consommation n'ont aucune portée réformatrice. Voilà pourquoi, loin d'effrayer les économistes conservateurs, elles leur plaisent. Leur résultat le plus sûr, en effet, dans la constitution actuelle de l'industrie, serait d'accroître encore la baisse du salaire, en diminuant le total des dépenses du salarié.

Quoiqu'il en soit, je reconnais qu'en règle générale l'association dans la consommation amène une économie notable, et, en conséquence, j'approuve qu'en certains cas les travailleurs cherchent à l'introduire dans les associations.

Mais il importe de ne pas s'exagérer la valeur de cette réforme, d'en bien apprécier le caractère, d'en déterminer les limites, d'en fixer les conditions.

D'abord, si la vie commune est économique, il faut

avouer qu'elle n'est ni commode ni agréable. Pour rendre la description de leur phalanstère plus séduisante, les fouriéristes y ont vainement prodigué toutes les couleurs de la poésie gastronomique et érotique. Même dans ce monde imaginaire, il manquerait encore à la vie des phalanstériens cet élément de bonheur que donne l'indépendance individuelle, la pensée qu'on est maître chez soi, qu'on a son foyer et son ménage. « Fi de tous vos repas, de tous vos bals et de tout votre luxe! leur dirait plus d'un citoyen. J'aime mieux manger des haricots et boire de la piquette CHEZ MOI, avec ma femme et mes enfants. »

Proudhon était certainement beaucoup mieux inspiré quand il appelait la vie commune : la philosophie de la misère. Ce genre de vie, en effet, n'est pas à l'usage du riche, qui, pouvant concilier l'indépendance avec l'aisance, aimera toujours mieux vivre seul et vivre à sa guise; mais il peut être utile aux familles gênées, nécessiteuses, qui y trouveront le moyen de satisfaire à peu de frais à leurs premiers besoins et d'adoucir la rigueur de leur sort. La vie commune devient ainsi une ressource pour le cas du paupérisme, comme l'avait bien vu Rossi; mais c'est une ressource qu'on achète bien cher, au prix d'un amoindrissement de son indépendance, au prix d'une partie de sa liberté. C'est un joug, et l'on aurait beau le dorer, il n'en serait pas moins lourd.

Je sais que chez les phalanstériens et chez les communistes on se fait sur ce point de bien singulières illusions; mais je ne demande au lecteur, avant de prononcer, que de consulter l'expérience qu'il peut avoir de la vie et du cœur humain, et je m'en rapporte à son jugement.

Quant aux limites où doit se renfermer l'association dans la consommation; — d'une part, en ce qui concerne la nature des consommations, ces limites se trouvent dans le respect de la famille, dont l'intimité ne doit jamais être troublée. Descendre jusqu'à cette sphère, et par exemple, sous prétexte d'économie, enlever les enfants aux soins journaliers de leurs mères et à cette éducation du foyer domestique que rien ne supplée, pour les élever à la Spartiate sous la discipline exclusive et forcée d'une école commune, ou bien, ce qui ne serait qu'une extrême logique, substituer le bon marché des dortoirs communs à la séparation plus coûteuse des ménages dans des logements isolés, ce serait sacrifier les intérêts moraux les plus élevés, les plus respectables, à des résultats économiques d'un ordre secondaire.

D'autre part, en ce qui concerne le nombre des associés, il y a aussi des limites qui tiennent à la nature même des avantages économiques de l'association.

Il ne faudrait pas s'imaginer, en effet, que l'économie due à l'extension de la fabrication et des approvisionnements soit sans terme. En augmentant toujours le nombre des consommateurs associés, on n'ira pas sans cesse en diminuant le coût de la consommation de chacun. Ce résultat ne s'obtiendra que jusqu'à un certain nombre, qui varie suivant le produit à consommer. Au-delà, la diminution des frais est nulle.

Fourier a très bien établi que quatre cents soupes, en bouillant à un même feu, coûtent moins qu'en bouillant devant quatre cents petits feux; mais il n'a pas établi du tout qu'ainsi préparées sur son gigantesque fourneau, elles reviennent moins cher qu'en les faisant cuire dix par dix sur quarante fourneaux moyens.

En chaque circonstance donnée et pour chaque objet de consommation, il y a donc un point d'arrêt, qui dépend surtout du mode de fabrication et où il faut que l'association se borne pour être vraiment économique.

Enfin, et c'est ici un point capital, les associations de consommation, les communautés partielles, suivant l'expression de M. Rossi, qui pourront s'introduire dans les sociétés ouvrières, ne doivent jamais dégénérer en règlements obligatoires auxquels on ne puisse se soustraire sans éprouver de dommage.

Par exemple, si l'association, maîtresse d'un capital libre, le consacre à l'acquisition d'un grand hôtel, pour y loger ses membres, l'opération peut être bonne et très-avantageuse aux associés; mais chacun d'eux doit rester libre d'aller loger ailleurs, et dans ce cas doit recevoir une indemnité de logement qui le laisse dans la même position où il se fût trouvé, si l'opération n'eût pas eu lieu, — ce qui, dans la pratique, se fera très-aisément par l'intervention du teneur de livres, qui portera au débit de chaque associé logeant dans la maison commune la valeur estimative de sa location.

Dès que ce dernier paiera son logement, personne en effet n'aura plus à se plaindre du bénéfice qu'il trouvera à l'opération.

La règle sur cette matière est donc que l'association procure à ses membres tous les avantages possibles, mais que ces avantages ne soient que des offres dont le refus n'empire pas la position de l'associé, et qu'ils ne dégénèrent jamais en instruments de tyrannie.

Sans doute les associés se doivent à l'association, ils sont astreints à obéir à ses lois; ils sont soumis à sa discipline; mais toutes ces obligations ne pèsent sur eux que dans l'atelier, en ce qui concerne le travail; une fois leur service fait, ils recouvrent leur pleine indépendance et doivent disposer à leur guise de tout l'argent qu'ils gagnent. Les instruments du travail commun sont la propriété de l'association, et ne doivent être employés que dans l'intérêt de cette association; mais les produits du travail, qu'ils soient distribués sous forme de salaires ou de bénéfices, sont la propriété individuelle des associés, qui en sont les maîtres souverains, — sauf les lois de la morale et de l'honneur.

Ainsi l'exige la liberté individuelle, qui n'est pas seulement un droit sacré, qui de plus est une grande force, et qu'il faut bien se garder de comprimer; sans quoi elle éclatera et brisera l'association, comme la vapeur brise les vases trop étroits où l'on veut la renfermer.

En résumé, l'association pour la consommation, dans les limites fixées plus haut et aux conditions qui viennent d'être exprimées, est bonne; mais elle n'est que d'un intérêt secondaire, et il importe d'en user avec prudence et ménagement.

Les sociétés ouvrières ont été fondées avant tout POUR LE TRAVAIL ; c'est là leur objet, leur but, leur valeur; l'association de consommation ne peut s'y introduire que partiellement et comme un accessoire.

Il est remarquable qu'aujourd'hui, dans notre monde socialiste, où la pensée de la vie commune est si répandue, où il y a tant de citoyens qui ne connaissent l'association que par ce côté, cette pensée néanmoins n'a encore été réalisée presque nulle part. Une telle opposition entre la théorie et la pratique est un enseignement capital qu'il n'est pas permis de négliger.

CHAPITRE V

LES ASSOCIATIONS ONT-ELLES LE DROIT DE FAIRE DES BÉNÉFICES?

C'est Proudhon qui a soulevé ce problème.

Posant en principe que les produits ont une valeur réelle, naturelle, JUSTE, savoir : *la quantité de travail qu'ils ont coûté*, il ne veut pas que les producteurs en tirent jamais un prix supérieur.

Suivant lui, toute élévation du prix courant au-dessus du prix du travail constitue une spoliation du consommateur.

En aucun cas, les producteurs ne doivent donc faire de bénéfices, et naturellement les sociétés ouvrières sont comprises dans cette prohibition.

Telle est l'argumentation de Proudhon, et elle a paru

assez convaincante dans une partie du monde socialiste, pour qu'on ait tenté de s'y conformer dans la pratique. Il existe aujourd'hui à Paris une association de tailleurs qui s'est établie sur ces bases, qui s'engage à ne vendre ses produits au public qu'au prix suffisant pour le paiement des salaires et des frais généraux, qui s'interdit le moindre gain comme un acte illicite.

Cette délicatesse est très-honorable, mais elle est peu raisonnable, et le principe de Proudhon, interprété avec cette rigueur, perd même de son exactitude et de sa vérité.

Pour le démontrer, je suis obligé d'entamer une discussion assez aride, mais que justifie l'importance du sujet.

Pénétrons donc un moment par la pensée dans ce monde futur, où Proudhon se place pour raisonner, et où doivent nous conduire en effet les progrès de la science, ceux de la législation et ceux surtout de l'association. Dans ce monde-là, sous un régime de justice et d'égalité, il arrivera sans doute que le prix courant des choses se réglera sur leur prix de revient, et que, dans le prix de revient, on ne comprendra plus, comme aujourd'hui, les intérêts du capital. J'accepte ces données, mais néanmoins, même en cet état de choses, il n'est pas vrai que le prix de revient, et par conséquent le prix courant, doivent dépendre uniquement de la quantité de travail fournie directement par les ouvriers qui auront manipulé le produit. Ces prix dépendront aussi de la valeur des instruments de toute sorte dont les ouvriers se seront servis dans leur travail, ou en d'autres termes, de la valeur du capital qu'ils auront employé.

C'est ce que Proudhon ne paraît pas avoir vu.

Il suppose ou paraît supposer que, si l'intérêt du capital était aboli, les différences de valeur entre les capitaux nécessaires pour chaque industrie n'auraient plus d'influence sur le prix des produits.

C'est une erreur.

Soient deux fabriques employant chacune deux cents travailleurs, mais dont la première, vu la nature du travail, exige un capital de un million (10,000 fr. par tête de travailleur), tandis que la seconde n'exige que 100,000 fr. (1000 fr. par tête de travailleur).

On sait que des différences semblables ou plus considérables encore existent souvent entre deux industries même très-voisines, par exemple entre la tannerie et la corroyerie, entre la tapisserie et l'ébénisterie, et dans l'agriculture entre l'élève des chevaux et la culture du blé, ou entre cette dernière culture et celle des légumes

Or, dans ces deux fabriques un travail *égal* de leurs ouvriers ne saurait, en bonne justice, engendrer des valeurs égales, de sorte que le gain total des deux établissements fût le même.

Au contraire, dans la première fabrique, où le capital nécessaire est d'un million, il faudra que, par un même travail, le produit acquière une valeur beaucoup plus grande que dans la seconde, où le capital nécessaire n'est que de 100,000 fr.

Autrement, qui voudrait entrer dans la première fabrique? qui voudrait y risquer des capitaux? qui voudrait surtout, pour la fonder, emprunter des capitaux qu'il ne pourrait plus rendre.

Remarquez que je ne parle pas du tout de l'intérêt, de la rente; je suppose le crédit gratuit, et, même dans cette hypothèse, je vois que la différence des capitaux nécessaires dans chaque industrie fera naturellement varier la valeur des produits; car si les travailleurs n'ont pas à payer d'intérêt, il faudra du moins qu'ils remboursent le capital qu'ils auront emprunté; il faudra donc qu'ils le gagnent. Outre le paiement du travail fait dans la fabrique, le produit devra donc acquérir une valeur accessoire, proportionnelle à la valeur du capital employé et suffisante pour que ce capital soit remboursé dans un même temps par les diverses industries.

Sinon, il n'y a plus d'égalité entre les industriels.

Donc, et quel que soit le régime économique, il y aura

toujours dans le prix *juste* des produits une valeur variable, afférente à la valeur du capital employé, — c'est-à-dire qu'il y aura toujours lieu pour les producteurs à un bénéfice, à l'aide duquel, en tout temps et en tout cas, ils pourront et devront amortir leur capital.

On peut dire, d'ailleurs, que le fait de l'augmentation de valeur dans les produits par suite de l'augmentation de valeur dans le capital employé, est parfaitement conforme au principe posé par Proudhon et qui avait été déjà posé par Smith, que la valeur des produits, leur valeur vraie, dépend de la quantité du travail qu'ils ont coûté. Le capital, en effet, n'est lui-même qu'un produit du travail ; c'est du travail accumulé, comme l'ont dit les économistes, et sa valeur ne doit également être déterminée que par le travail qu'il aura coûté. Il est donc vrai que la dépense de capital faite pour la production n'est qu'une dépense de travail et qu'elle doit par conséquent entrer comme un élément dans la fixation des produits.

En résumé, on voit que le scrupule de Proudhon n'est pas fondé et que les associations peuvent faire des bénéfices en sûreté de conscience.

J'ai raisonné au point de vue du droit strict et de la justice idéale ; c'était celui où j'étais appelé ; mais combien ma conclusion n'eût-elle pas été plus prompte, combien elle serait plus énergique en me plaçant sur le terrain du fait actuel, de cette société où les travailleurs ont à soutenir une lutte si terrible et si inégale contre la puissance accumulée du capital !

Comment, en effet, la soutenir, cette lutte, et comment en sortir victorieux, sans accumuler à son tour, et comment accumuler, si l'on ne bénéficie pas ? Comment, sans bénéfices, acquérir le capital nécessaire à la production? Comment s'affranchir de la rente? Comment reconstituer l'industrie? Comment transformer la société?

Si les associations n'avaient pas le droit de faire des bénéfices, elles n'auraient rien de mieux à faire qu'à se dissoudre immédiatement, au lieu de prolonger péniblement une existence inutile, comme des germes frappés de stérilité et condamnés à l'avortement.

Si elles devaient renoncer à l'espoir de se former un capital, à quoi serviraient-elles?

Mais loin d'avoir de telles pensées, c'est au contraire à bénéficier qu'elle doivent tendre sans cesse par toutes les voies honnêtes, de manière à s'enrichir le plus promptement possible, et à ouvrir ainsi une plus large voie à l'émancipation de toute la classe ouvrière.

C'est par les bénéfices de l'industrie qu'il y a six siècles la bourgeoisie a commencé son évolution, en achetant la liberté dans les communes, et depuis c'est par le même procédé, joint aux vertus d'économie et d'épargne, qu'elle a sans cesse étendu sa puissance.

Aujourd'hui le peuple des travailleurs doit suivre ce grand exemple. C'est par une voie analogue qu'il arrivera aussi à la liberté. Le trésor populaire épargné sou à sou par les associations et consacré par elles à l'affranchissement du travail, aura plus de puissance que le glaive pour la réalisation de l'égalité sociale et pour la régénération du monde.

LIVRE IV

DE L'ÉTABLISSEMENT DES ASSOCIATIONS

CHAPITRE PREMIER

CHOIX DU PERSONNEL.

Pour fonder une société industrielle, où les capitaux seuls soient associés, comme la plupart de celles dont les actions se cotent à la Bourse, ce qu'il faut d'abord et avant tout, ce sont des écus ; mais pour fonder une société ouvrière, ce qu'il faut d'abord et avant tout, ce sont des hommes.

Laissant donc de côté pour un instant les difficultés financières que toute association doit rencontrer à son début, je commencerai par traiter du fonds de moralité, d'instruction et de capacité industrielle et commerciale, qui doit faire leur première richesse et dont elles ont un besoin absolu pour réussir ; — véritable capital, qui est plus précieux encore, et qui par malheur est souvent plus difficile à trouver que le capital proprement dit !

On a remarqué avec raison que la liberté politique et surtout la démocratie supposent dans un peuple un plus haut degré d'élévation morale et intellectuelle que toute autre forme de gouvernement ; de même, pour les travailleurs, le régime de l'association exige d'eux plus d'intelligence et de vertu que celui du salariat.

Se gouverner soi-même, en effet, se passer de maître, conserver l'union dans le sein de la société, respecter l'autorité des chefs élus qui, en dehors de l'atelier, sont des camarades, et qui demain peut-être seront des subordonnés, leur obéir sans murmure ni hésitation, travailler beaucoup sous une discipline adoucie; — tout cela est chose honorable, avantageuse, mais difficile, et qui suppose dans les hommes une grande valeur morale.

A un salarié, le patron n'a rien à demander que l'accomplissement exact de sa tâche; mais l'association demande plus à ses membres; elle leur demande un concours dévoué, une activité volontaire, c'est-à-dire un profond sentiment du devoir; elle leur demande l'esprit d'union et de fraternité; elle leur demande la probité, la bonne foi, l'honneur; elle leur demande surtout d'aimer l'association, de s'y attacher comme à une famille et d'en prendre les intérêts comme les siens propres.

Je ne prétends pas, sans doute, que l'entière possession de toutes ces vertus soit nécessaire à tous les associés; les auraient-ils, que l'institution n'en marcherait que mieux; mais, sans aller si loin, je pose en règle que l'association n'est possible qu'entre honnêtes gens, entre gens capables de dévouement, dont la vie soit régulière et dont la moralité soit supérieure à la moyenne qui se rencontre dans la plupart des classes de la société, et notamment dans celle des salariés.

L'association aujourd'hui ne peut être fondée que par des hommes d'élite.

Outre le progrès moral, je n'ai pas besoin de dire que l'association suppose aussi un grand progrès intellectuel. Aujourd'hui, la plupart des salariés seraient incapables de surveiller sérieusement et d'apprécier en connaissance de cause la gestion de la maison pour laquelle ils travaillent, c'est-à-dire qu'ils ne pourraient pas remplir une tâche qui doit peser sur tous les associés. Un bien plus petit nombre encore, un nombre très-restreint possède l'instruction et surtout le talent de direction qui sont nécessaires pour faire marcher un établissement.

Tant que cette infériorité subsistera, l'association ne sera qu'un fait exceptionnel. Elle ne se généralisera que si les ouvriers acquièrent plus de connaissances générales et spéciales, s'ils s'élèvent au-dessus des détails de leur travail pour en saisir l'ensemble, et surtout s'ils apprennent l'art des affaires, où ils sont aujourd'hui plus que novices.

Il ne faut pas croire que le profit des entrepreneurs ne soit qu'un fait d'exploitation : ce serait une grosse erreur ; il est aussi la récompense d'un talent qui leur est propre, et qu'en général les ouvriers n'ont pas. Il y a un fonds de capacité industrielle et commerciale qui est très-commun dans la bourgeoisie, où il résulte de l'éducation même, où il s'acquiert dans la maison paternelle, et qui manque presque absolument chez les ouvriers. Ceux-ci, et je ne parle pas des gens de désordre, de débauche, ni des hommes dont les habitudes grossières et le manque de toute instruction font une classe vraiment inférieure, je parle des hommes intelligents, ardents, dévoués, qui sont appelés à fonder l'association ; ces hommes, en général, ont beaucoup, ont trop de l'esprit des artistes ; loyaux, bons enfants, le cœur sur la main, mais incapables de prévoyance, n'aimant pas à s'occuper d'affaires, redoutant les calculs, les casse-têtes, les soucis d'une direction quelconque, véritables enfants qui ont hâte de finir leur tâche pour n'y plus penser ensuite.

C'est ainsi qu'ils ont vécu pendant des siècles sous le régime du salariat. Mais pour que ce régime change, — et pour que ce changement soit durable, — il faut bien qu'ils changent aussi ; il leur faut se faire de nouvelles mœurs, un nouveau caractère; il leur faut acquérir les qualités prosaïques, mais utiles, qui ont permis à la bourgeoisie de gagner et de conserver le capital. Je ne leur prêche pas l'égoïsme bourgeois, tant s'en faut! Encore moins voudrais-je les lancer dans l'agiotage et dans toutes ces mauvaises pratiques qui déshonorent si souvent le commerce et l'industrie! L'association même doit avoir pour effet de les préserver de ces chutes. Mais en entrant dans ce nouveau régime, je dis que les ouvriers ont besoin d'allier de nouvelles vertus à leurs qualités antiques, de joindre à l'esprit de dévouement qu'ils possèdent l'esprit d'ordre et d'économie, le soin attentif des intérêts sociaux, la réflexion, l'habileté, en un mot tous les mérites du directeur de l'industrie.

La capacité industrielle est certainement ce qui manque le plus aujourd'hui dans les associations fondées depuis deux ans. La plupart ont été obligées d'essayer plusieurs gérants avant d'en trouver un passable, et il en est plusieurs qui ne l'ont pas encore trouvé. Aussi est-il certain que si par malheur on voulait tout d'un coup mettre en association la plupart des ateliers d'une industrie quelconque, le travail y baisserait aussitôt et de beaucoup. Instruction, habileté, connaissance des usages du commerce, le goût même et l'esprit des affaires, tout ferait défaut. Ce serait une expérience désastreuse où l'association pourrait être compromise pour longtemps.

En résumé, l'association ne peut être fondée que par des hommes d'élite. Plus tard, quand elle aura vécu, quand elle aura ses mœurs et sa tradition, quand elle aura créé ses habitudes, elle sera facile et large dans ses admissions; mais en attendant elle doit agir avec beaucoup de prudence, et ne choisir pour associés que des gens sûrs, éprouvés, de bons travailleurs, dont le passé soit une garantie, qui aient l'esprit de l'association, qui en comprennent la valeur et les devoirs. Il serait même très-utile, au commencement, dans l'intérêt de la paix et de l'union, que les associés partageassent les mêmes sentiments politiques et sociaux, au moins sur les questions capitales qui divisent notre siècle.

C'est pour avoir méconnu ces nécessités, que tant

d'associations ont été troublées par des discordes intérieures et que beaucoup ont péri.

Mieux vaut aller moins vite et marcher d'un pas plus sûr; mieux vaut se recruter lentement que se recruter mal; mieux vaut attendre la maturité du fruit, que de la hâter, au risque de tout perdre!

CHAPITRE II

DU PREMIER FONDS SOCIAL.

L'association étant constituée dans son personnel, se présentent aussitôt les difficultés financières.

Comment les vaincre? comment se procurer le capital nécessaire au travail? comment surtout se procurer le premier fonds social?

Sur cette grande question, étudions d'abord l'expérience acquise. Voyons comment ont été fondées celles des associations qui ont le mieux réussi.

L'histoire de ces origines a été écrite en partie par le représentant du peuple Gilland, dans sa *Revue anecdotique des Associations ouvrières,* le livre le plus propre que je connaisse à les faire aimer. Poëte par vocation, mais ouvrier serrurier de son métier, l'auteur a su mettre à profit la connaissance intime qu'il a des mœurs et du caractère de l'ouvrier socialiste, pour décrire avec autant de vérité que de sympathie les travaux de ses amis, de ses camarades, pour peindre les dures épreuves par où ont souvent passé les fondateurs des sociétés actuelles.

Des renseignements plus ou moins précis sur le même

sujet ont aussi été donnés à diverses reprises par la presse démocratique.

Enfin j'ai été à même pour mon compte de suivre les débuts d'un assez grand nombre d'associations.

Or, le fait général qui résulte pour moi de l'étude de ces documents et de mes observations personnelles, c'est que les associations qui ont le mieux réussi, qui sont aujourd'hui dans la plus réelle prospérité, se sont créées elles-mêmes et n'ont surmonté les obstacles qui les arrêtaient que par le dévouement et les sacrifices de leurs fondateurs.

Pour la plupart, leur premier fonds social avait été réuni à l'aide d'apports faits par les sociétaires eux-mêmes et de quelques prêts obtenus de l'amitié et de la sympathie politique. Presque toujours ce premier capital était d'une insuffisance notoire, si faible quelquefois qu'on s'étonne de l'audace de ces hommes, qui osaient ainsi, sur la foi d'une idée, s'embarquer, sans lest et sans provisions, sur la mer de l'industrie, cette mer si féconde en naufrages, et qui y risquaient à la fois leurs épargnes, leur santé et jusqu'à leur honneur, car ils empruntaient, et s'ils eussent échoué, ils n'auraient pas pu rendre. Donc, il fallait compléter ce capital; il fallait, non pas seulement renoncer à tout bénéfice, mais subir des retenues considérables sur les salaires. Souvent la caisse était tout à fait vide, et il n'y avait pas de salaire du tout. Et puis la vente ne marchait pas, les rentrées se faisaient attendre, les valeurs ne s'escomptaient pas, le magasin des matières premières était vide; — et il fallait se priver, se restreindre dans toutes ses dépenses, se réduire quelquefois au pain et à l'eau; il fallait ainsi volontairement se faire une condition de vie très-inférieure à celle qu'on aurait pu se procurer comme simple salarié, et qui pis est, il fallait souvent faire partager ces souffrances à des femmes, à des enfants, qui semblaient avoir le droit de se plaindre d'être sacrifiés par leurs maris, par leurs pères!

C'est à ce prix, c'est au prix de ces angoisses et de ces

misères, c'est par cette voie douloureuse, que des hommes, sans presque aucune autre ressource au début que leur bonne volonté et leurs bras, sont parvenus à se former une clientèle, à acquérir un crédit, à se créer enfin un capital social, et à fonder ainsi des associations dont l'avenir aujourd'hui semble assuré.

Quelques-unes de ces associations, il est vrai, après leur fondation et quand elles avaient déjà commencé à s'élever, ont reçu du gouvernement des subventions qui les ont beaucoup fortifiées; mais à l'origine elles avaient commencé par marcher seules. Quant aux associations qui ont été créditées tout d'abord par le gouvernement, qui ont reçu leur dot le jour même où elles se sont établies, comme des fils de famille qui entrent dans le monde, ces associations en général, et sauf des exceptions très-honorables, ont au contraire obtenu peu de succès, au moins jusqu'à présent; beaucoup végètent et quelques-unes se sont ruinées.

Il n'entre pas dans le plan de cet ouvrage de descendre dans le détail des incidents particuliers à l'origine de chaque association; je tiens pourtant à montrer, par l'histoire de l'une d'elles, ce que peuvent, en cet ordre comme en tous les autres, la volonté et la persévérance, et je choisis l'association des facteurs de pianos, parce que la fabrication des pianos est une grande industrie qui exige un fonds considérable, et que, par conséquent, il y est beaucoup plus difficile aux ouvriers de se passer du secours des capitalistes.

La nécessité d'un puissant capital pour l'établissement d'une fabrique de pianos était si bien reconnue dans la corporation, qu'en 1848, les délégués de plusieurs centaines d'ouvriers, qui s'étaient réunis pour la formation d'une grande association, demandèrent en son nom, au gouvernement, une subvention de 300,000 fr., c'est-à-dire la dixième partie du fonds total voté par l'Assemblée constituante. Je me souviens d'avoir fait, en qualité de membre de la commission chargée de distribuer ces fonds, des efforts inutiles pour convaincre les deux délégués avec qui la commission était en rapport, que leur demande était exorbitante. Toutes mes instances restèrent sans succès; je prolongeai vainement la conférence pendant près de deux heures. Les deux délégués me répondirent imperturbablement que leur industrie était dans une condition spéciale; que l'association ne pouvait s'y établir avec chance de réussite que sur une très-grande échelle et avec un capital considérable, et que la somme de 300,000 fr. était un minimum au-dessous duquel ils ne pouvaient descendre; — bref, qu'ils ne pouvaient pas réduire leur demande d'un sou. La commission refusa (1).

Or, après ce refus, et le projet de la grande association étant abandonné, voici ce qui arriva : c'est que quatorze ouvriers, et il est assez singulier que parmi eux se soit trouvé l'un des deux délégués, se résolurent à fonder entre eux une association pour la fabrication des pianos. Le projet était au moins téméraire de la part d'hommes qui n'avaient ni argent ni crédit; mais la foi ne raisonne pas, elle agit.

Nos quatorze hommes se mirent donc à l'œuvre, et voici le récit de leurs premiers travaux, que j'emprunte à un article du *National*, très-bien rédigé par M. Cochut, et dont je me plais à attester l'exactitude :

« Quelques-uns d'entre eux, qui avaient travaillé à leur propre compte, apportèrent, tant en outils qu'en matériaux, une valeur d'environ 2,000 fr. Il fallait, en outre, un fonds de roulement. Chacun des sociétaires opéra, non sans peine, un versement de 10 fr. Un certain nombre d'ouvriers, non intéressés dans la société, firent acte d'adhésion, en apportant de faibles offrandes. Bref, le 10 mars 1849, une somme de 229 fr. 50 cent.

(1) Je dois reconnaître qu'au dernier moment les délégués finirent par consentir à une diminution; ils abaissèrent leur demande à 197,000 francs d'abord, et enfin à 140,000 francs. Mais ces concessions arrivèrent trop tard, quand la démission de plusieurs des membres de la commission avait enlevé à l'affaire toute chance de succès.

ayant été réalisée, l'association fut déclarée constituée.

« Ce fonds social n'était pas même suffisant pour l'installation et pour les menues dépenses qu'entraîne au jour le jour le service d'un atelier. Rien ne restant pour les salaires, il se passa près de deux mois sans que les travailleurs touchassent un centime. Comment vécurent-ils pendant cette crise? Comme vivent les ouvriers pendant le chômage, en partageant la ration du camarade qui travaille, en vendant ou en engageant pièce à pièce le peu d'effets qu'on possède.

« On avait exécuté quelques travaux. On en toucha le prix le 4 mai 1849. Ce jour fut pour l'association ce qu'est une victoire à l'entrée d'une campagne : aussi voulut-on le célébrer. Toutes les dettes exigibles étant payées, le dividende de chaque sociétaire s'élevait à 6 fr. 61 c. On convint d'attribuer à chacun 5 fr. à valoir sur son salaire, et de consacrer le surplus à un repas fraternel. Les quatorze sociétaires, dont la plupart n'avaient pas bu de vin depuis un an, se réunirent, avec leurs femmes et leurs enfants. On dépensa 32 sous par ménage. On parle encore de cette journée, dans les ateliers, avec une émotion qu'il est difficile de ne pas partager.

« Pendant un mois encore, il fallut se contenter d'une paie de 5 fr. par semaine. Dans le courant de juin, un boulanger, mélomane ou spéculateur, offrit d'acheter un piano payable en pain. On fit marché au prix de 480 fr. Ce fut une bonne fortune pour l'association. On eut du moins l'indispensable. On ne voulut pas évaluer le pain dans le compte des salaires. Chacun mangea selon son appétit, ou, pour mieux dire, selon l'appétit de sa famille ; car les sociétaires mariés furent autorisés à emporter du pain pour leurs femmes et leurs enfants.

« Cependant l'association, composée d'ouvriers excellents, surmontait peu à peu les obstacles et les privations qui avaient entravé ses débuts. Ses livres de caisse offrent les meilleurs témoignages des progrès que ses instruments ont faits dans l'estime des acheteurs. A partir du mois d'août 1849, on voit le contingent hebdomadaire s'élever à 10, à 15, à 20 fr. par semaine; mais cette dernière somme ne représente pas tous les bénéfices, et chaque associé a laissé à la masse beaucoup plus qu'il n'a touché. »

Ce n'est pas, en effet, par la somme que touche chaque semaine le sociétaire, qu'il faut apprécier sa situation, mais par la part de propriété acquise dans un établissement déjà considérable. Voici l'état de situation de l'association, tel que je l'ai relevé sur l'inventaire du 30 décembre 1850 :

A cette époque, les associés sont au nombre de trente-deux. De vastes ateliers ou magasins, loués 2,000 fr., ne leur suffisent plus. Indépendamment de l'outillage,

évalué à	5,922 fr.	60 c.
ils possèdent en marchandises, et surtout en matières premières, une valeur de.	22,972	28
Ils ont en caisse.	1,021	10
Leurs effets en portefeuille montent à	3,540	»
Le compte des débiteurs s'élève à (1)	5,861	90
L'actif social est donc en totalité de	39,317 fr.	88 c.
Sur ce total, il n'est dû que 4,737 fr. 86 c. à des créanciers, et 1,650 fr. à quatre-vingts adhérents (2); ensemble.	6,387	86
Restent.	32,930 fr.	2 c.

formant l'actif réel, comprenant le capital indivisible et le capital de réserve des sociétaires.

L'association, à la même époque, avait soixante-seize

(1) Ces deux derniers articles ne comprennent que de très-bonnes valeurs, qui, presque toutes, ont été soldées depuis.

(2) Ces adhérents sont des ouvriers du métier qui ont commandité l'association dans ses débuts. Une partie d'entre eux a été remboursée depuis le commencement de 1851. Le compte des créanciers a aussi beaucoup diminué; au 23 avril, il ne s'élevait qu'à 1,113 fr. 59 c.

pianos en construction, et ne pouvait fournir à toutes les demandes.

En résumé, l'association des facteurs de pianos est aujourd'hui l'une des plus florissantes de Paris. Elle n'a pas reçu de secours du gouvernement ; elle s'est fondée seule, et elle vit ! et elle prospère ! Si la grande association eût obtenu les 300,000 fr. que ses délégués exigeaient, aurait-elle également réussi? Serait-elle aussi solide? Aurait-elle trouvé immédiatement l'emploi utile d'un capital aussi considérable? Serait-elle parvenue, dans ses deux premières années, à augmenter ce capital ? Ne l'aurait-elle pas, au contraire, ébrêché? N'aurait-elle pas abusé de la facilité qu'elle aurait eue de vivre paisiblement, en le consommant peu à peu? Mise subitement en possession de cette grande fortune, aurait-elle su la gérer? Son personnel, enfin, aurait-il la capacité, la puissance morale qu'ont aujourd'hui les trente-deux membres de la petite association ? Toutes ces questions sont au moins douteuses, et j'engage à y réfléchir profondément ceux de mes lecteurs qui s'imagineraient encore qu'il suffit de doter largement les associations pour les faire vivre.

CHAPITRE III

DU PREMIER FONDS SOCIAL (suite).

L'exposé historique que j'ai fait dans le chapitre précédent, enseigne assez clairement, par les traits lumineux de la pratique, comment doivent débuter les associations.

D'abord et avant tout, c'est par les apports en argent, en outils ou en matériaux des sociétaires eux-mêmes que doit se former le premier fonds social ou du moins son premier noyau. Les plus pauvres des travailleurs ont encore quelque chose à donner, et si faible que soit cette offrande, elle tire une grande valeur de la résolution et du dévouement sans arrière-pensée qu'elle suppose.

Ensuite, cette masse doit s'accroître par des emprunts.

En cherchant bien, on trouvera le plus souvent quelques secours, soit auprès de ses parents et amis, soit chez des étrangers qui auront conçu de l'estime pour les futurs associés, soit chez des citoyens aisés qu'entraînera le désir de concourir à une œuvre d'utilité publique et d'émancipation populaire. Il y a encore beaucoup de ces citoyens-là en France, quoi qu'on dise, surtout parmi ceux des bourgeois qui sont dévoués à la République.

Une autre source où peut encore s'alimenter la caisse d'une association, se trouve dans les épargnes des ouvriers de la profession même où elle s'établit. Beaucoup d'associations naissantes ont puisé à cette source. Beaucoup d'entre elles, comme les fabricants de pianos dont j'ai parlé, ont trouvé parmi leurs camarades d'atelier des adhérents dévoués et assez nombreux pour que leurs prêts, dont chacun était d'une importance très-minime, s'élevassent réunis à un total assez respectable. Ces prêts d'ordinaire donnent droit à des actions dans l'entreprise et à des dividendes ou au moins à des intérêts. Souvent les adhérents fournissent seulement des souscriptions mensuelles qui descendent jusqu'à un franc, et dont les versements s'accumulent jusqu'à ce que l'action soit remplie. Ces adhérents deviennent ainsi de véritables commanditaires, et c'est naturellement parmi eux que l'association se recrute quand l'extension de ses affaires lui permet d'admettre de nouveaux membres.

Quoiqu'il en soit, c'est par ses divers moyens qu'on peut arriver avec plus ou moins de peine à réaliser quelques milliers ou au moins quelques centaines de francs, lesquels joints à la masse des apports, permettront dans un assez grand nombre de cas de fonder une association, notamment dans les métiers, comme ceux des tailleurs, des cordonniers, des chapeliers, des cuisiniers, où le prix de la main d'œuvre constitue la plus grande partie de la dépense.

Dans beaucoup d'autres industries, au contraire, un fonds social, formé comme je viens de le dire, resterait presque toujours insuffisant, et malgré toute la bonne volonté des hommes, même en procédant sur une petite échelle, même en restreignant le plus possible l'étendue de la fabrication, il ne permettrait pas *aujourd'hui* de faire marcher un établissement. Souvent même il ne permettrait pas d'entreprendre la fabrication. A mesure, en effet, qu'augmente le capital nécessaire à l'exploitation, augmente aussi la difficulté de le réunir par les seuls efforts des associés et de leurs amis, et bientôt cette difficulté aboutit à une impossibilité absolue.

Comment procéder alors? Faut-il renoncer à l'association?

Pour éclaircir le problème, je crois devoir distinguer entre les industries. Parlons d'abord de ces industries moyennes, si nombreuses dans toutes nos villes, qui, sans exiger de grands capitaux, dépassent pourtant les forces pécuniaires de la plupart des ouvriers associés. On peut, par exemple, comprendre dans cette classe les entreprises pour les travaux du bâtiment, la maçonnerie, la serrurerie, la charpente, etc.; la fabrication de beaucoup d'objets de luxe et d'art, comme la bijouterie en faux, la ciselure, les bronzes; la fabrication des meubles dans ses diverses branches; la corroyerie, etc. La fabrication des pianos rentre aussi dans cette catégorie : elle est même une des industries de cet ordre qui exige le plus d'avances; et néanmoins l'exemple que je viens de rapporter tout à l'heure prouve que l'association peut s'y établir, même sans le moindre secours de la part d'aucun capitaliste. On pourrait donc en faire autant dans les cas analogues; mais ce serait peut-être trop demander aux hommes que de les soumettre à de pareilles épreuves, et il faut se garder de rendre l'association rebutante, si l'on veut qu'elle se multiplie.

Or, je dis que dans toutes ces industries moyennes, et sans imposer trop de sacrifices aux fondateurs, l'association peut s'établir, si au premier fonds social viennent se joindre les ressources du crédit des banques.

Je n'entends pas traiter du tout en ce chapitre de l'intervention de l'État. C'est un sujet capital qui sera traité à part. Je ne veux pas parler non plus des secours que les associations naissantes peuvent attendre de leurs aînées. Je suppose des hommes abandonnés à eux-mêmes, qui ont de la bonne volonté, qui ont déjà réuni leurs épargnes et y ont joint de petits emprunts, mais qui ne sont pas assez riches pour entrer dans le champ de la production avec quelque chance de succès; — et je dis que, dans cette situation, le problème de l'établissement des associations peut d'ordinaire être heureusement tranché par la réforme du crédit.

Aujourd'hui, le crédit est presque inaccessible aux associations, parce qu'il n'est distribué que par la haute banque, parce qu'il est concentré dans des établissements privilégiés, parce qu'il est très-cher. Mais supposez la réforme de notre système de circulation; supposez seulement la liberté des banques; supposez aux établissements privés la faculté qu'ils possèdent en tant de pays, notamment en Amérique et dans la plus grande partie de l'Angleterre, d'émettre des billets, des bons, du papier circulant, comme le fait chez nous la banque dite de France! — et par la baisse de l'intérêt et l'augmentation du capital offert qui en résulteront, il est certain que les emprunts deviendront à la fois plus faciles et moins onéreux et que la fondation des associations aura par conséquent un grand obstacle de moins à surmonter.

Les réformes sociales s'enchaînent l'une l'autre ; elles doivent se fortifier mutuellement. Sans l'association, la réforme du crédit ne serait que d'un intérêt médiocre pour la démocratie, je le crois ; mais, d'autre part, je l'avoue, tant que le crédit ne sera pas réformé, l'association sera entravée dans ses progrès. Comme il faut à la plante, pour se développer, la chaleur et l'humidité, de même il lui faut, à elle, le crédit à bon marché.

Assurez, en effet, à des associations naissantes et en général, aux fabricants gênés, le facile escompte de leur papier, sans prélèvement usuraire, et même au besoin, pour les temps de crise, le prêt d'argent sur consignation temporaire de marchandises, et aussitôt vous les mettez à même de fabriquer hardiment, sans trop s'inquiéter du vide de leur caisse ; vous leur donnez le moyen d'attendre l'occasion favorable pour la vente et d'accorder eux-mêmes du crédit aux acheteurs ; vous diminuez considérablement la quotité du fonds de roulement qui leur est nécessaire ; en un mot, vous leur permettez de faire beaucoup plus d'affaires avec beaucoup moins d'argent.

Sans doute une banque prudente et sévère, comme devraient l'être toutes les banques, ne s'aventurera pas, sans autre garantie que des engagements de travailleurs, honnêtes et capables, je le suppose, mais pauvres, elle ne s'aventurera pas, dis-je, à leur ouvrir des crédits *à découvert*, tels qu'il les faudrait pour commencer un établissement, pour le mettre en train et pour attendre l'achèvement des premières fabrications. Mais elle acceptera leurs valeurs ; elle leur prêtera sur gages ; elle leur économisera la plus grande partie de leur fonds de roulement, et si elle ne leur fournit pas le capital primitif, le capital de mise en activité, ce capital du moins se réduira assez par son intervention pour n'être plus hors de la portée de la plupart des travailleurs.

Qu'est-ce qui entrave les nouveaux établissements ? Qu'est-ce qui les fait succomber ? Tous les industriels savent que c'est le manque de crédit. C'est la même cause aussi qui empêche le développement et arrête la multiplication des associations. Organisez donc le crédit, ou seulement laissez-le s'organiser et se développer sans gêne, sans privilége, et par là même vous provoquerez aussitôt la naissance d'une foule d'associations nouvelles, en même temps que vous arracherez beaucoup de celles qui sont déjà nées à la stagnation où elles végètent.

Je dis plus : même dans l'état actuel de la loi et du crédit, il suffirait, pour imprimer un grand élan aux associations, de leur ouvrir l'accès de quelques banques, qui, tout en faisant probablement avec elles de très-bonnes affaires, rendraient en même temps à la démocratie l'un des plus grands services qu'elle puisse attendre aujourd'hui de la richesse.

Ne se trouvera-t-il donc pas dans la France actuelle des capitalistes assez habiles et assez généreux pour entreprendre une œuvre si belle, comme en d'autres temps il s'est trouvé des Laborde et des Necker pour concourir aux progrès sociaux de leur époque?

Quoiqu'il en soit, il reste établi que, dans la moyenne industrie, l'extension du crédit suffit à la rapide multiplication des associations. Venons-en maintenant aux grandes industries, ou pour mieux dire aux industries à grand capital, à ces manufactures, à ces fabriques, où les dépenses en bâtiments, en machines, en matières premières, constituent la plus grande partie de la valeur des produits.

Ici ni les apports des sociétaires, ni les emprunts, ni le crédit ne sauraient suffire. Pour appeler le capital en assez grande abondance, il faut recourir à une autre combinaison; et cette combinaison, c'est la commandite.

Dans la commandite, le capitaliste n'est plus un simple prêteur, à qui l'on n'a à payer que l'intérêt de son argent et qu'on peut renvoyer plus tard en le remboursant; il devient lui-même un associé; il est un actionnaire, et, en cette qualité, il partage les bénéfices, et il prend naturellement une part plus ou moins large à l'administration. Dans toute association commanditée, il y aura donc deux classes distinctes, et par suite deux intérêts, qui coexisteront l'un à côté de l'autre : les associés travailleurs et les actionnaires. Ainsi l'association perdra son unité et le travail sa souveraineté. En d'autres termes, la société ouvrière se transformera en une association entre le capital et le travail, où le premier conservera une partie de ses priviléges et où le second n'aura que des droits limités. Ce sera une organisation compliquée, où les deux intérêts opposés chercheront à se concilier, comme le roi et le peuple dans la monarchie constitutionnelle.

Évidemment ce système est très-inférieur à la société ouvrière pure et simple, et il est beaucoup moins profitable aux travailleurs. Néanmoins il est presque inévitable, au moins comme transition, non pas seulement à cause de la difficulté de se procurer autrement le capital, mais aussi et surtout à cause de l'état d'ignorance et de dégradation où les ouvriers des fabriques ont, en général, été réduits par la misère, et parce qu'il leur faut nécessairement du temps pour s'initier à la gestion de ces grands établissements, où ils ne sont employés aujourd'hui que comme des forces animées, et dont ils sont tout à fait incapables d'apprécier les intérêts et de surveiller l'administration.

Seulement, et afin d'arriver plus vite à l'émancipation définitive des travailleurs, il importe beaucoup dans les contrats de cette nature de donner aux ouvriers le plus de part possible à l'administration, précisément dans le but de les élever à la capacité industrielle, et quand on le peut, de stipuler un mode de remboursement des actions, de manière à éliminer peu à peu l'élément capitaliste pour faire passer l'autorité suprême et unique à l'élément travailleur.

Il est encore dans la grande industrie une combinaison analogue dont je dois parler. C'est l'association du patron et des ouvriers, en vertu de laquelle les ouvriers participent aux bénéfices de l'établissement. Ils sont traités alors comme des commis intéressés. Tout à l'heure, dans la commandite, c'était le travail qui, pour appeler le capital, lui accordait une place dans l'association; ici c'est le capital qui consent à faire une concession au travail.

Je ne me fais pas d'illusion sur la portée de cette innovation. Réduite à une simple prime sur les bénéfices, elle pourrait améliorer légèrement la position du salarié et le stimuler dans son travail. Elle serait comme un premier germe d'association jeté sur le terrain ingrat où l'exploitation a poussé ses plus profondes racines. Mais pour lui donner une valeur réelle, au point de vue de la transformation sociale, il faudrait aller plus loin; il faudrait que, comme dans l'association commanditée, les ouvriers fussent appelés à participer à l'administration, et que, d'autre part, l'accumulation d'une partie des bénéfices de l'établissement leur préparât un fonds social, pour plus tard arriver eux-mêmes à la propriété et à la direction de l'établissement. Ces deux conditions ont été imposées dans les essais de ce genre que le crédit voté par la Constituante a permis de tenter, notamment dans une manufacture de cotonnades près de Rouen et dans une fabrique de lainages près de Reims. Mais il est bien difficile d'espérer qu'elles soient jamais acceptées par les fabricants, à moins que l'État, en les secourant de son argent ou de son crédit, ne leur en fasse une obligation.

En résumé, — pour les industries à grand capital, la commandite et au pis aller la participation, — pour les industries moyennes, les emprunts et surtout le crédit, — et en tous cas les apports des sociétaires eux-mêmes: — tels sont pour les associations (en les supposant réduites à leurs propres ressources) les moyens naturels de se procurer le premier capital nécessaire à leur établissement.

Dans les deux chapitres suivants, j'examinerai quelle aide les sociétés ouvrières, tant pour se former que pour se développer, peuvent attendre de leur union et de l'appui de l'État.

CHAPITRE IV

DE L'UNION DES ASSOCIATIONS.

Le 14 novembre 1850, les membres du conseil de l'Union des associations de Paris, au nombre de vingt-trois, étaient condamnés, par la cour d'assises de la Seine, à des peines très-sévères, comme coupables d'avoir formé une société politique secrète.

La vérité pourtant, la vérité du moins qui me semble évidente, est qu'ils n'avaient pas formé une société politique, mais bien une société centrale des associations industrielles de Paris, destinée à les relier en faisceau pour leur avantage mutuel, pour leur défense commune, et aussi pour la propagation plus rapide de l'institution. En un mot, ils s'étaient unis pour le développement pacifique du principe de l'association. Mais les jurés et les magistrats en ont décidé autrement, et c'est alors qu'est intervenu l'arrêt que je viens de rapporter, et que l'histoire qualifiera peut-être sévèrement, mais que je m'abstiendrai d'apprécier ici, de peur d'encourir le sort de ce citoyen d'Alsace, M. Jolibois, qui, pour avoir exprimé sa pensée sur cette condamnation, s'est vu condamné à son tour à je ne sais plus combien d'amende et de prison.

Quoiqu'il en soit, pour faire apprécier les ressources

et les avantages que beaucoup d'associations espèrent trouver dans leur union, et réserve faite de mon opinion que j'exprimerai plus tard, je crois n'avoir rien de mieux à faire que d'emprunter à la défense du citoyen Delbrouck, l'un des condamnés, l'exposé de ce qu'avait déjà fait et de ce que se proposait de faire l'Union des associations.

Cette défense calme, sensée, convaincante, vrai modèle de discussion, où l'on sent à chaque mot un cœur droit et un esprit convaincu, n'a pas empêché Delbrouck d'être condamné à quinze mois de prison, à 500 fr. d'amende et à cinq ans d'interdiction des droits civiques; mais elle n'aura pas du moins été inutile à la cause du socialisme pratique, en démontrant une fois de plus tout ce qu'il y a de modération réelle et d'élévation de vue dans les hommes qui s'y sont dévoués.

Après avoir constaté l'existence, à Paris seulement, de près de cent cinquante associations, l'orateur continuait ainsi :

« Lorsqu'on fut parvenu à grouper les travailleurs par associations, on pensa à centraliser les associations.

« Mais voyons si cette centralisation était utile.

« De même que, par l'augmentation des membres d'une association, celle-ci peut produire à meilleur compte, de même aussi on crut que si plusieurs sociétés se réunissaient pour prendre en location une même maison, se rapprocher ainsi et faciliter entre elles l'échange de leurs marchandises, elles réaliseraient de grandes économies.

« Ceci fut fait notamment pour la location d'une maison faubourg Saint-Denis, 23, et fut tenté, pour l'achat de l'ancienne école de commerce, rue de Charonne; cette maison est occupée aujourd'hui par plusieurs associations.

« Or, pour chercher les locaux convenables, pour s'entendre avec les propriétaires, ne fallait-il pas que chaque association nommât des délégués?

« De là, première nécessité de *l'Union*.

« Pendant longtemps, les associations eurent peu de clients en dehors des hommes partageant leurs idées sur le principe d'association; elles durent songer à échanger mutuellement leurs produits. Ainsi l'association des selliers commanda à celle des lingères cinq cents chemises; les typographes, les maçons, les menuisiers, les cordonniers, les tailleurs, etc., travaillèrent pour les autres associations.

« Mais pour organiser ces échanges de services, pour régler les comptes, ne fallait-il pas encore que les associations nommassent des délégués?

« De là, deuxième nécessité de *l'Union*.

« De ces relations commerciales devaient inévitablement résulter des différends, des prix à établir, des discussions pour la solution desquelles les associations auraient dû recourir au Tribunal de commerce ou à celui des prud'hommes.

« N'était-il pas préférable que les associations nommassent des délégués formant une espèce de tribunal arbitral?

« De là, troisième nécessité de *l'Union*.

« Aussi *l'Union* rendit-elle à ce sujet d'importants services, tels que..... (Suit l'énumération de diverses conciliations obtenues par *l'Union*.)

« Tous ces faits sont prouvés par les procès-verbaux saisis.

« De plus, les associations devaient désirer d'augmenter leur nombre et celui de leurs sociétaires, afin d'accroître leurs chances de prospérité.

« Il fallait donc aider les ouvriers et patrons voulant fonder des associations, les réunir, leur présenter des statuts uniformes, vérifier ceux des associations déjà formées, afin de voir si, sous le nom d'associations, ne se cachaient pas des exploitations dirigées par des hommes voulant se créer une position aux dépens des travailleurs qu'ils appelaient à eux, ou enfin vérifier si les statuts étaient conformes aux lois, etc.

« Pour tout cela, n'était-il pas indispensable que les associations déjà constituées nommassent des délégués?

« De là, quatrième indispensabilité de *l'Union*.

« Aussi la commission, dans l'espace de quelques mois, fonda ou contribua à la fondation de..... (Suit l'énumération de plusieurs sociétés ouvrières.)

« De plus, *l'Union* vérifia et corrigea près de cent cinquante actes d'association. Vingt furent entièrement rédigés par la commission.

« Tous ces faits sont constatés par les procès-verbaux saisis.

« Mais ce n'est pas tout.

« Les associations d'ouvriers d'une même corporation, agissant séparément, se faisaient concurrence et se nuisaient mutuellement. Elles sentirent bientôt la nécessité de se réunir, de se solidariser, afin de pouvoir remplir les engagements qu'elles avaient contractés avec des fabricants ou propriétaires en dehors d'elles (1).

« Pour arriver à ce but, n'était-il pas indispensable que chaque association nommât des délégués ?

« De là, cinquième indispensabilité de *l'Union*.

« Aussi cette commission s'occupa-t-elle activement de faire fusionner les diverses associations des cuisiniers, des coiffeurs, des cordonniers, des peintres, etc., etc.

« Tous ces faits sont constatés par les procès-verbaux saisis.

« De plus, ces travailleurs associés sentirent bientôt la nécessité de distribuer des secours à leurs camarades malades ou blessés.

« Un grand nombre d'entre eux étaient membres de sociétés de secours mutuels ; les associations comprirent la nécessité de centraliser ces diverses sociétés de secours, de manière à pouvoir, dans un court délai, contribuer à l'éducation des enfants et donner des secours aux vieillards.

« Pour opérer cette centralisation, n'était-il pas nécessaire que les associations nommassent des délégués ?

« De là, sixième nécessité de *l'Union*....

« Mais restait à résoudre la question la plus grave, sans laquelle tous ces efforts n'eussent produit que de faibles résultats.

« Les associations manquaient de moyens de crédit. Pour les obtenir, elles ne pouvaient recourir au gouvernement, qui ne voulait plus les aider, et refusait même de distribuer

(1) Ce passage paraît être inspiré par la doctrine qui tend à rétablir les corporations fermées, en n'admettant qu'une association par métier. On en arriverait évidement là en *solidarisant* toutes les associations d'une même corporation. La solidarité proprement dite, c'est la fusion. J'ai montré plus haut les dangers de ce système. Toutefois, dans un autre passage de sa défense, M. Delbrouck explique que la solidarité n'est, à ses yeux, qu'une *assurance mutuelle* ou une *société en participation*. En ce sens, elle serait plus acceptable. Il est clair aussi que les associations d'un même métier ont le droit de s'entendre entre elles pour le règlement de leur concurrence et qu'elles ont intérêt à le faire. (*Note de l'auteur.*)

une certaine somme restant des 3 millions votés par l'Assemblée constituante.

« Les associations n'avaient rien non plus à espérer de la Banque de France ni des banques particulières.

« Le problème s'est donc fatalement posé devant les associations ouvrières : trouver le moyen de se créditer elles-mêmes réciproquement.

« Eh bien ! pour étudier et résoudre ce problème, n'était-il pas indispensable que les associations nommassent des délégués ?

« De là, septième indispensabilité de *l'Union*.

« La commission de *l'Union* constituée rédigea des statuts qui furent rectifiés, puis adoptés par les delégués de plus de cent associations.

« Ce contrat fut enregistré, des exemplaires en furent déposés au parquet du procureur de la République, et il fut publié dans les journaux en janvier 1850.

« Singulière société secrète, qui fait enregistrer ses statuts, les dépose au parquet du procureur de la République, et les fait publier à plusieurs milliers d'exemplaires !...

« Voyons comment cette commission s'y prit pour résoudre cette question de l'organisation du crédit, question si grave, que nos législateurs n'ont encore osé l'aborder que théoriquement.

« Il ne faut pas croire cependant que ces ouvriers intelligents, mais modestes, aient eu la prétention de rivaliser avec nos économistes ; mais, nous ne le répétons, cette question se posait fatalement : il fallait la résoudre ou périr !

« Aussi les membres de la commission comprirent toute l'importance de l'œuvre qui leur était confiée ; sans l'organisation du crédit, le plus grand nombre des associations ne pouvait que végéter, puis mourir.

« Ils se mirent donc à l'œuvre avec un dévouement remarquable, se réunissant tous les soirs après leur journée de travail, et passant plusieurs heures, et souvent une partie de la nuit, à étudier et à discuter.

« L'assemblée des délégués avait voté une indemnité aux membres de la commission ; mais ceux-ci la refusèrent, s'estimant trop heureux déjà d'avoir mérité la confiance de leurs camarades.

L'émission des bons d'échange, posée en principe par la Banque du peuple, avait été tentée par quelques associations qui ne l'avaient faite que pour elles-mêmes, de sorte que si les autres avaient suivi ce système, ces papiers divers eussent infailliblement causé de graves désordres.

« Il fallait uniformiser ce papier, le ramener à une origine unique ; il fallait que les bons ne fussent pas les bons de telle ou telle ou telle société, mais les bons de *l'Union.*

« C'est ce que comprit la commission ; mais que de difficultés se présentaient. Emettrait-on les bons en les garantissant par de l'argent en caisse ? ce qui était simplement une banque de dépôt : ce fut l'avis de la majorité ; ou bien les bons seraient-ils garantis, partie par de l'argent, partie par les marchandises des associations ? Tel était l'avis de la minorité.

« Dans ces circonstances, la commission crut ne pas avoir le droit de trancher la question, et convoqua l'Assemblée générale pour qu'elle la décidât elle-même...

« Enfin, après bien des réunions, des études, des discussions, le parti le plus prudent pour l'émission des bons fut adopté ; les bons devaient être garantis par de l'argent en caisse seulement, afin d'habituer les associations à ce papier et d'en étudier la circulation.

« La planche des bons fut gravée : les bons allaient être tirés ; mais, par une nouvelle tracasserie de la police, l'imprimeur dut ne pas tenir sa promesse.

« Enfin ce dernier obstacle fut levé ; les bons allaient être lancés dans la circulation au commencement de juin, lorsque les délégués furent arrêtés le 29 mai. »

En résumé, l'Union, agissant comme le conseil général de toutes les associations qui consentaient à s'y affilier, était donc appelée à centraliser leurs intérêts communs. Elle devait grouper, par esprit d'économie, plusieurs ateliers isolés en un même local. Elle devait empêcher la concurrence de s'établir, ou au moins la régler entre les associations de même métier. Elle devait affilier entre elles les sociétés de métiers différents et faciliter l'échange de leurs marchandises. Elle devait fonder des caisses de secours mutuels. Elle devait régler à l'amiable et par la voie de l'arbitrage les différends qui pouvaient surgir, soit entre les diverses associations, soit entre les membres d'une même association. Elle devait aider à la fondation de nouvelles sociétés, les diriger dans la rédaction de leurs statuts, les guider dans la connaissance des lois spéciales à la matière, les éclairer, les conseiller; — et surtout elle devait soustraire les associations au joug de l'usure, par la création d'un papier de banque uniforme, circulant entre elles toutes et accepté en échange de leurs marchandises, de leur travail ou de leurs bons offices, lequel papier eût été garanti par des fonds d'argent, ou au moins par des marchandises.

L'Union, pour mieux défendre les intérêts qui lui étaient confiés, voulait aussi fonder un journal spécial, sous le titre de *Moniteur des associations.*

Enfin, pour faciliter l'écoulement des produits, elle eût probablement songé bientôt à ouvrir aux associations des magasins communs, des entrepôts, des bazars, où la vente se serait faite directement du producteur au consommateur, sans avoir à passer par l'intermédiaire si coûteux des négociants de tous les degrés.

Tels sont les services qu'on attend en général de l'union des associations; tels sont les bienfaits qu'on en espère!

Jusqu'à quel point ces espérances sont-elles fondées? Jusqu'à quel point, dans l'état actuel de la législation, pourraient-elles se réaliser? Si l'Union n'eût pas été arrêtée par les persécutions dont elle a été victime, eût-elle pu tenir ses promesses? Et quand il se formera de nouvelles Unions, jusqu'à quel point pourront-elles atteindre le but posé dans le programme de Delbrouck? — C'est ce qu'il me reste à examiner, et ce que je vais essayer de faire avec la franchise qu'on se doit entre concitoyens, quand on poursuit dans la même direction la réforme sociale.

En un certain nombre de points, les idées de l'Union

étaient très-justes. Il est clair qu'il peut y avoir beaucoup d'avantages pour les associations à s'entendre pour la défense de leurs intérêts communs, pour l'arbitrage et la conciliation de leurs différends, pour la poursuite et la dénonciation, devant le tribunal de l'opinion publique, des fausses associations, qui, pour capter la faveur du peuple, usurpent un titre auquel elles n'ont pas droit; pour le patronage des associations nouvelles.

La création d'un centre commercial où elles se tiendraient au courant de leurs besoins et de leurs ressources, de manière à faciliter l'échange de leurs produits, pourrait aussi leur être utile, ainsi que la constitution de conseils spéciaux de jurisconsultes, pour les guider dans la rédaction des contrats, pour régulariser leur position légale, pour les aider à repousser les chicanes auxquelles elles seraient en butte.

Enfin plusieurs associations s'étant engagées à réserver sur leurs bénéfices une part destinée à la formation et à l'accroissement d'un fonds commun, qui dans l'avenir pourra devenir une très-précieuse ressource, l'administration et l'emploi de ce fonds exigeront naturellement entre ces associations une entente et un concert mutuels.

Dans ces limites, l'union offre donc des avantages réels; mais aussi il faut reconnaître que dans ces limites elle ne peut avoir qu'une utilité restreinte. Evidemment, pour en tirer les avantages qu'on en attend, pour y trouver, comme on l'espère, un moyen de développement immédiat et puissant, il faudrait aller beaucoup plus loin; il faudrait surtout se lancer hardiment sur le terrain glissant du crédit mutuel.

Or, n'y aurait-il pas à cela beaucoup de danger?

Il ne faut pas se dissimuler que pour beaucoup d'associations les chances de succès sont inférieures aux chances de ruine. En industrie, la plus grande partie des établissements nouveaux croule entre les mains de leurs fondateurs; c'est une règle connue. Je veux bien croire que pour les associations les catastrophes seront moins multipliées, mais elles n'en seront pas moins encore très-fréquentes.

Eh bien! dans cette situation, n'y aurait-il pas une imprudence extrême à établir entre les associations des garanties réciproques, qui pourraient dégénérer bien vite en solidarité, et qui, probablement, entraîneraient leur ruine à toutes? N'y aurait-il pas imprudence à elles à établir des agences communes, des banques centrales tenues à frais communs, à se cautionner ainsi plus ou moins les uns les autres, et à émettre des bons, des billets, un papier de circulation quelconque, qu'elles seraient toutes obligées d'accepter et dont la responsabilité collective pèserait plus ou moins sur elles toutes?

Le danger de semblables opérations est si réel, si grand, et il a même été si bien senti dans les associations, que l'Union, comme on l'a vu, s'était décidée à n'émettre des billets que jusqu'à concurrence des valeurs en numéraire existant en sa caisse.

Cette prudence est très-louable assurément, mais il est certain aussi qu'elle réduisait à rien tout le projet.

A quoi, en effet, eût servi un papier dont la valeur correspondante en argent eût existé tout entière en caisse? Autant eût valu prêter l'argent lui-même.

Et comment l'Union eût-elle pu ouvrir un crédit aux associations, en n'émettant de billets que pour le montant de ses propres fonds?

On voit que, pour éviter le danger, on avait préféré détruire en germe tout projet de banque mutuelle, et c'est, en effet, je le crois, ce que dans la position actuelle il y a de mieux à faire.

Mais, allons plus loin : je ne vois pas où l'Union eût puisé ce fonds qui devait servir de garantie à son papier. Seraient-ce par hasard les associations elles-mêmes qui eussent dû le fournir? S'il en était ainsi, il y avait dans cette pensée une erreur fondamentale que je dois signaler.

Pour cela je suis obligé de m'arrêter un moment sur le fond même de l'idée des banques mutuelles.

Sans doute, quand la réforme des institutions de crédit aura été faite (et cette réforme est prochaine, si je ne me trompe), quand la liberté des banques existera, il pourra s'établir entre les associations une espèce de mutualité qui les mettra à même de se procurer de l'argent à peu de frais.

Supposez une banque dont les associations unies s'engagent à accepter le papier et à qui elles assurent ainsi une vaste clientèle. Cette banque aurait certainement toutes les chances possibles de réussite ; elle pourrait émettre beaucoup de papier sans imprudence ; elle pourrait donc escompter les valeurs commerciales à très-bon marché et assurer aux associations les avantages du crédit dont l'absence paralyse aujourd'hui leur dévoloppement.

Tout cela est certain; mais même en ce cas, et on l'oublie trop, il n'en faudra pas moins que cette banque ait son existence individuelle, sa personnalité propre, et surtout qu'elle ait son capital à elle, un capital libre et disponible, qui non-seulement lui serve de garantie, mais aussi lui serve à échanger ses billets contre le numéraire ordinaire et courant de la société, contre le numéraire légal.

Entre les associations, le papier de la banque, qu'elles se seraient toutes engagées à recevoir, suffirait à la rigueur aux transactions ; mais il n'y suffirait évidemment plus en dehors de ce cercle restreint, notamment pour l'acquisition de beaucoup de matières premières, dont les producteurs ou les détenteurs ne seraient pas des associés, ni même souvent des Français, et tiendraient à être payés en écus comptants.

Pour ne parler que des produits français, il est certain, par exemple, que les boulangers et les bouchers ne feraient pas accepter aux marchands de farine et de bestiaux, et par eux aux producteurs de l'agriculture, le papier d'une banque libre dont les billets ne seraient pas réalisables en espèces.

Ainsi les capitaux resteront toujours indispensables pour fonder une banque, et, par suite, tant que les associations n'en auront pas, elles resteront toujours incapables d'en fonder une par leurs seules forces.

Voilà le principe qu'on a trop souvent perdu de vue dans les plans qui ont été proposés pour la réalisation du crédit mutuel.

Chose singulière! les associations ont toutes besoin d'emprunter, et l'on paraît croire qu'il suffira de les réunir toutes pour qu'elles puissent se prêter les unes aux autres.

Évidemment, au fond de tous ces projets il y a un sophisme.

La vérité est que, pour arriver à l'établissement d'une banque des associations, le seul moyen est et sera toujours d'appeler d'une manière ou d'une autre, et dans une proportion plus ou moins grande, des capitaux pour en former le premier fonds.

En somme, dans le temps actuel,— où le crédit ne manque pas seulement aux associations, mais à l'industrie tout entière, même à des maisons très-anciennes, très-solides,— et quand la liberté d'émettre un papier de circulation n'existe pas pour les banques, vouloir résoudre le problème du crédit mutuel des associations est donc une tentative prématurée, et, de plus, vouloir le résoudre sans le concours des capitalistes est et sera en tout temps une tentative illogique.

D'ailleurs, serait-il sage à des ouvriers associés de s'ingérer dans des affaires de banque? Quand ils ont déjà beaucoup de peine à apprendre l'art si difficile de diriger des maisons de commerce, seraient-ils capables de diriger ou seulement de surveiller avec quelque connaissance de cause les opérations si compliquées d'une banque de circulation?

Ce sont là des questions que je les engage à méditer. Pour moi, ma pensée est que la sagesse consiste à faire chaque chose en son temps et, quand on a commencé une grande entreprise, à s'y consacrer exclusivement.

Je me suis laissé aller à cette longue digression sur le crédit, à cause des nombreuses illusions où il me semble qu'on tombe trop souvent sur ce sujet. Maintenant, pour résumer ma pensée générale sur l'union des associations, je dirai :

Oui, les associations doivent s'entr'aider ; elles doivent se faciliter le placement de leurs produits ; elles doivent, dans leurs acquisitions, se donner la préférence les unes aux autres ; elles doivent, autant que possible, accorder aux associations nouvelles l'avance de leurs travaux ou de leurs produits ; elles doivent s'entendre et se concerter pour la défense de leurs intérêts communs.

Tout cela, d'ailleurs, se fait déjà et n'a besoin que d'être régularisé et développé.

Ce sont des pratiques également fraternelles et utiles.

L'ancienne devise des corporations ouvrières au moyen âge : VINCIT CONCORDIA FRATRUM, *la victoire est dans la concorde fraternelle*, doit rester la devise des associations ouvrières du XIXe siècle.

Ainsi entendue, l'union est une idée juste.

Mais la solidarité proprement dite, comme on la prêche trop souvent, sans se rendre compte de la valeur du mot, la solidarité légale, où chacun répondrait pour tous et tous pour chacun, et où, par conséquent, les intelligents et les laborieux pâtiraient par le fait des maladroits, des malhabiles et des paresseux, comme ces derniers bénéficieraient du succès des premiers ; une telle solidarité est l'idée la plus fausse qui puisse compromettre l'avenir des associations.

CHAPITRE V

CE QUE L'ÉTAT PEUT FAIRE POUR LES ASSOCIATIONS.

En principe, le gouvernement a le droit d'employer les fonds de l'État pour les sociétés ouvrières, comme il a le droit de le faire pour tout établissement d'intérêt public ou d'intérêt d'avenir; — au même titre, par exemple, qu'il accorde des primes à certaines industries et des encouragements aux sciences et aux arts ou qu'il fait des sacrifices pour l'instruction du peuple.

Sans doute les fonds de l'Etat, qui proviennent d'un prélèvement opéré sur les capitaux et les revenus de tous les citoyens, doivent être consacrés avant tout à assurer à chacun la jouissance de ses droits et des bénéfices sociaux; c'est là le premier caractère et le but capital de l'impôt.

Sans doute aussi les sociétés ouvrières, malgré leur valeur sociale, sont des sociétés privées, qui ne comprennent et ne comprendront longtemps qu'une petite fraction de la société française, qui ne sont et ne seront longtemps que des exceptions; — d'où suit qu'elles doivent subsister par elles-mêmes et à leurs propres dépens.

Ces arguments sont fondés et ils ont une valeur dont il faut tenir compte; mais il n'en est pas moins vrai qu'en aidant la majorité à conquérir les justes droits dont elle est privée par la minorité, en préparant les transformations sociales, en prenant l'initiative du progrès, l'Etat fait un emploi très-légitime de ses revenus.

C'est là un principe éminemment social, que le bien

public exige, que la justice consacre, que l'histoire démontre, et qu'il importe de maintenir aussi bien contre les négations des libéraux individualistes que contre les attaques de la réaction.

Jusqu'à ce point, je reste d'accord avec la plupart des socialistes; mais une fois le principe posé, dans l'application, je me sépare de beaucoup d'entre eux.

Au lieu de mendier toujours et partout l'argent de l'Etat, comme on a trop l'habitude de le faire, je tiens au contraire à diminuer le plus possible la participation du gouvernement et surtout du trésor dans l'établissement des associations.

J'y tiens, d'abord, par prudence; car si l'Etat s'avisait de doter avec magnificence les sociétés ouvrières, la masse des contribuables ne tarderait pas à se plaindre que les fonds levés sur *tous* fussent détournés au profit de *quelques-uns*, et le résultat immédiat d'une telle politique serait de rendre ces sociétés suspectes et odieuses à la grande majorité du peuple français.

J'y tiens encore par nécessité.

A-t-on bien réfléchi, en effet, à l'énormité des charges qu'imposerait au budget l'établissement simultané d'un grand nombre d'associations?

Le capital agricole et industriel de la France étant évalué à une centaine de milliards, si l'on voulait procéder sur une grande échelle aux frais de l'Etat, il faudrait commencer la première année par dépenser un milliard, pour acheter seulement la centième partie de ce capital et mettre en association la centième partie de l'industrie, c'est-à-dire qu'il faudrait presque doubler l'impôt qui écrase aujourd'hui la France et qui lui enlève déjà la septième et peut-être même la sixième partie de son produit brut.

Evidemment M. Louis Blanc n'avait pas bien mesuré les proportions de ces obstacles financiers, quand en 1848 il proposait d'exproprier les gros industriels pour confier leurs fabriques à leurs ouvriers associés. Je sais bien qu'à cette époque les propriétaires eussent été coulants et eussent cédé leurs droits à bon marché; mais je sais aussi que le trésor était à sec et menacé d'une prochaine banqueroute. Car ainsi se présenteront toujours des opérations de ce genre : où l'on sera en temps de crise et l'Etat pourra acheter à bon marché, mais lui-même manquera absolument de ressources; ou bien l'on sera en temps de prospérité, et l'Etat pourra disposer de plus de fonds, mais alors il paiera cher et il dépensera énormément pour obtenir très-peu.

On voit que le système qui charge l'Etat des frais de l'établissement des associations n'est applicable que dans des limites très-restreintes. La nécessité, la force des choses le veulent ainsi, et j'ajoute qu'il serait fort malheureux pour l'association qu'il en fût autrement.

C'est, en effet, par amour de l'association, c'est surtout à cause du désir que j'ai de la voir grandir, que je tiens à l'affranchir autant que possible du patronage du pouvoir.

On sait ce que valent d'ordinaire ces institutions administratives dont l'initiative part d'en haut. L'attrait d'avantages exceptionnels peut bien y réunir rapidement un personnel nombreux, mais l'esprit de vie, la puissance de durée y manquent également. Ce sont des créations artificielles, qui ne résistent pas à l'adversité, qui ont sans cesse besoin d'aide et de protection, et qui en définitive coûtent presque toujours plus qu'elles ne rapportent.

Ce n'est pas ainsi, sous le souffle du pouvoir, que peuvent se former les sociétés ouvrières. Pour être durables et fécondes, elles doivent naître sous d'autres auspices, par des efforts spontanés, par l'union d'hommes convaincus et résolus, par le besoin de mettre des idées en pratique. Voici comment sont nées les plus grandes institutions dans tous les ordres, depuis les corporations religieuses jusqu'aux corporations industrielles; voici comment naîtront les sociétés ouvrières! Elles ne seront pas organisées par décret comme des régiments; elles ne seront pas baptisées dans les bureaux d'un ministère; elles n'auront pas d'autre berceau que les ateliers.

J'ai déjà dit qu'en général les associations les plus florissantes aujourd'hui ne sont pas celles que l'Etat a dotées dès leur origine, mais celles qui se sont établies seules, à leurs risques et périls, quelquefois même après s'être vu refuser une part dans les fonds votés par l'assemblée constituante, qui n'ont pas participé du tout à cet encouragement, ou qui du moins n'y ont participé que plus tard, quand une existence antérieure avait déjà prouvé leur vitalité.

Cette expérience démontre assez combien l'Etat doit être circonspect en fait de création et de dotation de sociétés ouvrières.

Au lieu de fournir aux associés débutants, comme on l'a fait, un fonds d'argent, dont l'emploi immédiat leur a manqué quelquefois et dont la possession subite devait les pousser aux entreprises aventureuses, il aurait certainement beaucoup mieux valu dans la plupart des cas que le gouvernement, pour aider à la fondation des associations, les cautionnât vis-à-vis de leurs créanciers jusqu'à concurrence d'une certaine somme et pour une portion seulement de chaque dette, le tiers ou la moitié, par exemple, de manière que les vendeurs, les fournisseurs, les banquiers, les prêteurs en général, conservassent toujours un intérêt à s'assurer de la valeur commerciale des établissements et à en surveiller la gestion. En distribuant ces cautionnements avec quelque intelligence, l'Etat aurait eu probablement très-peu de pertes à essuyer, et néanmoins il eût donné aux associations un encouragement très-puissant, en leur ouvrant l'accès des banques et surtout en leur facilitant ces premiers emprunts dont la réalisation est à la fois si nécessaire et si pénible.

Une combinaison analogue et qui pourrait avoir de plus puissants résultats encore, surtout dans la grande industrie, consisterait dans l'établissement, sous les auspices et avec le secours de l'Etat, d'une ou de plusieurs sociétés commanditaires des associations. Souvent et chez beaucoup de peuples, il a existé, soit pour le commerce, soit pour la fondation des grandes fabriques, des établissements de ce genre, qui n'ont pas toujours fait de bonnes affaires, mais qui toujours ont beaucoup contribué à la prospérité industrielle et commerciale des pays où ils ont été établis. Très-souvent aussi les gouvernements se sont intéressés à ces entreprises. De nos jours, l'Etat pourrait de même fournir une partie du capital de sociétés ou compagnies financières, qui ensuite commanditeraient les associations à leurs risques et périls. Naturellement il prendrait part aux bénéfices des compagnies au-dessus d'un certain taux. Quant aux principales conditions de la commandite, elles devraient être fixées par avance pour conserver à l'association sa puissance réformatrice; les établissements de commandite auraient seulement le choix des associations à commanditer et le droit de fixer le chiffre du prêt à faire à chacune d'elles.

En outre, je le reconnais, la dotation directe des associations peut et doit être admise pour les industries à grand capital, *dans des circonstances exceptionnelles.*

Supposez, par exemple, des fabricants gênés qui offrent de mettre leurs établissements en association, sous la condition d'un prêt immédiat dont le remboursement soit garanti par le fonds même des usines. Pourquoi le gouvernement, s'il a des fonds, et dans la mesure de ses ressources, ne ferait-il pas ce prêt, qui aurait à la fois l'avantage d'empêcher la ruine d'une industrie et d'étendre le régime de l'association à des milliers de travailleurs qui en ignorent les bienfaits; pourquoi, dis-je, ne ferait-il pas ce prêt, quand son hypothèque sur le matériel des entreprises lui assurerait la rentrée de ses avances? Dans une semblable circonstance, l'association entre le patron et les ouvriers peut devenir précieuse, comme une transition pour arriver à la société ouvrière proprement dite, quand les ouvriers auront acquis les connaissances et l'expérience nécessaires pour la direction et la gestion de la fabrique.

En résumé, l'État a le droit de doter les associations, mais il ne doit user de ce droit qu'avec réserve ; il ne doit commanditer les sociétés que dans des cas rares; dans des cas plus nombreux, il peut et doit les cautionner ; mais, en tout cas, ces secours doivent rester limités et relativement faibles, de manière que l'association soit toujours l'œuvre et la conquête des associés eux-mêmes.

Les socialistes, je le répète, sont trop disposés à tirer des lettres de change sur le trésor de la République pour la réalisation de la réforme sociale. C'est une tendance mauvaise, pleine d'illusions et de dangers, que je repousse et dont j'engage les associés à se défendre, comme du plus redoutable des écueils, s'ils ne veulent pas compromettre l'institution elle-même, en fournissant à nos très-habiles ennemis le moyen de l'attaquer, comme une source de dépenses nouvelles et d'augmentation d'impôts et de la discréditer ainsi dans l'esprit des masses.

Il me reste à exposer comment, à défaut d'argent et sans grever les budgets d'un sou, l'autorité publique peut donner aux associations ouvrières une aide efficace, dont personne n'ait droit de se plaindre et qui les servira mieux que si on leur prodiguait les revenus de l'État.

1° *Appui moral.* — Et d'abord, toutes les autorités de la République doivent aux sociétés ouvrières la protection et les encouragements qui, dans notre pays, où l'on a toujours été habitué à être beaucoup gouverné, sont, sinon nécessaires, du moins très-utiles au succès des institutions nouvelles.

Il n'est pas douteux, par exemple, que de solennelles et fréquentes discussions dans l'Assemblée des représentants du peuple, ne puissent contribuer beaucoup à répandre dans toute la France la connaissance et le désir de l'association. La tribune nationale doit souvent être considérée comme une chaire de science sociale, dont l'enseignement s'adresse à la nation tout entière et peut lui imprimer un élan immense.

D'un autre côté, les agents politiques du pouvoir exécutif, même et surtout les simples sous-préfets, peuvent remplir une véritable mission démocratique, en propageant partout l'association, et surtout l'association agricole. A eux revient la tâche d'éclairer et de stimuler les conseils municipaux, de prêter aux citoyens de bonne volonté le concours et les ressources de l'administration, de mettre au service du progrès le prestige de l'autorité. Une telle mission assurément est de nature à tenter l'ambition des administrateurs républicains. J'ose promettre à ceux qui s'y dévoueront, que leurs peines seront amplement récompensées par les progrès de l'institution et par la reconnaissance populaire, surtout dans les départements arriérés, parmi ces populations, comme nous en avons tant en France, qui sont laborieuses, qui ne manquent ni de bon sens ni de finesse, mais qui sont ignorantes et passives, et qui ont besoin d'être secouées par l'initiative du pouvoir.

2° *Révision de la loi civile et commerciale sur les sociétés.*—La première Assemblée législative, où le parti de la réforme sociale obtiendra la majorité, aura à réformer les titres du Code civil et du Code de commerce sur la société, ou du moins elle devra y ajouter des articles nouveaux, pour donner aux sociétés ouvrières une sanction expresse et plus complète que celle dont elles jouissent aujourd'hui.

Tels qu'ils sont, les contrats des sociétés ouvrières ont une incontestable légalité. La plupart ont été rédigés dans les plus stricts principes de la loi; beaucoup même l'ont été sous la surveillance et avec le concours du ministère du commerce, et ont ensuite été sanctionnés implicitement par les votes des Assemblées constituante et législative qui ont crédité les associations. En fait donc, les contrats actuels sont inattaquables à toutes les ruses de la chicane; mais pour leur donner ce caractère de légalité, il a fallu, non pas en dénaturer, mais en amoindrir et en voiler la pensée; il a fallu y insérer des dispositions qui manquent de simplicité et où le caractère de nos associations ne se trouve pas assez nettement tranché; il a fallu, en un mot, tourner la loi, comme il faut toujours le faire, quand une institution nouvelle est obligée de se plier à une législation ancienne qui ne l'a pas prévue et n'a par conséquent pas pu la régler.

De là des obscurités, des inconvénients, des dangers peut-être, auxquels une loi seule peut pourvoir!

Donc la loi nouvelle devra reconnaître et sanctionner la société ouvrière dans toute son intégrité, avec tous ses caractères propres, sans lui assigner de limites en nombre ni en durée, et surtout avec le capital indivisible, qui fait à la fois sa nouveauté et sa force.

Sur ce dernier point, il y aura probablement une vive opposition.

Très-probablement, même dans une Assemblée républicaine, le principe de l'indivisibilité du capital sera repoussé par la plupart des anciens libéraux et par beaucoup de républicains qui se défient du socialisme et qu'effraiera le fantôme du communisme, ou qui se laisseront aveugler par la crainte de la main-morte.

Tous ces adversaires se diront et se croiront même les partisans de l'association; ils l'aimeront et lui promettront de la protéger, mais ce sera à condition de la désarmer, en supprimant l'indivisibilité du capital.

Plutôt que d'accepter cette condition, beaucoup mieux vaudrait renoncer à la loi!

L'indivisibilité du capital est sans doute dans les contrats des sociétés ouvrières, la disposition la plus étrangère et, à certains égards, la plus contraire à notre droit actuel; mais c'est précisément pour cela qu'elle en est la plus importante et la plus nécessaire.

C'est elle qui fait de toute société ouvrière un instrument de ruine pour les priviléges du capital.

C'est elle qui contient la solution du grand problème de la propriété des instruments de travail.

C'est elle qui doit amener la transformation économique de la grande société.

Comment donc les sociétés ouvrières pourraient-elles l'abandonner jamais?

Ou une loi qui sanctionne expressément l'indivisibilité du capital, ou pas de loi!

Et, en vérité, on ne concevrait pas qu'au nom des droits de la propriété *individuelle*, on empêchât des associés, qui ne demandent rien à personne, de constituer à leurs dépens sur leurs bénéfices une propriété *collective* pour servir à l'émancipation des pauvres et à l'affranchissement du travail. S'il leur plaît de créer ainsi, au profit des travailleurs de l'avenir, une véritable institution de bienfaisance et d'utilité publique, quel est donc le démocrate qui aurait le droit de s'y opposer et de mettre un insolent *veto* à la liberté de leur dévouement?

3° *Travaux publics. — Domaines nationaux et communaux. — Industries réglementées.* — Outre leur appui moral, outre la révision du titre des sociétés, les diverses autorités publiques peuvent encore fournir aux associations le plus puissant secours; elles peuvent leur fournir beaucoup de travail, et même, en certains cas, elles peuvent les doter, toujours sans grever les budgets.

D'abord, pour tous les travaux publics, les associations, *à égalité de prix*, doivent être préférées aux entrepreneurs.

Jusqu'à présent la mauvaise volonté des autorités a entravé presque tous les essais qui ont été tentés en ce sens. — Le décret exprès par lequel l'Assemblée constituante avait affranchi de l'obligation du cautionnement les associations qui soumissionneraient pour les travaux de l'État, à condition seulement que, jusqu'à parfait achèvement de ces travaux et pour garantie des engagements pris, le dixième des paiements à faire par l'administration resterait entre ses mains, ce décret n'est plus aujourd'hui qu'une lettre morte; il a été paralysé par des règlements d'administration publique, et l'Assemblée législative a achevé de lui enlever toute vertu, en refusant de faire modifier ces formalités administratives, et d'étendre aux travaux des départements et des communes les mesures générales prises pour les travaux de l'État.

Néanmoins l'association a pu débuter dans de grands travaux publics, et, grâce au concours empressé de beaucoup d'ingénieurs des ponts et chaussées, elle y a souvent réussi. C'est ainsi que dans les travaux de construction et de terrassement de plusieurs chemins de fer, le *marchandage* ancien, avec ses odieux abus, a disparu pour faire place au *marchandage* par association. Sans doute ces sociétés passagères, qui ne se contractent entre quelques ouvriers que pour un travail déterminé et qui n'ont pas de capital à elles, n'ont qu'une valeur très-secondaire; elles sont plutôt des sociétés en participation que des associations réelles; mais elles ont du moins le grand avantage d'habituer les ouvriers à se passer de patron et à se gouverner eux-mêmes, et de les initier ainsi peu à peu à l'esprit et aux mœurs de l'association.

Pour apprécier toute l'étendue du champ que les administrations publiques peuvent ouvrir à l'activité des associations, il suffit de se rappeler que le montant des travaux faits chaque année par entreprise pour le compte de l'État, des départements et des communes, s'élève à plusieurs centaines de millions, et que la plupart de ces millions passent immédiatement en salaires.

Mais ce n'est pas tout. En dehors des travaux publics,

j'ai dit qu'en certains cas, et sans bourse délier, les diverses autorités peuvent doter les associations.

D'une part, en effet, l'État possède en Algérie un domaine illimité, et d'autre part, en France, les communes possèdent, en terres de toute nature, un patrimoine immense, qui, malgré les aliénations, les partages et les vols dont il a été l'objet, comprend encore environ la douzième partie de notre sol national.

C'est sur ces deux terrains que peut largement et promptement s'établir l'association agricole.

Dans le chapitre suivant, en traitant de ce genre d'association, je chercherai à montrer comment, par son application, les conseils municipaux pourront enfin trancher heureusement le problème, jusqu'à présent insoluble, de la culture des terrains communaux, sans enlever aux indigents le bénéfice qu'ils en tirent.

Quant à l'Afrique, je n'ai qu'à rappeler en passant, et avec un amer regret, quelle belle occasion a été manquée, il y a deux ans, quand l'Assemblée constituante vota cinquante millions pour la fondation des colonies agricoles. Jamais on ne trouvera pour l'établissement de grandes associations d'éléments plus précieux que dans ces milliers de colons, sortis de nos grandes villes, que nous avons vus partir si pleins d'espoir et de confiance.

La réaction, qui s'est empressée là-bas de les courber sous le despotisme du sabre, a jugé bon aussi de les calomnier aux yeux du monde entier; mais pour nous tous, leurs compatriotes et leurs amis, qui les connaissions trop pour croire à ces calomnies; pour nous, qui savons qu'en immense majorité ils étaient purs, dévoués, laborieux; pour nous, qui avions pu apprécier la haute idée qu'ils s'étaient faite de la mission nationale et sociale qu'ils allaient remplir en Afrique, nous osons dire qu'il n'eût fallu que les laisser faire, et que l'association se fût établie spontanément parmi eux, comme le régime naturel à leurs convictions démocratiques. On eût pu voir alors ce que peut le dévouement socialiste, en fait de colonisation, comme on a vu en Amérique, chez les puritains des États-Unis, ce que peut la foi religieuse.

Mais, même à cette époque, le gouvernement n'avait malheureusement pas su s'élever jusqu'à ces pensées. L'Assemblée constituante aimait mieux comprimer le socialisme que de lui ouvrir une issue pacifique, et, par un contraste singulier, pendant qu'elle consacrait des fonds à encourager l'établissement d'associations dans l'industrie, elle interdisait expressément aux colons d'Afrique la liberté de former entre eux des associations agricoles (1).

Pour terminer la série des plus puissants encouragements que les autorités de tous les degrés peuvent donner aux associations, je citerai encore toutes les industries réglementées et monopolisées à raison même de leur nature, qui s'exercent dans les grandes villes sous la surveillance et avec l'autorisation de la police municipale. Je citerai notamment l'industrie des voitures publiques. A Paris seulement et dans cette seule industrie, si le préfet de police le voulait, il ne faudrait que quelques mois pour faire participer au bénéfice et à la liberté de l'association les milliers de salariés, qui sont aujourd'hui exploités par les entrepreneurs de voitures de place, de remise et de transport en commun, autrement dit d'omnibus.

4° *Réforme sociale.* — Enfin, de tous les services que le gouvernement peut rendre aux associations, le plus important sans contredit est de travailler avec hardiesse et persévérance à l'amélioration du sort du peuple en général.

(1) Les avantages de l'association agricole, pour la colonisation de l'Algérie, avaient été exposés, et l'association elle-même avait été expressément proposée, dès 1841, par un ancien curé de Constantine, M. Landmann, dans son intéressant ouvrage intitulé : *Les Fermes du Petit-Atlas.*

Les ouvriers associés, en effet, n'ont pas d'autres intérêts que le reste des travailleurs. Vivant comme eux du produit de leur travail, ayant à supporter comme eux la concurrence du bon marché, forcés comme eux de recourir souvent aux capitalistes et aux banquiers, tout ce qui sera entrepris pour relever la condition des masses leur profitera également.

Ainsi, comme je l'ai déjà montré, les institutions de crédit qui auront pour résultat de faire baisser l'intérêt de l'argent et de mettre les instruments de travail à la portée de plus d'entrepreneurs, assureront aux associations un établissement plus facile et des succès plus rapides.

Ainsi les mesures qui seront prises pour le maintien du taux des salaires, en empêchant l'avilissement des prix, permettront aux associés de tirer un plus grand profit de leur travail.

Ainsi toutes les améliorations dans le système des douanes, des impôts, des transports, qui tendront à assurer aux Français la vie à bon marché, seront également acceptées avec reconnaissance et par les ouvriers salariés et par les ouvriers associés.

Ainsi toutes les innovations législatives et administratives, qui rendront meilleure la condition des fermiers, des métayers et de tous les locataires des instruments de travail; qui, par exemple, leur assureront des baux plus longs et les feront jouir de la plus-value due à leurs impenses et à leurs travaux; qui arrêteront l'élévation excessive du prix des baux, et qui par suite empêcheront l'élévation excessive du prix des immeubles, toutes ces innovations, qui seront certainement très-utiles à tous les entrepreneurs de tous les degrés, le seront plus encore aux associations, qui leur devront, non-seulement de louer à des prix plus avantageux, mais d'acheter ensuite à meilleur marché les terres, les usines, les maisons, et d'arriver ainsi plus vite à la propriété complète et libre de leurs instruments de travail.

Je le répète, entre les travailleurs ordinaires et les travailleurs associés il n'y a pas d'intérêts opposés; leurs intérêts au contraire sont presque tous solidaires; les associations bénéficient naturellement de tout ce qui se fait pour le peuple, et il est très-certain que, pour les servir efficacement, le moyen le plus puissant dont dispose l'autorité est d'entreprendre hardiment la réforme sociale au profit de tous.

CHAPITRE VII

RÉSUMÉ.

Tout l'esprit des précédents chapitres peut se résumer en quelques propositions :

Le but des associations, leur avenir définitif, est d'absorber tout le capital consacré à la production : les terres, les usines, les machines, les ateliers, — de manière que, sauf dans quelques industries ou professions exceptionnelles, tous les instruments du travail leur appartiennent en pleine propriété.

Or, pour absorber ce capital, le seul moyen légitime et efficace qu'elles puissent employer, est de le *gagner*.

Dans la poursuite de ce but, elles peuvent et doivent s'aider les unes les autres.

Elles ont droit aussi à la protection du pouvoir; mais cette protection ne doit être qu'un secours secondaire, une ressource exceptionnelle. En général, elles doivent se fonder par leurs propres forces et en tout cas elles doivent vivre par elles-mêmes; car il n'y a pas de transformation sociale qui ne doive être conquise par les efforts de ceux à qui elle profite.

Tels sont les principes réels en cette matière!

Sans doute tous ces procédés sont lents et pénibles; ils ne peuvent mener au but qu'à l'aide d'un long espace de temps; ils doivent coûter beaucoup de sacrifices; cela est vrai, mais aussi ils sont les seuls sûrs et les seuls honorables.

Oui, il faut que les associations absorbent tout le capital agricole et industriel de la France, mais pour cela il faut qu'elles le GAGNENT!

Voilà le principe hors duquel il n'y a qu'illusion, le seul sur lequel puisse se fonder une institution solide et durable; le grand principe dont la justice et la bonne politique commandent également le respect aux amis de l'association.

LIVRE V

L'ASSOCIATION AGRICOLE

CHAPITRE PREMIER

LES COMMUNAUTÉS AGRICOLES DU MOYEN AGE.

La France du moyen âge a été couverte d'associations agricoles, qui se sont perpétuées pendant plusieurs siècles, et qui ont grandement contribué tant au défrichement du sol qu'à l'émancipation du peuple.

Ces associations avaient été oubliées par l'histoire superficielle des derniers siècles; mais de nos jours, elles ont été retrouvées et comme ressuscitées par des jurisconsultes éminents, qui, en les signalant à l'attention des érudits, ont appelé sur elles l'étude des socialistes, et ont ainsi rendu à notre cause un service important. M. Troplong, entre autres, aujourd'hui président de la cour d'appel de Paris, et M. Dupin, cet adversaire acharné de toute réforme sociale, oui, M. Dupin lui-même, en célébrant les vertus et les bienfaits de ces sociétés rustiques du moyen-âge, se sont rendus tous deux coupables de propagande socialiste, et ont ainsi concouru sans le savoir à ce grand mouvement d'émancipation et d'association qui emporte aujourd'hui toutes les classes ouvrières. Tant la vérité a de puissance! tant la science a d'utilité!

Sans doute les associations agricoles de la vieille France différaient en plusieurs points essentiels de nos sociétés ouvrières d'aujourd'hui; elles avaient et elles devaient avoir un tout autre caractère, que leur imprimaient les mœurs et les idées de leur époque; mais il n'en est pas moins vrai qu'au fond elles reposaient sur les mêmes bases, et qu'elles avaient également pour résultat l'émancipation des travailleurs et l'extension à tous des bénéfices de la propriété. Telles qu'elles étaient, elles constituent certainement le plus beau fleuron du socialisme, tel qu'on le connaissait et qu'on pouvait le pratiquer au moyen âge.

Avant donc de traiter de l'association agricole dans la France actuelle, je crois nécessaire de tracer à grands traits l'histoire de ces sociétés, dont l'exemple ne doit pas être perdu pour les générations nouvelles. Dans cette rapide esquisse, je me servirai surtout du travail de M. Troplong et du livre très-intéressant et très-utile qu'un socialiste convaincu, M. Eugène Bonnemère, de Nantes, a publié l'année dernière sous le titre de *Histoire de l'Association agricole*.

Les associations agricoles du moyen-âge, ou plutôt les *communautés*, comme on les appelait, se composaient d'ordinaire de plusieurs familles de paysans, qui se perpétuaient de génération en génération sur un vaste domaine dont elles avaient la propriété ou au moins l'usage; qui le cultivaient en commun sous la direction d'un chef *élu*, et qui vivaient également en commun des fruits de leur travail, *à commun pot, sol et dépense*, suivant l'expression reçue.

La communauté de travail et de vie et l'indivision du bien social, telles étaient les principales bases de ces institutions, auxquelles la parenté plus ou moins étroite des associés donnait le plus souvent un caractère patriarcal.

Les communautés agricoles se formaient toujours sans contrat écrit, par le seul fait de *la demeurance d'un an et jour*, qui, d'après l'ancien droit français, suffisait pour la constitution d'une société, dite société *taisible* (tacite).

Les associés prenaient le nom de *parçonniers* ou *personniers*. On les appelait aussi en latin *compani*, en français *compaings* (d'où sont venus les mots *copain*, dont se servent encore les écoliers, et *compagnie*) parce qu'*ils mangeaient leur pain ensemblement*. Le pain était même devenu l'emblème de la société. Quand les *compaings* prenaient le triste parti de se séparer, le plus vieux d'eux tous, le patriarche de la tribu, prenait un grand pain, le *chanteau*, et le partageait solennellement en plusieurs pains. C'était la formule de dissolution consacrée.

Ni les femmes, ni les enfants, ni les vieillards n'étaient exclus de la société. « En ces communautés, » écrivait, il y a trois siècles un jurisconsulte célèbre, Guy Coquille, qui les voyait encore fleurir sous ses yeux dans le Nivernais, « en ces communautés, on fait compte des « enfants, qui ne savent encore rien faire, par l'espé« rance qu'on a qu'à l'avenir ils feront; on fait compte « de ceux qui sont en vigueur d'âge, parce qu'ils font; « on fait compte des vieux, et pour le conseil et pour « la souvenance qu'on a qu'ils ont bien fait; et ainsi, « ajoutait-il, de tous âges et de toutes façons, ils s'en« tretiennent comme un corps politique, qui, par sub« rogation, doit durer toujours. »

Pour régir ces grandes familles, il y avait en chacune d'elles un chef, qui était élu par tous les associés ou au moins par tous les pères de famille. On l'appelait le maître de la communauté ou le maître du *chanteau*. C'était lui qui était chargé de diriger le travail, d'employer chacun suivant son sexe, son âge et ses forces, et de traiter avec les tiers. Il obligeait tous les membres de l'association par ses actes d'administration, d'achat, de vente de terrains, d'emprunts nécessaires, d'acceptation ou passation de baux et autres de même nature. Son pouvoir était grand, mais en fait il était tempéré par l'obligation, à laquelle il ne manquait jamais, de prendre l'avis de ses associés dans les cas importants. Il contractait sous une véritable raison sociale : *un tel et ses comparsonniers*. On voit qu'en réalité ce maître était un gérant, comme on dit aujourd'hui en droit commercial. Quelquefois aussi il y avait, à côté du maître, une maîtresse qui était élue pour diriger le travail intérieur de la maison, et d'ordinaire on avait soin de ne pas choisir la femme ni la sœur du maître, de peur qu'ils ne s'entendissent au détriment du reste de la communauté.

J'ai dit que l'indivision du bien social était un des principaux caractères des communautés agricoles. Leurs domaines, en effet, n'appartenaient à aucun des associés en particulier, et aucun d'eux, en sortant de la communauté, n'avait droit d'en réclamer la moindre part. La plupart des biens des associés suivaient même cette loi; ils tombaient également en communauté; car tous les *partçonniers* étaient *uns et communs en biens meubles* et même en *conquêts immeubles*, desorte que les terres qu'ils eussent achetées personnellement, eussent été jointes au domaine social. Les immeubles qu'ils pouvaient recevoir en donation ou legs et ceux dont ils héritaient, leur restaient seuls propres. Quand des enfants d'associés sortaient de la communauté pour aller s'établir ailleurs, ils perdaient leur droit sur la succession de leurs père et mère ; seulement la communauté était obligée de les doter, surtout les filles. Ainsi il n'y avait pas de partage de récolte ni d'attribution de bénéfices à chaque travailleur. Tous les biens des associés formaient une seule masse, sur laquelle ils vivaient tous dans la simplicité des mœurs antiques. A peine chacun d'eux recevait-il sa part de chanvre et de laine, avec quelque petite somme, pour pourvoir à son entretien personnel.

Cette confusion du fonds social et des droits individuels des associés était un grand vice dans la constitution de ces sociétés, et nous verrons bientôt que c'est par là surtout qu'elles ont péri.

Quoiqu'il en soit, il est certain, comme je le disais en

commençant, qu'elles ont prospéré pendant plusieurs siècles, qu'elles ont beaucoup servi à l'avancement de l'agriculture, et qu'en assurant au cultivateur la jouissance des fruits de la terre, elles les élevaient à une condition de richesse et de liberté positive, bien supérieure à celle de nos salariés. Les jurisconsultes, qui ont eu l'occasion d'en parler dans leurs ouvrages, ne les ont connues qu'à l'époque de leur décadence, et cependant ils se sont tous accordés à dire que le travail y était bien dirigé, et que l'on y jouissait de beaucoup d'aisance.

Ces communautés se sont étendues dans la plupart des provinces de France, surtout dans celles du Centre, où elles paraissent avoir été très-répandues. Les coutumes d'Orléans, du Nivernais, du Berri, du Bourbonnais, d'Auvergne, de la Marche, du Poitou, de La Rochelle, en parlent expressément, et M. Troplong a pu dire que leur existence était un fait général, caractéristique, qui se retrouve au moyen âge depuis le midi de la France jusqu'aux extrémités opposées. Je ne doute pas, pour mon compte, que l'existence de ces communautés agricoles et les sentiments d'union et de fraternité qu'elles entretenaient parmi les cultivateurs, n'aient beaucoup contribué à imprimer au peuple des campagnes de la vieille France ce cachet de générosité et d'humanité, qui lui a donné le premier rang dans la civilisation morale de l'Europe.

L'origine des communautés agricoles du moyen âge est obscure; elles semblent être à peu près contemporaines de la féodalité. Les cultivateurs, — qui dans l'antiquité romaine avaient été *esclaves*, c'est-à-dire qui avaient été réduits à la condition des choses, des biens meubles, qui étaient comme un bétail humain dont le maître disposait à sa fantaisie, — les cultivateurs s'étaient à cette époque élevés d'un degré dans leur longue et pénible ascension vers la liberté, ils étaient devenus *serfs;* ils avaient le droit de se marier, comme les hommes libres, et d'avoir une famille; on ne pouvait plus les arracher à leurs foyers pour les vendre au loin, mais aussi le plus souvent ils ne pouvaient quitter eux-mêmes le domaine qu'ils cultivaient et dont ils partageaient les fruits avec le maître. Du reste, il y avait beaucoup de variétés dans le servage. En général, et surtout dans l'origine, le serf ne participait que très-incomplètement au droit de propriété; surtout le droit de transmettre ses biens après son décès lui était refusé. Même ce qu'il avait gagné par son travail, ce qu'il avait retiré de *la manufacture de ses bras et de ses mains*, suivant l'expression d'un vieil auteur, ne passait pas à ses enfants, mais au seigneur qui héritait seul de lui. C'est ainsi que chez les Romains le pécule de l'esclave appartenait au maître. Quant aux champs dont la possession lui avait été concédée, à charge de redevances, qu'il avait défrichés, fertilisés, sur lesquels il avait bâti sa maison, ils rentraient également dans le domaine seigneurial.

Or, il paraît que c'est pour se soustraire à ces exactions, et pour s'assurer la possession tranquille de leurs domaines, que les gens des campagnes, — surtout ceux qui, appartenant à la même famille, étaient habitués à vivre et à travailler ensemble, — s'entendirent pour laisser leurs biens indivis et pour former ces sociétés qui ne mouraient pas, et où le seigneur ne trouvait plus à exercer son odieux privilége. Les seigneurs, de leur côté, auraient laissé ces sociétés s'établir pour peupler davantage leurs domaines et pour assurer par là le facile recouvrement de leurs redevances. Voilà pourquoi, dit-on, les biens des associés étaient tous confondus, et pourquoi les enfants qui sortaient de la communauté n'héritaient pas de leurs parents ! Le seigneur, en effet, les eût exclus, si la communauté n'eût pas existé. Ce qui peut fortifier ces conjectures, c'est qu'en général, au moins dans les anciens temps, les communautés agricoles n'avaient pas la propriété complète de leurs domaines et étaient tenus à des droits plus ou moins onéreux ou à des partages de fruits à l'égard du seigneur de la terre.

Mais, en admettant la vérité de ces hypothèses, il faudrait bien se garder de voir dans ces circonstances passagères la cause efficiente de la fondation et de la durée des communautés agricoles du moyen âge. Elles en furent tout au plus l'occasion. La source réelle de ces institutions de fraternité et de secours mutuel était l'esprit du christianisme, qui remuait alors si profondément toute la société, qui y ravivait l'amour de la justice, qui poussait les petits et les faibles à s'entr'aider et à se secourir, qui précisément à la même époque portait les ouvriers des villes à s'associer dans les confréries et les corporations des métiers et à s'unir dans leurs communes. C'était aussi l'époque des croisades, du développement de l'art des cathédrales, de la Trêve de Dieu, de la chevalerie. Les communautés agricoles sont un des fruits les plus ignorés, mais non pas les moins précieux ni les moins utiles de cette grande époque, où, après plusieurs siècles de déchirements stériles, l'Europe chrétienne se remettait enfin en marche, sous l'inspiration de l'Eglise, pour arriver à la réalisation du règne de Dieu sur la terre, c'est-à-dire au règne de la justice et de la fraternité.

Les communautés agricoles ont dû s'étendre et fleurir en France pendant plusieurs siècles, depuis le XIe ou le XIIe jusqu'au XVIe, à l'époque dite de la Renaissance, où, par suite du changement des mœurs, de l'affaiblissement de l'esprit religieux, et surtout par le retour aux idées du droit romain, elles commencèrent à décliner. La confusion malheureuse que j'ai signalée entre les biens des associés et le bien social fut pour beaucoup dans leur décadence. Souvent leur dissolution fut ordonnée par justice, sur la demande d'enfants qui, en sortant de la communauté, réclamaient l'héritage paternel ; au moins le domaine commun fut-il souvent ébréché. Les changements de la procédure portèrent d'ailleurs à ces sociétés un coup fatal. Fondées dans des temps d'ignorance et de bonne foi, où l'on n'écrivait pas, où le témoignage oral suffisait à prouver les conventions les plus graves, elles n'avaient d'autres statuts que leurs coutumes ; aussi quand au XVIe siècle les légistes en vinrent à exiger la preuve par écrit pour les moindres contrats, elles ne purent plus constater leur existence légale, et il suffit de la mauvaise volonté d'un de leurs membres pour en amener la dissolution.

Les tendances de l'époque auraient alors exigé dans la constitution des communautés agricoles des modifications profondes ; mais cette réforme ne fut pas faite, et, par suite, les progrès de l'esprit d'individualisme amenèrent naturellement la décadence continue d'une institution, qui était née sous l'inspiration de la foi religieuse et qui supposait beaucoup d'abnégation et de dévouement.

Toutefois la puissance des mœurs résista longtemps, et malgré l'opposition qu'elles rencontraient dans les lois nouvelles, beaucoup de communautés agricoles continuèrent à subsister dans diverses provinces et à maintenir aux travailleurs la jouissance des bienfaits attachés à la possession gratuite de l'instrument de travail. J'ai déjà dit que la plupart des anciens jurisconsultes se sont accordés à reconnaître la prospérité de ces associations. Ces témoignages abondent au XVIe, au XVIIe et même au XVIIIe siècle, et ils ont d'autant plus de poids, qu'en général, par un amour aveugle des traditions romaines, les jurisconsultes ont voué au principe de la propriété individuelle un culte exclusif, qui les rend profondément hostiles à toute idée d'indivision, de main-morte et de communauté.

Depuis Guy Coquille, qui déclare « que la vraie et certaine ruine de ces maisons de village est quand elles se séparent, » tous les écrivains légistes qui ont traité de cette matière parlent le même langage. De Ferrière, dans son *Dictionnaire de droit* (1740), reconnaît que « ces associations étaient autrefois très-fréquentes et très-utiles. » « Il semble, dit Denis Lebrun, dans son *Traité de la communauté* (1709), qu'il y ait quelque nécessité d'accorder cela à l'usage des champs, où ces communautés en société sont si fréquentes, même dans les coutumes qui n'en parlent pas. » Dunod de Charnage, dans son *Traité de la main-morte* (Dijon, 1733), est plus explicite encore. « Le travail de plusieurs personnes réunies, dit-il, profite bien plus que si tout était séparé entre elles. Aussi l'expérience nous apprend, dans le comté de Bourgogne, que les paysans des lieux mains-mortables sont bien plus commodes que ceux qui habitent la franchise, et que plus leurs familles sont nombreuses, plus elles s'enrichissent. »

Enfin, pour confirmer davantage ces autorités, j'emprunterai au *Voyage en Auvergne*, de Legrand d'Aussy, conservateur des manuscrits à la Bibliothèque nationale, la description naïve d'une communauté agricole, que ce célèbre érudit trouva encore toute vivante auprès de la ville de Thiers, en 1788, l'année qui précéda la prise de la Bastille. J'espère que le lecteur ne se plaindra pas de la longueur de ce passage; je n'ai pu me résoudre à le mutiler.

« Autour de Thiers, et en pleine campagne, sont des maisons éparses habitées par des sociétés de paysans, dont les uns s'occupent de coutellerie, tandis que les autres se livrent au travail de la terre. Outre ces habitations particulières et isolées, il en est d'autres plus peuplées dont la réunion forme un petit hameau, et dans lesquelles la communauté est plus intime encore. Le hameau est occupé par les diverses branches d'une même famille qui, livrée uniquement à l'agriculture, ne contracte ordinairement de mariage qu'entre ses différents membres, qui vit en communauté de biens, a ses lois, ses coutumes, et qui, sous la conduite d'un chef qu'elle se donne et qu'elle peut déposer, forme une sorte de république où tous les travaux sont communs, parce que tous les individus sont égaux. Il y a dans les environs de Thiers plusieurs de ces familles républicaines : Taranté, Baritel, Terme, Guittard, Bourgade, Beaujeu, etc. Les deux premières sont les plus nombreuses ; mais la plus ancienne, ainsi que la plus célèbre, est celle des Guittard. Le hameau que forme et qu'habite la famille des Guittard est au nord-ouest de Thiers, et à une demi-lieue de la ville ; il s'appelle Pinon. Ce dernier nom a même dans le pays prévalu sur le leur propre, et on les nomme les Pinon. Au mois de juillet 1788, quand je les ai visités, ils formaient quatre branches ou quatre ménages ; en tout, dix-neuf personnes, tant hommes que femmes et enfants. Mais le nombre des hommes ne suffisant pas pour l'exploitation des terres et pour les autres travaux, ils avaient avec eux treize domestiques, ce qui portait la population du hameau à trente-deux personnes. On ignore l'époque précise où le hameau fut fondé; la tradition en fait remonter l'établissement au XIIe siècle. L'administration des Pinon est paternelle, mais élective. Tous les membres de la communauté s'assemblent ; à la pluralité des voix ils se choisissent un chef qui prend le titre de Maître, et qui, devenu père de toute la famille, est obligé de veiller à tout ce qui la concerne. Tous travaillent en commun à la chose publique : logés et nourris ensemble, habillés et entretenus de la même manière, et aux dépens du revenu général, ils ne sont plus, en quelque sorte, que les enfants de la maison. Ce maître, en qualité de chef, perçoit l'argent, vend et achète, ordonne les réparations, dispense à chacun son travail, règle tout ce qui concerne les maisons, la vendange, les troupeaux ; en un mot, il est là ce qu'est un père dans sa famille. Mais ce père diffère des autres en ce que, n'ayant qu'une autorité de dépôt et de confiance, il en est responsable à ceux dont il la tient, et qu'il peut la perdre de même qu'il l'a reçue. S'il abuse de sa place, s'il administre mal, la communauté s'assemble de nouveau ; on le juge, on le dépose, et il y a des exemples de cette justice sévère.

« Les détails intérieurs de la maison sont confiés à une femme. Le département de celle-ci est la basse-cour, la cuisine, le linge, les habillements, etc.; elle porte le titre de maîtresse. Elle commande aux femmes comme le maître commande aux hommes. Ainsi que lui, on la choisit à la pluralité des suffrages, et, ainsi que lui, on peut la déposer. Mais le bon sens naturel a dit à ces simples paysans que si la maîtresse se trouvait être femme ou sœur du maître, et que ces deux préposés manquassent de la probité nécessaire à leur gestion, tous deux réunis auraient trop d'avantages pour nuire à la chose publique. En conséquence, pour prévenir ces abus, par une des lois constitutives de ce petit État, il est réglé que jamais la maîtresse ne sera prise dans le même ménage que le maître. Celui-ci, comme son titre l'annonce, a l'inspection générale, et jouit du droit de conseil et de réprimande; partout il occupe la place d'honneur. S'il marie son fils, la communauté donne une fête à laquelle sont invitées les communes voisines; mais ce fils n'est, comme les autres, qu'un membre de la république; il ne jouit d'aucun privilége particulier, et quand son père meurt, il ne succède point à sa dignité, à moins qu'on ne l'en trouve digne et qu'il ne mérite d'être élu à son tour.

« Une autre loi fondamentale observée avec la plus grande rigueur, parce que d'elle dépend la conservation de la société, est celle qui regarde les biens. Jamais, dans aucun cas, ils ne sont partagés : tout reste en masse; personne n'hérite, et, ni par mariage, ni autrement, rien ne se divise. Une Guittard sort-elle de Pinon pour se marier, on lui donne 600 livres en argent; mais elle renonce à tout, et ainsi le patrimoine général subsiste en entier comme auparavant. Il en serait de même pour les garçons, si quelqu'un d'eux allait s'établir ailleurs.

« ......Toutes les fois que leur ouvrage n'exige point qu'ils soient séparés, ils travaillent ensemble. Il y a pour les repas un lieu commun; c'est une grande et vaste cuisine tenue très-proprement..... Dans la cusine, on a pratiqué une niche qui forme, en quelque façon, chapelle, et qui contient un Christ et une Vierge. Là, tous les soirs, après le souper, on fait la prière en commun; mais cette prière n'a lieu que le soir. Le matin, chacun fait la sienne en particulier, parce que la plupart des travaux étant différents, les heures du lever le sont aussi.

« Indépendamment de la propriété du hameau, les Guittard possèdent encore un bois, un jardin, des terres, des vignobles et beaucoup de châtaigniers. Mais outre que leurs terres sont pauvres et qu'elles ne rapportent que du seigle, les trente-deux bouches qu'ils ont à nourrir consomment toute leur récolte et ne leur permettent pas d'en vendre. D'ailleurs ces cultivateurs, respectables par leurs mœurs et par leur vie laborieuse, font encore dans le lieu de leur séjour des charités immenses. Jamais pauvre ne se présente chez eux sans y être reçu; jamais il n'en sort sans avoir été nourri : on lui donne de la soupe et du pain. S'il veut passer la nuit, il trouve à coucher; il y a même dans la ferme une chambre particulière destinée à cet usage. En hiver, on pousse l'humanité plus loin encore; les pauvres alors sont logés dans le fournil, et en les nourrissant on leur procure de plus une sorte de chauffoir qui les garantit du froid. »

Si je n'avais fait trop de citations déjà, il me resterait encore à reproduire la très-curieuse lettre écrite par M. Dupin à M. Étienne, en 1840, et insérée à cette époque dans *le Moniteur*, où le président actuel de l'Assemblée législative a raconté sa visite à la communauté des Jault, qui existait encore dans un coin du Nivernais, où elle avait bravé, sans y périr, tous les orages de la Révolution. Malheureusement cette lettre est trop longue et elle a d'ailleurs été citée trop de fois pour la donner tout entière ici. Je me contenterai de l'analyser dans ses passages les plus intéressants.

Après avoir décrit la maison principale d'habitation, avec sa grande chambre « flanquée d'un corridor dans « lequel débouchent, par autant de portes, des cham- « bres séparées, véritables cellules, où chaque ménage « a son domicile particulier, » M. Dupin rend compte des renseignements qu'il obtint sur l'histoire et le régime de cette communauté, dans une longue conversation qu'il eut avec les membres de cette grande famille, composée de trente-six personnes, tant hommes que femmes et enfants, et surtout avec leur chef qui se nommait Claude.

L'existence de la communauté des Jault datait d'un temps immémorial. Au dire de ses membres, la propriété qui lui avait servi de noyau n'était pas un bien seigneurial, mais un bien patrimonial, un bien franc. « Quoiqu'il en soit, la possession s'en était maintenue dans la même famille, et, avec le temps, elle s'était successivement accrue, par le travail et l'économie de ses membres, au point de constituer, par la réunion de toutes les acquisitions, un domaine de la valeur de plus de 200,000 francs ; et cela, malgré toutes les dots payées aux femmes qui avaient passé par mariage dans des familles étrangères... »

« Dans l'origine, le père de famille avait été le maître

naturel de la communauté, ensuite ses fils, et cette hérédité naturelle s'était maintenue aussi longtemps qu'on avait pu distinguer un aîné doué de la capacité convenable; mais à mesure qu'en s'éloignant la proximité de parenté s'était affaiblie, on en était venu à choisir le plus capable parmi les hommes faits pour diriger les affaires, et la femme la plus entendue pour présider aux soins du ménage. Du reste, le régime de cette maîtrise domestique était fort doux et le commandement presque nul, chacun y connaissant son ouvrage et son fait. Le maître ne faisait rien sans prendre conseil de ses communs; car, ainsi que le disait Guy Coquille : « Eux « tous vivant d'un pain, couchant sous une couverture, « et se voyant tous les jours, le maître est trop mala- « visé et trop superbe, s'il ne communique et prend « l'avis de ses parsonniers, sur les affaires importantes. »

M. Dupin entre ensuite dans quelques détails sur le régime de cette communauté, qui était à peu près celui de toutes les autres. Les mâles seuls y comptaient comme membres effectifs, y faisaient *tête*. Les filles et femmes, tant qu'elles voulaient y rester en travaillant, y étaient nourries et entretenues, tant en santé qu'en maladie, mais n'y faisaient pas *tête*. Si elles se mariaient au dehors, elles recevaient des dots, qui, dans les derniers temps, s'étaient élevées à 1350 fr. chaque, moyennant quoi elles n'avaient plus rien à prétendre de la communauté; seulement si elles devenaient veuves, elles pouvaient revenir habiter la maison et y vivre comme auparavant. Quant aux femmes du dehors qui épousaient un des membres de la communauté, leurs dots n'entraient pas dans le bien commun; elles constituaient un pécule à part. Ces femmes devenues veuves avaient aussi le droit de rester dans la maison.

Quand un homme, membre de la communauté, venait à mourir, il ne transmettait rien à personne, sauf son pécule. C'était seulement une tête de moins dans la communauté, qui demeurait aux autres en entier. S'il laissait des fils, chacun d'eux faisait une tête, non à titre héréditaire (car le père ne leur avait rien transmis), mais par leur propre droit, par le seul fait qu'ils étaient nés dans la communauté.

En résumant toutes ces règles, M. Dupin dit fort bien qu'en ces anciennes communautés nivernaises, chacun n'en était membre « qu'à condition d'y vivre, d'y travailler, et de n'avoir pour héritier que la communauté elle-même,» et qu'ainsi «elles constituaient une espèce de corps, de collége, une personne civile, comme un couvent, une bourgade, une petite cité, qui se continuait et se perpétuait par la substitution des personnes, sans qu'il en résultât d'altération dans l'existence même de la corporation, dans sa manière d'être, ni dans le gouvernement de ses biens. »

Quant à la moralité de la communauté, il était sans exemple qu'aucun de ses membres eût été condamné pour délit. Les mœurs y étaient pures. Une seule fois, il était arrivé qu'une de leurs filles s'était laissée séduire; mais un mariage avait aussitôt réparé ce scandale. Toute cette famille était, d'ailleurs, très-charitable. « Nous le savions, et nous en eûmes la preuve sous nos yeux, continue M. Dupin. Pendant que nous causions à l'un des bouts de la salle, deux pauvres assis près de la cheminée qui était à l'autre extrémité, tenaient sur leurs genoux chacun une écuelle de soupe, qu'ils mangeaient fort tranquillement. Aucun pauvre ne passe sans trouver ainsi la soupe ou le pain. Aussi, suivant l'expression du maître, le pain va vite à la maison. »

M. Dupin atteste encore que l'état sanitaire de la famille était parfait, que les hommes étaient grands et forts, les femmes robustes et quelques-unes assez bien, que leur mise était propre et ne manquait pas d'élégance.

Enfin, après avoir dessiné avec amour le tableau de cette petite association, si pure, si utile, si touchante, M. Dupin l'achève par un contraste frappant, en décrivant un autre village de la Nièvre, nommé les Gariots, qu'il visita dans la suite de son voyage et où avait jadis existé une communauté semblable. Elle s'était dissoute depuis la Révolution. Le pays, aux alentours, est très-stérile; cependant la communauté y avait subsisté longtemps et y avait nourri tous ses membres; mais depuis le partage, si quelques-uns des anciens parsonniers avaient réussi, d'autres étaient tombés dans un état fort misérable. Le dernier maître, qui résidait dans un village voisin, avait emporté chez lui comme un trophée le Grand Pot de la communauté. Les autres étaient groupés sur une butte où était situé le bâtiment principal. Les grandes chambres avaient été divisées. La grande cheminée était partagée en deux par un mur de refend. Les habitations étaient chétives, malpropres; les habitants, un peu sauvages, se montraient inquiets et presque effrayés à l'aspect des visiteurs. A peine s'ils répondaient à leurs questions. A leur départ, ils les suivaient des yeux, en se glissant derrière leurs maisons, comme on suit l'ennemi qui opère sa retraite.

« Aux Jault, dit en terminant M. Dupin, c'est l'aise, la gaieté, la santé; aux Gariots, c'était la tristesse et la pauvreté. »

Aujourd'hui la communauté des Jault elle-même n'existe plus; elle s'est dissoute, il y a quelques années.

De toutes ces institutions antiques, qui ont si longtemps fleuri sur le sol de notre patrie, il ne reste donc plus le moindre vestige.

C'est ainsi que dans l'humanité tout change et que tout passe, sauf pourtant le bien qu'on a fait, dont les générations suivantes héritent toujours en partie et dont elles doivent garder précieusement le souvenir, d'abord par reconnaissance et aussi pour leur servir d'enseignement et d'encouragement.

Voyons maintenant comment, sur les débris et en remplacement des sociétés rustiques du moyen âge, pourront s'établir dans nos campagnes les sociétés ouvrières du XIXe siècle, qui, avec leur caractère nouveau, mieux approprié aux besoins de l'époque, et en laissant surtout plus d'espace à la liberté individuelle, sont appelées à rendre les mêmes services que leurs devancières à l'agriculture, à l'égalité, aux mœurs publiques et à toute la civilisation.

CHAPITRE II

DE LA FONDATION DES SOCIÉTÉS OUVRIÈRES AGRICOLES.

Je me souviens d'avoir entendu, en 1848, à la tribune de la Constituante, le général Lamoricière soutenir, avec sa verve et son entraînement habituels, que l'association, qu'il approuvait dans l'industrie, n'est pas possible en agriculture. La raison qu'il en donnait est que dans la production agricole la nature concourt et coopère avec l'homme à la confection du produit. J'en demande bien pardon à l'honorable général, mais sa raison vaut précisément contre sa conclusion. Si le concours de la nature, qui se trouve du reste dans toutes industries, est plus puissant et plus efficace dans l'industrie agricole que dans toutes les autres, il en résulte seulement que les travaux y sont plus réguliers, qu'ils s'y succèdent dans un ordre mieux connu à l'avance et que les chômages imprévus y sont plus rares, — d'où suit que l'association agricole fonctionnera plus aisément que l'association purement industrielle où ne se rencontrent pas les mêmes avantages. Il faut encore ajouter qu'en agriculture l'écoulement des produits, et même leur prix, malgré les grandes variations qu'il a subi depuis quelques années, sont sujets à moins d'incertitude que partout ailleurs. Comment donc, si l'association peut se fonder sur le sol mouvant de l'industrie, comment donc ne pourrait-elle pas s'établir et s'enraciner sur un terrain, comparativement plus solide, où la spéculation a moins de prise et où le travail est plus sûr de sa récompense?

L'agriculture n'est qu'une industrie, la plus importante de toutes, il est vrai, celle qui manufacture la presque totalité de nos aliments et des matières premières de nos vêtements; mais enfin elle n'est qu'une industrie, c'est-à-dire une application du travail à la transformation de la matière pour la faire servir à l'usage de l'homme. Pourquoi donc n'y appliquerait-on pas les mêmes principes que dans les autres spécialités de travail humain? Pourquoi n'y réaliserait-on pas les mêmes progrès?

Ne nous y trompons pas! si l'association, qui depuis la révolution de Février s'est tant multipliée dans les grandes cités, n'a suscité dans les campagnes que de timides et d'imperceptibles essais, la cause n'en est pas dans le mode du travail; elle est dans l'esprit des populations rurales, dont l'intelligence ne s'est pas encore ouverte à l'idée nouvelle et qui ont besoin d'une longue préparation morale avant d'en bien comprendre la portée et les bienfaits.

Non seulement l'association est très possible en agriculture, mais elle doit y reposer sur les mêmes bases que dans l'industrie proprement dite. Dans toutes ses dispositions fondamentales, elle doit rester dans les campagnes ce qu'elle est dans les villes. L'atelier, notamment, doit y être constitué d'après les mêmes principes républicains, et le capital social doit y conserver son même caractère d'indivisibilité et d'impersonnalité. Sinon, à quoi servirait l'association? Si les sociétés ouvrières agricoles diffèrent des autres sociétés ouvrières, les différences ne doivent porter que sur des points secondaires, sur des modifications d'organisation et d'administration, tout à fait analogues à celles que subissent les contrats des diverses sociétés industrielles et telles qu'en entraîne toujours la diversité des instruments de travail.

Cela posé, on comprend que je n'ai pas à revenir ici ni sur les avantages, ni sur les principes constitutifs de l'association, ni sur tous les problèmes que j'ai déjà traités. Si j'ai consacré un chapitre spécial à l'association agricole, c'est seulement pour étudier les moyens de l'introduire sur notre sol et pour signaler aux cultivateurs intelligents et à tant de socialistes dévoués qui habitent les communes rurales, les voies nombreuses par où ils peuvent en tenter la réalisation.

Et d'abord, avant de parler des sociétés agricoles proprement dites, il faut montrer comment l'association peut pénétrer jusqu'au fond des campagnes, par fragments, par pièces et par morceaux, en s'introduisant successivement dans des travaux spéciaux de diverses natures et dans certaines parties de l'approvisionnement et de la vie de ménage, de manière à modifier peu à peu l'esprit des populations et à créer des habitudes nouvelles.

A ce dernier point de vue, comme moyen de propagande et d'enseignement, la simple association pour la consommation, à laquelle en général j'accorde peu d'intérêt parce qu'elle ne va pas à la racine du mal, acquiert une valeur réelle. En accoutumant tous les esprits, et ceux des femmes comme ceux des hommes, aux procédés communs à tout genre d'association, elle est un très-bon moyen de frayer la voie à l'association réelle et féconde, à celle qui se forme pour le travail. Elle a d'ailleurs plus d'utilité dans les petites communes, où les consommateurs sont à la merci de quelques marchands isolés qui sont les maîtres du marché et qui les rançonnent impitoyablement, que dans les villes où la concurrence suffit d'ordinaire pour réduire le prix des marchandises courantes à un taux raisonnable. En s'associant pour l'achat en gros de ces marchandises, par exemple pour le sel, pour la mercerie, pour la chandelle et l'huile, les habitants des communes rurales se soustrairaient aux exactions dont ils sont aujourd'hui victimes. Pour cela, ils n'auraient qu'à s'entendre sur le choix d'un agent général qui serait chargé des achats et qui débiterait ensuite les marchandises à prix coûtant, sauf un droit de commission. Les fonds nécessaires aux acquisitions devraient être réunis auparavant par des cotisations volontaires, et les opérations de l'agence seraient soumises au contrôle d'une commission nommée par les souscripteurs. Des associations semblables ont déjà été fondées dans diverses communes de France. Beaucoup de boucheries et de boulangeries sociétaires surtout ont été établies sur ces bases depuis quelques années, et en général elles fonctionnent avec succès et avec beaucoup d'avantage pour les consommateurs.

Toutes ces idées, que les phalanstériens surtout ont contribué à propager, sont aujourd'hui très-répandues, et je n'ai pas besoin d'y insister plus longtemps.

Les institutions de cette nature peuvent se créer librement, sans aucun concours de l'autorité, par les efforts spontanés des citoyens ; c'est même, à mon sens, la meilleure et la plus sûre manière de les fonder. Pourtant on peut comprendre que, dans les petites communes surtout, les conseils municipaux contribuent à les établir et à les administrer. Quand une commune a des ressources, elle ne pourrait assurément les consacrer à un emploi plus utile.

Il existait autrefois dans la plupart des provinces des institutions seigneuriales, les *banalités*, que le souvenir de la tyrannie féodale fait encore détester par les paysans. Le moulin *banal*, le four *banal*, où l'on était contraint de porter moudre son grain et cuire son pain, en payant un droit au seigneur, étaient en effet devenus entre les mains de la noblesse d'odieux instruments d'exaction et d'oppression. Et pourtant, en les purgeant du venin féodal, en les faisant tourner au profit de la communauté tout entière, — et à condition de ne porter aucune atteinte à la liberté du travail, — il serait très-heureux que ces institutions ressuscitassent de nos jours ; elles rendraient certainement la vie plus commode et moins coûteuse à beaucoup de pauvres gens. Au lieu d'avoir dans chaque maison un méchant four, mal construit, qui consomme beaucoup de bois, et où chaque ménagère, avec beaucoup de peine et d'ordinaire avec peu d'habileté, fait un pain souvent très-mauvais, combien ne serait-il pas plus économique et plus avantageux de toute façon d'avoir un four *communal*, bien construit, qui, ne refroidissant jamais, emploierait proportionnellement beaucoup moins de combustible, et où un boulanger, choisi par le conseil municipal et toujours soumis à la surveillance commune, ferait de très-bon pain, moyennant une commission très-faible.

Non-seulement les communes ou les sections de communes pourraient avoir ainsi leurs fours et leurs moulins, mais elles pourraient aussi (et ce point a plus d'importance, nous sortons des limites de la simple association de consommation pour entrer sur le terrain de l'association pour la production), elles pourraient, dis-je, pour faciliter les travaux de l'agriculture, avoir à elles une certaine quantité de machines et d'instruments, un certain mobilier agricole, qu'elles mettraient à la disposition des cultivateurs, en suivant un règlement arrêté à l'avance qui devrait surtout favoriser les plus pauvres. Elles pourraient également avoir des bâtiments destinés à l'usage commun. Ainsi, dans des pays de vignobles, elles auraient des pressoirs communaux, dont l'usage serait accordé à tous les vignerons *gratis*, ou du moins à très-bon marché, de manière à rentrer seulement dans les frais, sans faire aucun bénéfice. Elles auraient aussi des caves, qui seraient sous la surveillance d'un agent spécial, et où le vin se conserverait certainement mieux et à moins de frais que dans la plupart des celliers des petits propriétaires. De même dans les pays à blé, elles auraient de bons greniers. Elles auraient encore des machines à battre, et, en général, les instruments de culture coûteux, et ceux qui ne sont pas d'un emploi fréquent, comme des semoirs, quand il y en aura de bons. Je ne vois pas même pourquoi elle n'auraient pas de bonnes charrues et des charrettes solides, quitte à en faire payer la location.

Dans d'autres pays, elles devraient se charger de l'exécution et de l'entretien des réservoirs et des canaux pour l'irrigation des terres. Des travaux semblables, très-importants et très-coûteux, ont été exécutés autrefois à frais communs dans plusieurs paroisses, situées dans le midi de la vallée du Rhône, dont ils ont créé la richesse et assuré la prospérité.

En général, toutes les créations que je viens d'esquisser obtiendraient des résultats aussi heureux, si l'opinion publique s'y attachait; et surtout elles seraient d'un avantage immense pour tant de petits propriétaires, de cultivateurs gênés, qui, faute d'instruments nécessaires, faute de capital, s'épuisent en vains efforts sur quelques lambeaux de terre, sans y rien recueillir que la misère. Elles apporteraient ainsi un correctif assez efficace aux inconvénients qu'entraîne le morcellement excessif de la terre.

Je ne crois pas avoir besoin de dire que, sans le concours des communes, ces associations, comme celles de simple consommation, pourraient s'établir librement par conventions volontaires; probablement même cette indépendance leur serait profitable; seulement il serait à craindre en ce cas que le fonds d'exploitation acquis à frais communs ne fût pas mis à la portée des plus pauvres qui, à cause même de leur pauvreté, auraient plus de peine à concourir à l'acquisition.

Toutes ces institutions, du reste, ne sont pas seulement de pures théories, auxquelles manque toute sanction expérimentale.

Sans parler des coutumes analogues qui ont existé entre les habitants de beaucoup de villages dans la vieille France, — de nos jours, plusieurs des associations partielles pour la production que j'ai indiquées sont déjà et même depuis assez longtemps passées dans la pratique agricole de certains pays.

Je dois surtout citer ici les *fruitières*, ou associations pour la fabrication du fromage dit de Gruyère, qui ont acquis une juste célébrité et qui existent dans une assez grande partie de la Suisse française et en France, dans beaucoup de vallées du Jura, et même, assure-t-on, dans quelques vallées des Vosges.

Ces *fruitières* sont des sociétés de cultivateurs, qui réunissent tous les jours dans une laiterie commune le lait produit par leurs différents troupeaux, et le font fabriquer tout à la fois par un homme de l'art aux gages de la société. C'est au siècle dernier et dans le canton de Vaud qu'elles paraissent avoir commencé. Elles seraient ainsi un résultat de la civilisation rurale très-avancée de la Suisse. Elles ne sont étendues en France qu'au commencement de ce siècle-ci.

Or, partout où elles se sont établies, il s'en est suivi une grande économie dans les frais de production et surtout une grande amélioration dans la qualité des produits, qui est due en partie à l'habileté du fabricant spécial et qui provient surtout de ce que le fromage de Gruyère gagne toujours à être fabriqué en grande masse et surtout à être fabriqué tous les jours avec du lait frais. — Dans les fruitières, on réunit souvent jusqu'à cent vaches, et, dans la bonne saison, on manipule ordinairement chaque jour de trois à quatre cents litres de lait. Les laiteries communes et leur mobilier, qui forment le fonds commun de la société, sont quelquefois très-belles et très-coûteuses. J'emprunte à un publiciste conservateur, M. Baude, quelques détails sur la constitution de ces sociétés :

« Elles sont, dit-il, quelquefois fort nombreuses. Voici les conditions qui se reproduisent le plus fréquemment dans leurs actes constitutifs. Les intérêts communs sont gérés par une commission nommée à temps par l'assemblée des sociétaires et choisissant un secrétaire-trésorier. La commission prononce des amendes, et même l'exclusion temporaire ou définitive, contre les associés coupables de négligence ou de fraude. Un associé peut toujours se retirer en abandonnant sa part dans le mobilier commun ; cet abandon est une conséquence de l'exclusion. La commission juge les différends entre associés ; tous ses jugements sont sans appel. Elle peut admettre de nouveaux sociétaires, et les héritiers succèdent à tous les droits ou obligations de leurs auteurs. Le registre des délibérations de la commission, les comptes en matières et en deniers, sont ouverts à tous les sociétaires ; un compte général leur est annuellement rendu. Chaque sociétaire peut garder le lait nécessaire à son ménage, mais non l'écrémer ou fabriquer du fromage et du beurre. Le lait est porté frais, en deux traites, soir et matin, à la fruitière ; celui des bêtes malades ou fraîchement vêlées est exclu. La commission a droit de police sur les étables ; elle est informée de toutes les mutations qui y surviennent. Les contraventions et les peines dont elles sont passives sont définies dans les statuts ; ceux-ci peuvent être modifiés par l'assemblée générale. Tantôt les ventes se font en commun ; tantôt les sociétaires se distribuent les fromages en nature. On s'accorde généralement à trouver le premier mode le plus avantageux ; lorsqu'on y recourt, chaque sociétaire peut se faire délivrer, au prix courant, la quantité de fromage reconnue nécessaire à son ménage. Le *serai* est ordinairement consommé de cette manière. »

On voit que les fruitières sont de véritables associations formées pour une spécialité de travaux, mais il faut reconnaître qu'elles sont surtout des associations de capitaux, puisque la plus grande partie du travail s'y fait par des salariés ; néanmoins leur succès est un enseignement pratique qu'il ne faut pas négliger.

Un autre mode d'association, qui, sans avoir beaucoup de fécondité pour l'avenir, a de l'intérêt pour le présent, comme palliatif, est l'association des ouvriers pour l'entreprise en commun de divers travaux agricoles, soit qu'il s'agisse de travaux extraordinaires, comme de creuser des fossés, d'abattre des bois, d'arracher des brandes, soit qu'il s'agisse de sarclages, de binages à la main, et de récoltes de toute sorte. — Dans beaucoup de nos grandes fermes on tend de plus en plus à traiter à forfait pour tous ces travaux, et en Angleterre cet usage est devenu général. Or, qu'est-il arrivé dans ce dernier pays ? C'est que partout il s'est interposé entre le fermier et les travailleurs un nouvel intermédiaire, un entrepreneur, un marchandeur, qui traite en bloc pour tout le travail, et le fait ensuite exécuter à vil prix par des malheureux dont il exploite la misère. Il y a même des individus qui n'ont pas d'autre métier que de se livrer à ces sortes d'entreprise ; on les appelle les *master-gang* (maîtres de bande). Ils s'en vont recruter des ouvriers au loin, partout où ils savent que le travail manque, et ils les transportent ensuite de ferme en ferme. M. Ledru-Rollin, dans sa *Décadence de l'Angleterre*, a tracé, d'après les auteurs anglais eux-mêmes, le plus sombre tableau du dénuement et de la dégradation des bandes d'ouvriers nomades, qui sous les ordres de ces maîtres, comme de vrais esclaves, vont ainsi jusque dans les campagnes les plus reculées faire une concurrence désastreuse aux ouvriers de la localité. Pour arrêter en France le développement d'un semblable fléau, le meilleur moyen assurément serait de substituer dans notre agriculture au marchandage proprement dit, qui commence à s'y acclimater, le marchandage par association, qui s'est déjà établi, comme on l'a vu plus haut, dans beaucoup de travaux publics.

Je n'ai encore parlé que des moyens d'introduire l'association dans l'agriculture pour divers travaux accessoires, comme un auxiliaire du travail du propriétaire, de l'entrepreneur ou du salarié ! Venons-en maintenant aux sociétés agricoles proprement dites, où le travail tout entier se fait par association.

Comment ces sociétés se formeront-elles ? Comment se procureront-elles leur premier capital social ? Comment obtiendront-elles l'usage de la terre, de ce grand instrument de travail que Dieu a donné *gratis* à l'humanité, mais dont la possession dans nos sociétés civilisées n'appartient plus qu'à la richesse accumulée ?

Pour bien traiter cette question, il faut distinguer entre la grande et la petite propriété.

Dans ce dernier cas, quand la terre est très-divisée et est cultivée par les propriétaires eux-mêmes, l'association peut se former immédiatement entre ces propriétaires qui, par la réunion de leurs nombreuses parcelles, se créeront d'assez vastes exploitations et obtiendront ainsi, malgré la dispersion de leurs champs, la meilleure partie des avantages attachés à la grande culture.

Les terres apportées par chaque sociétaire seraient estimées et devraient être représentées par des actions, qui donneraient droit à une partie des produits ou des bénéfices. Mais pour que l'institution porte tous ses fruits, il importe beaucoup qu'une autre partie des bénéfices ou des produits soit consacrée au remboursement du capital de ces actions, de manière à les amortir successivement et à acquérir peu à peu à l'association elle-même la propriété complète de son capital foncier.

Des associations de cette nature auraient beaucoup de chances de réussir, et l'on peut même dire qu'elles sont nécessitées aujourd'hui dans beaucoup de communes, et le seront de plus en plus par l'émiettement de la propriété agricole. « Quand le morcellement du sol aura porté tous ses fruits, écrivait il y a douze ans déjà un économiste officiel que le monde capitaliste n'a jamais eu pour adversaire ; quand le morcellement du sol aura porté tous ses fruits, et qu'à la suite de dommages évidents on reviendra de la culture émiettée à la grande culture, un autre pas se fera dans la voie d'une alliance entre les intérêts humains. De la propriété parcellaire naîtra l'ASSOCIATION TERRITORIALE. »

En s'exprimant ainsi, M. Louis Reybaud ne faisait que prévoir et annoncer par avance une réforme rationelle, dont la nécessité frappe tous les esprits éclairés, et à laquelle il faudra bien arriver tôt ou tard, quand la gravité du mal forcera d'y porter un remède.

Pour la culture de la vigne notamment, cette réforme serait en beaucoup de pays d'un établissement facile et d'une utilité immédiate. Sans parler même de l'amélioration de la culture, ces sociétés, en effet, auraient ces grands avantages sur les particuliers isolés, d'avoir de meilleurs pressoirs et de meilleures caves; par suite, de mieux fabriquer le vin et de mieux soigner le produit, et surtout de pouvoir attendre le moment favorable pour la vente, parce qu'elles trouveraient plus aisément à emprunter auprès des banques locales. Les producteurs seraient ainsi délivrés de l'oppression de ces capitalistes qui pullulent dans tant de vignobles, qui achètent pour rien dans les années d'abondance le vin du pauvre cultivateur, pour le revendre très-cher quelques années après, et qui, sans jamais travailler eux-mêmes, accaparent de cette façon, par de pures spéculations, le plus net de la richesse du pays.

Pourtant il ne faut pas se dissimuler que ces associations de petits propriétaires rencontreront beaucoup d'obstacles ; mais ces obstacles ne naîtront pas de la difficulté de l'entreprise en elle-même, ils se rencontreront, comme je l'ai déjà dit, dans l'esprit actuel du paysan français, et surtout dans cette passion de la terre qui le dévore, dans cette jalousie de la propriété, qui est à la fois le mobile le plus énergique de son travail et la cause trop fréquente de sa misère.

Pour que la réforme s'opère dans les faits, il faut avant tout qu'elle se fasse dans les esprits. Il faut que le paysan s'éclaire davantage, non pas seulement par l'expérience de la mauvaise fortune, mais par l'instruction et la réflexion. Il faut qu'il comprenne à la fois les inconvénients du morcellement excessif et les avantages qu'offre l'association tant pour la culture que pour la vente des produits et pour le crédit. Ce n'est qu'à mesure que ces progrès s'accompliront dans l'intelligence des populations rurales, que l'association des propriétés et des propriétaires pourra s'étendre et se multiplier.

Combien faudra-t-il de temps pour ce travail ? Je ne sais. Ce qui doit donner bon espoir, c'est qu'il y a quinze ans, les ouvriers de Paris et des grandes villes n'étaient pas plus avancés sur cette question que nos paysans de 1850, et qu'aujourd'hui il y en a des milliers qui vivent sous le régime de l'association. Qui pourrait dire, sous l'action de l'enseignement démocratique qui pénètre partout, où en seront arrivés à leur tour les ouvriers des campagnes, après que quinze autres années se seront écoulées?

Voilà pour l'association dans la petite culture. Quand à la grande et même à la moyenne culture, et en général, toutes les fois que la terre n'est pas exploitée par le propriétaire lui-même, le procédé pour fonder l'association doit être différent.

Le but, en effet, n'est pas d'associer des terres, des capitaux, mais des hommes. Or comme ici la culture ne se fait que par des fermiers ou des colons partiaires, par des locataires à un titre quelconque, et par les salariés qu'ils emploient, c'est à ces hommes qu'il faut s'adresser, et non plus aux propriétaires; c'est eux qu'il faut associer.

En d'autres termes, la première chose à faire dans le cas où nous sommes est de constituer le fermage par association.

L'association n'aura donc plus dans ses débuts à demander la propriété des terres à cultiver; elle n'aura qu'à chercher des terres à affermer, et elle n'aura besoin que des fonds, très-différents selon les pays, qui sont nécessaires aux fermiers pour entreprendre la culture.

Réduite à ces termes, sans sortir de ces limites, l'association rendrait déjà à l'agriculture et à la société entière des services immenses.

Ces services surtout seraient inappréciables dans les pays de grandes fermes, dans plusieurs des départements, par exemple, qui environnent Paris.

On ne sait pas assez combien, dans beaucoup de ces pays, la situation sociale est pleine de dangers et doit inspirer de tristes prévisions pour l'avenir.

On ne connaît pas assez l'hostilité profonde qui y sépare le gros fermier, l'entrepreneur, des journaliers et des domestiques qu'il salarie.

On ne sait pas assez combien le premier a souvent de morgue et de dureté, et combien pour la plupart les seconds manquent de cette générosité d'âme qui ferait pardonner les plus grands torts aux ouvriers des villes.

Dans ces pays de grande culture, où les propriétaires ne sont souvent connus que de nom et par la rente toujours croissante qu'ils exigent, où en tout cas ils ne forment qu'une minorité peu influente, dans ces pays les fermiers et les salariés, les entrepreneurs et les prolétaires restent seuls en présence, comme les fabricants et leurs ouvriers dans les cités industrielles. Dans les deux cas, c'est le même régime; c'est la même ligne de démarcation, également infranchissable à la ville et à la campagne; c'est la même lutte de l'orgueil et de la cupidité d'un côté contre l'envie et la haine de l'autre; c'est la même hostilité, — avec cette circonstance aggravante pour les campagnes, que dans chaque localité les ressentiments et les rancunes des opprimés portent moins sur une classe que sur un individu, sur un nom.

Il n'y a pas d'exagération à dire qu'en beaucoup de cantons couve ainsi entre les différentes classes de producteurs la plus détestable des guerres civiles, et que cette guerre peut éclater tout d'un coup, à la première occasion, si par de promptes réformes on ne se hâte d'en prévenir l'explosion.

Est-il nécessaire d'ajouter maintenant que la culture souffre énormément de cet état de choses? En règle générale, il est au moins aussi difficile d'obtenir sans contrainte un bon travail des salariés des grandes fermes que des salariés des grandes fabriques. Aussi, malgré la division des travaux et l'organisation hiérarchique qui s'introduit de plus en plus dans ces établissements ruraux à l'instar des établissements industriels, les fermiers qui les dirigent ont-ils besoin, pour les faire marcher, d'une surveillance infatigable qui dégénère souvent en oppression.

Or, l'association dans le fermage serait le remède à tous ces maux.

Des cultivateurs associés travailleraient mieux que des salariés.

L'union s'établirait naturellement par la fusion des intérêts.

L'ignorance et la grossièreté des mœurs s'effaceraient progressivement par l'influence salutaire du régime de l'association.

Le bien à faire est donc immense ; mais il faut avouer que les éléments propres à y être employés sont encore peu puissants. La bonne volonté manque chez les fermiers, et l'intelligence n'est pas assez élevée chez leurs ouvriers, qu'on appelle des domestiques. Il en est ici comme pour la moisson de l'Evangile, qui était très-riche, mais où les travailleurs étaient très-peu nombreux. Dans un avenir prochain, j'aperçois pourtant poindre une classe nouvelle sur laquelle j'aime à compter pour la récolte de cette moisson. Cette classe est la jeunesse intelligente qui aura puisé, dans l'enseignement et dans le travail des fermes-écoles, à la fois la connaissance de la théorie et l'expérience de la pratique agricole. Que l'esprit et l'amour de l'association pénètrent dans l'enseignement professionnel de l'agriculture, et chaque ferme-école deviendra bientôt une ruche féconde, d'où sortira chaque année un petit essaim de pionniers, par qui le progrès social se réalisera dans nos campagnes en même temps que le progrès agricole.

Il est encore une autre classe dont le concours serait très-utile pour l'établissement des associations agricoles et qui devrait s'y prêter volontiers, ne fût-ce que par ambition ou par prudence. Les grands propriétaires, c'est d'eux que je parle, ne doivent-ils pas tenir à se faire pardonner par des services rendus les énormes priviléges dont ils jouissent ? La richesse oblige, comme la noblesse, comme la possession de tout pouvoir, et la première obligation qu'elle impose est d'en user de manière à améliorer la condition des hommes sur lesquels elle donne autorité. Et d'ailleurs, sans parler d'intérêt, sans parler même des stricts devoirs de la richesse, combien, parmi les grands propriétaires fonciers, ne se trouve-t-il pas d'âmes généreuses, de cœurs bien placés, d'hommes tout prêts à venir au secours de leurs semblables, et qui consacrent chaque année une notable portion de leurs revenus au soulagement de la misère! Or, il faut que ces propriétaires le comprennent et en soient bien convaincus. En louant leurs domaines à des associations, qu'ils aideraient et patroneraient dans leurs premiers essais, ils feraient certainement un acte de charité sociale plus éclairé et plus fécond qu'en vidant toute leur bourse dans le gouffre de l'aumône, ce gouffre qui se creuse toujours davantage à mesure qu'on l'emplit.

Malheureusement, les pays où la nécessité d'introduire l'association dans le fermage presse le plus, afin de conjurer l'hostilité des classes agricoles, sont aussi ceux où la culture, à cause de son avancement et de sa richesse, exige des fermiers les plus grosses avances. Dans certaines contrées du nord ou des bassins de la Seine, on n'évalue pas à moins de 300 fr. par hectare le capital de cheptel, c'est-à-dire les instruments, le mobilier, les animaux de travail et de rente, tout le capital mobilier en un mot, qui est attaché à l'exploitation et que le fermier fournit seul. En y joignant une somme de 200 fr. de capital circulant, tant pour entretenir et payer les travailleurs jusqu'à la vente des récoltes que pour parer aux éventualités des mauvaises années et assurer le payement des premiers termes du fermage, on trouve donc que dans ces contrées c'est une somme de 500 fr. par hectare dont doit disposer librement le fermier à son entrée en ferme pour bien mener son entreprise, soit 100,000 fr. pour une ferme de deux cents hectares.

Or, la difficulté de se procurer la disposition de ce capital est d'autant plus grande aujourd'hui, d'autant plus invincible, que le crédit agricole (je ne parle pas du crédit *foncier* au profit du propriétaire, mais du crédit *agricole* au profit du cultivateur non propriétaire), que ce crédit n'existe pas du tout et ne peut pas même exister sous notre législation actuelle. La loi, en effet, consacre en faveur du propriétaire, sur le prix des récoltes et sur tout ce qui garnit la maison louée et la ferme, un privilége spécial qui milite, non pas seulement pour les termes échus, mais pour tous les termes à échoir du fermage; de sorte que tout le capital industriel du fermier se trouve engagé au profit d'un seul créancier. Comment, dans cette situation, trouver encore des prêteurs? Evidemment ce privilége exorbitant interdit aux fermiers tout accès au crédit, et je regrette d'ajouter qu'il paraît devoir le leur interdire longtemps encore. Ce qui peut le faire craindre du moins, c'est que, dans la récente discussion de l'Assemblée nationale sur la réforme hypothécaire, il ne s'est pas trouvé, même à l'extrême gauche, un seul représentant pour en demander l'abrogation ou au moins la restriction.

Donc, dans les données actuelles, et en attendant une réforme hypothécaire radicale, une association pour le fermage est presque impossible à constituer dans ces grands établissements, à moins du concours bienveillant d'un propriétaire qui, pour participer à l'honneur de cette fondation, consente à lui fournir une grande partie de son capital de cheptel.

Sur ce terrain, comme sur celui des grandes fabriques, avec lequel il a tant de ressemblance, le seul progrès facilement réalisable dans le moment actuel, par les efforts des citoyens, sans l'intervention de l'Etat, serait l'association du fermier-patron avec ses ouvriers, de manière à assurer à ceux-ci une certaine part, — sinon dans l'administration, ce qui serait pourtant très-désirable, — du moins dans les bénéfices et dans les produits; je dis *dans les produits*, parce que l'imperfection de la comptabilité agricole ne permet pas toujours de connaître au juste les bénéfices. Tout fermier peut tenter cette amélioration, et j'ose assurer qu'il s'en trouvera bien, même pour ses intérêts pécuniaires, et qu'il apprendra bien vite la différence de valeur du travail d'un salarié au travail d'un intéressé.

Mais si l'établissement des sociétés fermières rencontre tant d'obstacles dans les quelques contrées où la culture est perfectionnée et exige beaucoup d'avances, il devient, au contraire, comparativement facile dans les autres pays où la culture est beaucoup moins coûteuse et les fermiers beaucoup moins riches. Pour les terres à blé où l'on a conservé l'ancien assolement triennal avec jachère, on n'évalue pas d'ordinaire à plus de 60 fr. par hectare le capital fixe (instruments et cheptel). La rente de la terre, d'ailleurs, est plus faible. Aussi les fermiers n'ont-ils plus besoin, pour commencer avec chance de succès, que d'un capital de 100 fr. par hectare, soit 20,000 fr. pour une ferme de deux cents hectares. Et encore la plupart sont-ils loin de disposer de sommes aussi considérables. Dans ces contrées, le fermage par association pourrait d'autant mieux réussir qu'il amènerait naturellement l'amélioration rapide de la culture.

Enfin, il est d'autres contrées où ce mode de fermage aurait encore beaucoup plus de facilité à s'établir; ce sont celles où le capital d'exploitation appartient tout entier ou presque tout entier au propriétaire, qui le livre au cultivateur à titre de cheptel, en même temps que le domaine. C'est ainsi notamment que les choses se passent dans la plus grande partie du midi, dans presque tout l'ouest et dans une partie du centre de la France où le bail à métairie est seul connu. Dans toutes ces contrées, qui forment au moins le tiers de notre sol, — et il en est de même dans quelques contrées à fermage, par exemple dans divers cantons du département de l'Indre, — les cultivateurs n'ont pas besoin d'avances; ils n'apportent que leurs bras, leur bonne volonté, leurs connaissances et leur expérience. Les instruments, le bétail, appartiennent au propriétaire du fonds. Dans une telle situation, évidemment l'association n'exige plus de grands efforts pour sa fondation; elle ne dépend plus que du consentement de quelques propriétaires et surtout de l'intelligence et de la bonne volonté des cultivateurs eux-mêmes.

Dans beaucoup de ces localités, l'association pour le fermage passerait même d'autant plus vite dans les mœurs qu'elle y trouverait le terrain préparé par d'anciennes coutumes qu'il ne s'agit que de rajeunir. Souvent pour l'exploitation des métairies, il existe entre le père et les enfants, entre des frères, entre des parents ou alliés, de véritables associations, où tous les cultivateurs prennent part au profit de la culture et où le partage se fait, non pas par tête, mais en proportion du nombre et de la force des travailleurs fournis par chacune des familles dont les chefs sont associés. Sur ces débris d'anciennes coutumes, rien de plus facile assurément que d'enter l'institution nouvelle.

Le colonage partiaire, ainsi établi au profit d'une association, ne manquerait pas, d'ailleurs, au bout d'un certain temps, de se transformer en fermage, toujours par association. Par cette évolution naturelle, toutes les vastes contrées où le bail à métairie entrave encore le progrès de l'agriculture, arriveraient donc immédiatement au meilleur, au plus perfectionné des modes de fermages, sans avoir à passer par la pénible transition du fermage ordinaire, qui a produit à la fois tant de bien et tant de mal partout où il s'est établi.

Je n'ai voulu parler dans ce chapitre, je le répète, que des moyens de fonder l'association dans les campagnes ; voilà pourquoi je me suis arrêté si longtemps sur les sociétés fermières ; mais il doit rester bien entendu que ces sociétés auraient pour but final de devenir propriétaires et qu'après avoir acquis le capital nécessaire à l'exploitation d'un ou de plusieurs domaines, elles entreprendraient l'acquisition progressive des domaines eux-mêmes, de manière à en éteindre la rente et à amener ainsi le règne complet de l'association.

Peut-être devrais-je traiter encore ici d'une sorte

d'association agricole, dont la fondation offrirait peu de difficultés ; je veux parler des associations pour la culture maraîchère, qui occupe tant de bras dans les environs des grandes villes. Mais je me contenterai de l'indiquer en passant, pour arriver enfin à un point capital de mon sujet, à l'emploi des biens communaux pour la fondation des associations agricoles.

CHAPITRE III

SUITE DU MÊME SUJET. — LES COMMUNAUX.

D'après les derniers renseignements fournis par l'administration, la contenance totale des biens communaux non affectés à un service public s'élève à 4,718,656 hectares, c'est-à-dire presque à la dixième partie du sol imposable, qui est de 49,863,609 hectares et à la douzième du sol total qui comprend environ 54 millions d'hectares.

Sur cette énorme masse de biens communaux, une fraction relativement minime se compose de terres cultivées et d'herbages, qui sont affermés par adjudication comme les biens des hospices et autres établissements d'utilité publique. Les bois forment une autre fraction beaucoup plus considérable ; ils sont évalués à 1,593,084 hectares, dont, il est vrai, 958,089 seulement sont aménagés et exploités régulièrement. Enfin, la fraction la plus considérable de beaucoup se compose de pâtures, de terres vaines et vagues ; ce sont les communaux proprement dits, qui montent à 2,792,803 hectares, c'est-à-dire aux trois cinquièmes du tout. En y joignant les bois non aménagés, qui s'élèvent à 734,975 hectares, on arrive donc à un total de plus de 3 millions et demi d'hectares qui sont abandonnés à la jouissance indivise.

Ces communaux se partagent d'une manière fort inégale entre les communes ; quelques-unes n'en ont pas du tout, ou, pour mieux dire, n'en ont plus, soit qu'elles en aient été dépouillées autrefois par les seigneurs, soit que pendant la révolution elles les aient partagés; la plupart en ont une petite étendue, divisée en parcelles et consistant surtout en pacages situés aux carrefours des chemins ; un grand nombre, dans les diverses parties de la France, en possèdent des étendues considérables, souvent d'un seul tenant.

Quant à la qualité des terres, elle est souvent mauvaise, il faut le reconnaître; dans plusieurs départements elle se compose surtout de landes, de bruyères, de graviers, de brandes, qui semblent condamnées à une stérilité éternelle. Mais s'il en est ainsi pour une partie des communaux, pour une autre partie, au contraire, et une partie très-considérable, que je ne saurais évaluer exactement parce que les documents manquent, mais qui doit s'éléver environ au tiers de la masse, pour un million d'hectares au moins, on peut dire hardiment que leur qualité n'est pas inférieure à la moyenne de celle des terres voisines et qu'ils doivent récompenser largement le travail du cultivateur.

Or, aujourd'hui la presque totalité de ces communaux, les bons comme les mauvais, sont encore complétement incultes. Jamais ils n'ont été touchés par le soc de la charrue ni par la bêche ; jamais ils n'ont été amendés ; jamais ils n'ont été nivelés ; jamais aucuns travaux n'y ont été faits pour l'écoulement des eaux. Consacrés à un pâturage sans règle, ils n'offrent au bétail qu'une herbe insuffisante dont la nature a fait tous les frais. En un mot, le travail humain n'a pas passé là et la sauvagerie primitive y règne encore.

Quel acte d'accusation contre l'insouciance et l'incapacité des municipalités que ce spectacle de stérilité et de misère !

Eh quoi ! la France ne suffit pas à la nourriture de ses habitants et ne leur offre pas de travail à tous, si bien que beaucoup de Français vont chercher au loin des moyens d'existence dans le défrichement des terres africaines ou américaines, et sur notre propre sol, au milieu de nos cultures, nous laissons improductifs des millions d'hectares, dont les récoltes pourraient augmenter d'un vingtième notre richesse agricole.

Ah ! il faut le reconnaître avec tous les publicistes, tous les économistes qui ont étudié le problème, il y a devoir, il y a urgence, on peut dire qu'il y va de notre honneur de conquérir enfin les communaux à la culture, d'effacer de notre sol cette tache de barbarie qui le souille.

Mais pour en arriver là, faut-il, comme la plupart des économistes le prétendent, détruire la propriété communale elle-même ? Faut-il tout simplement partager les communaux entre les habitants ou bien les vendre ? C'est ce que je n'admets pas du tout et ce que n'admettent pas non plus tous les hommes qui veulent tenir compte à la fois de tous les intérêts engagés dans la question.

Les intérêts qu'on néglige, en effet, sont tout à la fois ceux de la commune, ceux de l'avenir et ceux des pauvres.

Sans doute aujourd'hui les communaux sont pour les communes comme des mines mal exploitées ou pas exploitées du tout, qui ne donnent que très-peu de produits ; mais dans l'avenir, avec un meilleur mode d'exploitation, ils peuvent en donner d'immenses.

Or, que dirait-on d'un père de famille qui, possesseur d'une semblable mine, irait la vendre ou l'abandonner sans y être contraint, au lieu de chercher à l'améliorer et de la conserver pour l'avenir ?

On veut vendre et partager les communaux. Soit ! Les

habitants actuels en bénéficieront, je l'accorde; mais dans l'avenir, où seront les ressources de la commune, quand elle se sera ainsi dépouillée, quand il ne restera plus le moindre vestige d'un bien commun, quand cette terre que Dieu a donnée à tous les hommes indistinctement aura tout entière été marquée du sceau de la propriété privée?

Je veux bien croire que, par le fait même de cette appropriation, la terre vaudra davantage, et qu'un assez grand nombre de particuliers se seront enrichis; mais la commune se sera appauvrie. Quand même elle recevrait un certain prix de vente, ce prix serait bientôt dévoré.

Et alors, quand par le cours naturel des choses des citoyens tomberont dans l'indigence, s'il se forme une nouvelle classe de pauvres, que deviendront-ils? Faudra-t-il pour les secourir lever un nouvel impôt, une taxe des pauvres, qui frapperait à la fois sur tous les habitants de la commune, sur ceux qui n'auraient pas profité du tout comme sur ceux qui auraient profité le plus de l'aliénation de ses biens? Ce serait une injustice évidente. Et puis les impôts sont déjà si exagérés! Et puis une taxe des pauvres a tant d'inconvénients! Donc, on ne lèvera pas de nouvel impôt, et les pauvres seront abandonnés à leur dénuement et à leur misère, comme ceux de tant de communes qui ont ainsi mangé leur capital.

Combien alors ces indigents n'auront-ils pas lieu de regretter ces communaux, dont les fruits sont bien maigres sans doute, mais du moins sont à la portée de tout le monde!

Les communaux, en effet, tels qu'ils sont, dans leur abandon actuel, fournissent encore une ressource très-précieuse aux indigents, et même à beaucoup de petits propriétaires qui sont souvent plus indigents que les prolétaires. C'est grâce au communal que le plus pauvre ménage peut avoir sa vache, ou ses quelques brebis ou ses chèvres. C'est sur le communal que la petite culture, à laquelle le fourrage manque toujours, se procure un supplément de nourriture pour quelques têtes de bétail.

Certes les secours que les bureaux de bienfaisance distribuent aux nécessiteux des villes sont bien loin de valoir l'assistance que les nécessiteux des campagnes trouvent ainsi dans la jouissance des communaux, d'autant plus que cette jouissance n'est pas une aumône, mais un droit.

La propriété communale, c'est le bien de ceux qui n'en ont pas d'autre. Faut-il donc le leur ravir?

En droit, d'ailleurs, les biens communaux n'appartiennent pas aux individus qui, à un moment donné, habitent une commune; ils appartiennent à la commune elle-même, cette personne morale qui ne meurt pas et se perpétue à travers les siècles. Les lui prendre pour les distribuer entre les habitants actuels, ou pour les vendre à leur profit, serait tout simplement violer le droit de propriété, en sacrifiant les générations à venir, en spoliant les indigents futurs.

Donc il ne faut ni vendre ni partager les communaux.

L'argument qu'on tire du déplorable état de nos communaux contre la propriété communale elle-même, et contre toute propriété impersonnelle, n'est pas un argument fondé. Il n'est pas vrai, comme on le prétend, que les propriétés communes ne soient pas susceptibles d'une bonne exploitation. La preuve en est dans l'excellent état d'entretien de beaucoup de biens qui appartiennent à l'État, ou aux communes elles-mêmes ou à des établissements publics, et notamment des bois soumis à l'administration forestière, qui sont beaucoup mieux cultivés, produisent plus et coûtent moins que ceux des particuliers. La stérilité, l'improductivité actuelle des communaux ne provient pas de ce qu'ils sont une propriété commune; elle provient du mode de jouissance auquel ils sont soumis, de cette jouissance indivise, triste héritage de la barbarie gauloise ou germaine, qui assure à tous le même avantage sans récompenser le travail de personne.

En somme, il faut donc respecter la propriété communale; mais il faut changer le mode de jouissance.

C'est dans ce double but qu'on a proposé d'amodier, de louer les communaux, et cette opération a même été exécutée dans un assez grand nombre de communes.

Évidemment, une semblable réforme n'a pas les vices de la vente ni du partage; elle assure également le défrichement du sol, mais sans enlever sa propriété à la commune, et tout en réservant les droits de l'avenir. Voilà ses mérites; mais elle a aussi son très-mauvais côté.

Il ne faut pas oublier ce que j'ai établi plus haut, que les communaux sont surtout le bien des pauvres. Or, il est certain que, par la location de ces terres, les pauvres y perdraient les bénéfices très-réels qu'ils en tirent, et dont ils jouissent seuls, pour ne recueillir qu'une part très-minime dans les avantages que procurerait à la commune l'augmentation de ses revenus. A quoi, en effet, servirait surtout cette augmentation des recettes communales? à bâtir des édifices ou à percer des routes, qui servent à tout le monde sans doute, mais surtout aux plus riches, tandis que les communaux servent presque exclusivement aux plus pauvres.

Ainsi ces derniers seraient toujours spoliés.

Cette injustice est si réelle, elle a été si bien sentie, que pour y parer on a demandé, et qu'à la dernière Assemblée constituante, en 1848, une commission spéciale a proposé de diviser les communaux par petits lots et d'en louer un à chaque chef de famille, à la charge d'une redevance inférieure au revenu réel. Le loyer aurait duré de douze à vingt-quatre ans. En cas d'insuffisance dans le nombre des lots, les moins aisés parmi les habitants auraient eu la préférence.

Cette combinaison, qui est passée en usage dans certaines contrées, garantit en effet les droits de l'indigence; mais outre qu'elle a le tort de confier le soin du défrichement aux gens les moins propres à s'en bien acquitter, à des gens dépourvus de capital, qui souvent sont obligés d'aller s'engager hors de chez eux, à l'année, en ne laissant que des femmes à la maison, outre cet inconvénient, elle a l'inconvénient plus grave d'augmenter encore le morcellement de la terre, qui, dans tant de pays, a déjà fait beaucoup trop de progrès. Ce morcellement trouve aujourd'hui quelque correctif dans l'existence du communal, qui permet aux petits cultivateurs de nourrir quelques têtes de bétail de plus. Enlever ce correctif, supprimer le pâturage commun et le diviser en mille parcelles, qui seraient souvent trop petites pour être cultivées autrement qu'à la bêche, et qui, en tout cas, ne serviraient plus à la nourriture du bétail, émietter ainsi les cultures et diminuer la quantité du fourrage, assurément ce système n'est pas heureux au point de vue du progrès de la production ni de la bonne constitution de l'atelier agricole.

En voyant ainsi s'accumuler les difficultés et les objections de toute nature, chaque fois qu'on propose un moyen nouveau de trancher le problème de la mise en culture des communaux, on s'explique comment, malgré les désirs et les efforts de tant de législatures et de tant de gouvernements, ce problème est resté sans solution, depuis si longtemps qu'il est posé.

Or, j'ose dire que pour garantir et concilier tous les intérêts qui y sont engagés, ceux de la commune et des pauvres comme ceux de la production, la seule solution rationelle et démocratique, la seule solution juste et progressive est de *consacrer les communaux à l'association agricole.*

Faire de la propriété communale la première dot des sociétés agricoles, qui, sans priver aucun des communiers de leurs droits, et même en payant des redevances à la commune, défricheront cette propriété inculte et l'exploiteront avec toutes les ressources de l'association; voilà l'idée capitale sur laquelle j'appelle la méditation de tous les partisans de la réforme sociale! Voilà le seul moyen que je connaisse d'arracher les communaux à la jouissance indivise, sans en priver les indigents et sans les morceler! Voilà aussi le seul moyen d'implanter rapidement l'association sur notre sol, sans faire de tort à personne!

La réalisation de cette idée présentera sans doute des difficultés; mais en la modifiant dans les détails d'exécution, suivant les circonstances et suivant les coutumes locales, toute administration municipale jouissant de la confiance de la population, pour peu qu'elle ait de patience, surmontera aisément ces obstacles.

Le cas le plus simple sera celui où l'on pourra transformer en prairie naturelle un communal de médiocre étendue servant de pâturage à une commune ou à une section de commune. Cette transformation exigera d'abord quelques travaux assez considérables pour le nivellement du sol, pour les clôtures, pour l'établissement des rigoles, pour des plantations; mais elle n'exigera pas de bâtiments, et une fois la prairie bien close, les travaux d'entretien seront presque nuls. La fenaison seule prendra du temps et demandera beaucoup de bras.

Or, dans ce cas, pour établir l'association, il s'agirait simplement d'instituer entre tous les chefs de famille, tous les détenteurs d'un *feu*, ayant droit à la jouissance du communal, un syndicat analogue à celui que forment les propriétaires de biens exposés aux inondations pour s'en garantir, et les propriétaires de marais pour les dessécher.

A cet effet, tous les ayants droit au communal nommeraient parmi eux un syndic, qui, sous sa responsabilité personnelle, serait chargé de distribuer entre eux les travaux et les produits. Pour rendre la responsabilité du syndic plus réelle, il lui serait alloué quelque indemnité, par exemple un prélèvement à faire sur les produits en nature. Il y aurait, en outre, dans le sein de l'association, un conseil de famille, adjoint au syndic et chargé de le surveiller, et qui formerait aussi un jury pour décider, sauf appel au juge de paix, toutes les contestations entre les communiers. Syndic et conseil de famille seraient renouvelés de temps à autre, par exemple tous les ans à un jour fixe. Ils seraient indéfiniment rééligibles.

Presque jamais, dans le cas d'une prairie communale, il n'y aurait lieu à une dépense en argent; pourtant, s'il y avait quelques achats à faire, de semences par exemple, ou de pieds d'arbres, ou de marne, de chaux pour amender la terre, il suffirait pour les solder que le syndic, avec l'autorisation du conseil, vendît une partie de la récolte.

Quant aux travaux, ils se partageraient également entre les communiers. On commencerait par évaluer les journées et demi-journées soit d'hommes, soit de chevaux, d'ânes, de bœufs, de voitures, comme pour les prestations, et même en en suivant le tarif si l'on voulait. Cette évaluation faite, rien ne serait plus facile au syndic que de distribuer les travaux de manière que chacun des communiers y participât également. Etant supposé par exemple qu'une journée de charrette fût évaluée au double d'une journée d'homme, le communier qui aurait fourni sa charrette pendant un jour pour rentrer les foins, en la conduisant lui-même, aurait donné autant de travail que le communier qui aurait travaillé de ses bras pendant trois jours à la fenaison. Les travaux d'entretien des clôtures, rigoles, canaux, chemins, se faisant surtout dans la morte saison, n'entraîneraient aucune difficulté.

A moins de droits acquis, d'usages anciens et reconnus, le partage devrait se faire par tête entre tous les travailleurs, puisque tous auraient travaillé également. Si les uns, au contraire, avaient travaillé plus que les autres, il devrait se faire en proportion du travail fourni. Tout communier qui aurait manqué au travail, serait privé de sa part de produit, à moins de justifier d'un empêchement pour cause de maladie ou d'infirmités. Dans ce cas et pour ce cas seulement, la justice et l'humanité veulent qu'on l'excuse.

Comme le partage se ferait en nature, il pourrait s'effectuer sur la prairie même ; il pourrait aussi se faire par charretée. La portion de chacun serait transportée tout droit chez lui, dans son grenier. S'il s'élevait des difficultés sur le partage, ce qui se présenterait surtout à cause des différentes qualités du foin, elles seraient tranchées par le conseil de famille. Au besoin, on pourrait tirer les lots au sort.

Evidemment, une organisation aussi simple ne demande pour s'établir dans beaucoup de localités que la bonne volonté de quelques citoyens éclairés.

J'en appelle à l'attention du lecteur. Je le supplie de méditer ce projet, et je lui demande s'il y trouve rien qui dépasse la capacité intellectuelle et morale des populations rurales les moins avancées.

Mais cette organisation pourrait-elle s'appliquer à des cas plus compliqués, à des créations plus importantes, quand il ne s'agirait plus seulement d'une prairie, mais bien de labourage, de céréales, de cultures de toute sorte, quand il s'agirait en un mot de fonder des fermes? Je le crois. Je crois que sur la même base d'un syndicat électif, l'association peut s'établir dans tous les communaux de France, à condition seulement de certains développements et de certaines modifications que je vais essayer d'indiquer.

La difficulté capitale provient de ce que la mise en culture des communaux nécessite tout d'abord des travaux et des dépenses assez considérables, surtout pour la construction de quelques bâtiments et l'achat d'un fonds de cheptel en bestiaux et en outillage. Or, cette difficulté n'est sérieuse que pour le moment actuel ; elle sera levée sans peine, dès qu'un gouvernement sincèrement démocratique viendra prêter son concours à l'association et lui ouvrir les portes du crédit. Rien sans doute ne sera plus simple alors que d'obtenir, à un très-faible intérêt, sur l'hypothèque des communaux eux-mêmes, les fonds destinés à les féconder. Ces biens seront ainsi le gage de l'emprunt qui permettra d'en décupler la valeur. Quant au remboursement de cet emprunt, il se ferait par annuités, comme il doit toujours en être quand il s'agit de crédit agricole.

Certes, il n'y aura jamais d'emploi plus utile du crédit que dans une occasion semblable, où l'on sera assuré que la somme totale des emprunts sera consacrée à la mise en culture de terres abandonnées, et par conséquent à l'accroissement de la production agricole.

Donc le capital d'exploitation ne manquera pas.

Les obstacles financiers qui arrêtent l'essor de tant d'associations étant surmontés, l'association agricole, pour se constituer, n'aurait qu'à développer le syndicat électif où elle est contenue tout entière comme dans son germe. Le syndic, en effet, est un gérant, et les communiers sont des associés.

Dans le cas d'une prairie communale, le syndic, à qui l'on ne demandait qu'une surveillance passagère, ne recevait qu'une faible indemnité; maintenant que le travail de la ferme réclamera tout son temps, il devra être soldé, soit en argent, soit par une part du produit, comme le serait l'agent d'un propriétaire. Il pourra aussi se loger avec sa famille, et il sera même le plus souvent nécessaire qu'il se loge dans les bâtiments de la ferme; car c'est à lui que reviendra le soin de tout le cheptel, et la responsabilité qu'impose toujours l'acceptation d'un mandat pèsera sur lui.

Quand il ne suffira pas seul à l'exécution des travaux ordinaires, des travaux courants de la ferme, il lui sera adjoint, parmi les communiers, un ou plusieurs aides, qui seront également soldés.

Les travaux extraordinaires, au contraire, ceux qui exigent pour quelques jours beaucoup de bras, les moissons, par exemple, se distribueraient entre tous les communiers, comme pour la prairie communale.

Il reste toujours bien entendu, d'ailleurs, que le syndic n'agirait que sous la surveillance du conseil de famille, et que syndic et conseils seraient élus par tous les communiers, et ne le seraient que pour un temps assez court.

Quant au partage, il pourrait se faire en partie en nature et en partie en argent, après la vente des récoltes. En tout cas, il faudrait prélever les quantités ou la somme suffisante pour pourvoir au service des intérêts et à l'amortissement de l'emprunt, ainsi qu'à l'amélioration du fonds. Le surplus se partagerait entre les communiers, mais non pas d'une manière égale entre tous.

Remarquez, en effet, que dans le sein d'une association semblable, il y a deux catégories distinctes de membres : d'une part, le syndic et ses compagnons habituels de travail, qui consacrent tout leur temps à la ferme commune, qui sont les membres toujours actifs de l'association ; et d'autre part, les simples communiers, qui ne participent qu'aux travaux extraordinaires.

Or, pour recueillir tous les bénéfices de l'association, pour intéresser davantage les cultivateurs à la culture, pour se rapprocher plus de ce grand principe, que les fruits appartiennent à ceux qui les font croître, il importe beaucoup que sur tous les produits une part soit allouée au syndic et aux autres membres actifs qui travaillent toute l'année avec lui. Cette part pourrait être assez forte pour former toute leur solde, et devrait, en ce cas, se déterminer par la comparaison du nombre total des journées par eux fournies au nombre total de celles fournies par les simples communiers. Elle devrait, d'ailleurs, se partager entre eux en proportion de la valeur reconnue de leur travail, et les femmes, les jeunes gens, les enfants même, quand ils seraient employés à la culture, y auraient naturellement droit comme les hommes.

Quant aux simples communiers, ils se partageraient aussi leur lot en proportion du travail par eux fourni. Ceux qui n'auraient pas travaillé n'auraient rien, à moins d'excuse valable, comme il a été dit plus haut.

Il me semble qu'un plan semblable n'a rien d'inexécutable, qu'il n'exige pas trop de sacrifices, qu'il s'adapte assez bien aux mœurs et aux habitudes de la campagne, et que par suite il réunit toutes les probabilités du succès. J'y reconnais pourtant un défaut, qui est inévitable dans la circonstance; c'est que les associés ne se choisissent pas volontairement, qu'ils se trouvent liés par un fait indépendant de leur volonté, par le seul fait du voisinage et de la propriété commune d'un bien indivis; de là résulte évidemment une diminution des chances de concorde et de bonne entente, et par suite des chances de succès. Pour pallier cet inconvénient, il est nécessaire que l'autorité sociale, c'est ici le conseil de famille, ait le droit d'écarter de l'association les hommes de mauvaise volonté qui en troubleraient la marche. Seulement, pour la garantie des minorités, ces arrêts d'exclusion devraient toujours être sujets à appel ou à révision devant une autorité supérieure; et de plus, il pourrait être bon, dans ces circonstances, d'accorder aux exclus, sur les produits de la ferme, une redevance équivalente à ce que leur aurait valu la jouissance du communal avant la mise en culture. Cette tolérance, qui serait très-peu coûteuse, couperait court aux plaintes et autoriserait les conseils de famille à déployer plus de sévérité.

Du reste, ce qui importerait surtout, c'est l'union entre les membres *actifs* de l'association. Or, cette union se conserverait plus aisément, puisque ces membres seraient l'objet d'un choix, d'une élection, qui reviendrait naturellement, soit au conseil de famille, soit à l'assemblée générale des communiers, et qui pourrait avoir lieu en même temps que celles du syndic et du conseil de famille. Peut-être conviendrait-il aussi de donner au syndic une certaine autorité dans la désignation de ces membres actifs qui sont appelés à devenir ses coopérateurs. Mais ce sont là des détails secondaires, qui peuvent varier, que l'expérience décidera, et sur lesquels je ne veux pas insister plus longtemps.

Ce que je tiens, au contraire, à faire bien remarquer, c'est qu'une association ainsi fondée ne serait pas une création étroite, emprisonnée à jamais dans les limites du communal où elle aurait pris naissance. Elle serait susceptible, au contraire, de beaucoup d'extension. Après avoir remboursé ses emprunts et amélioré sa terre, son premier soin devrait être de capitaliser chaque année une partie de la valeur de ses produits, pour augmenter sans cesse l'étendue de ses domaines, d'abord en louant, puis en achetant les terres voisines. Elle pourrait aussi admettre dans son sein les petits cultivateurs dont les propriétés seraient adjointes à la sienne. En même temps que s'augmenterait ainsi son instrument de travail, son personnel actif devrait s'augmenter naturellement dans la même proportion, de manière à y comprendre enfin tous les communiers, et même tous les cultivateurs de la commune, sauf ceux qui n'auraient pas les qualités nécessaires à l'association.

Ainsi, une association semblable peut être considérée comme le noyau de la concentration future de toutes les terres d'une commune ou d'une section de commune en une seule exploitation, et de tous les travailleurs de cette commune ou de cette section en une seule association.

Dans cette association pourraient même très-bien entrer comme adjoints les ouvriers des métiers dont le concours est nécessaire dans une grande exploitation, des charrons, par exemple, et des taillandiers.

Après cette vue sur l'avenir, je reviens au présent. J'ai essayé de montrer comment l'association doit s'introduire sur les communaux. Le procédé que j'ai décrit me semble le meilleur et le plus conforme à l'esprit de l'institution; mais je reconnais qu'il y en a d'autres.

Par exemple, le conseil municipal pourrait nommer lui-même un régisseur, chargé de distribuer les travaux et de partager les produits entre les communiers, — ou bien encore les communaux pourraient être loués à un fermier, à la charge par celui-ci d'employer les communiers à la culture et de leur abandonner une part du produit. Ce fermier devrait aussi être chargé de la construction des bâtiments nécessaires et contracter l'obligation de rendre la terre, à la fin de sa jouissance, pourvue d'un cheptel suffisant. Il ne s'agirait, pour lui faire accepter ces conditions, que de lui accorder un long bail et de n'exiger qu'un fermage peu élevé.

D'autres combinaisons analogues sont également possibles. Je ne les exclus pas ; je n'en repousse aucune et je pense même qu'il est bon de les expérimenter toutes.

Les moyens n'ont qu'une importance secondaire. Le point capital est le principe qu'il s'agit d'appliquer et que je résume ainsi :

Les communaux sont la dot que la France doit consacrer à la fondation de l'association agricole.

LIVRE VI

CHAPITRE UNIQUE.

HISTOIRE DE L'IDÉE DE L'ASSOCIATION OUVRIÈRE.

Malgré les leçons du passé, presque aucune idée d'association pour le travail n'existait au commencement de ce siècle. Le régime économique qui avait été fondé par les réformes et les innovations de la Constituante était le seul que comprissent les partis politiques les plus avancés. Sauf dans la secte des communistes, qui végétait obscurément en dépit de la police sous la direction de Buonarotti et qui s'est ainsi perpétuée jusqu'à nos jours, sauf cette exception presque imperceptible, la liberté industrielle la plus complète, la concurrence illimitée à l'intérieur, l'isolement des producteurs et l'individualisme absolu de la propriété, en un mot le libéralisme négatif, ne rencontrait aucun adversaire parmi les partisans de la Révolution. Sur cette matière, républicains et impérialistes étaient d'accord. Quelques royalistes seulement regrettaient les anciennes corporations, comme ils regrettaient tout l'ancien régime, comme ils regrettaient la féodalité.

Pendant l'Empire et dans les premières années qui en suivirent la chute, les livres de Fourier sont à peu près les seuls qui renferment quelque indication sur les avantages attachés à l'association, et seulement en ce qui touche l'économie de la production et de la consommation. Ce fut aussi sous l'Empire, en 1811, que

M. de Lullin publia la description des *fruitières* du Jura.

Pour trouver une protestation ouverte en faveur des idées d'association, il faut arriver jusqu'aux derniers temps de la Restauration, à l'époque où l'école formée par les élèves de Saint-Simon reprit la défense des principes d'ordre, d'unité, d'autorité et d'organisation industrielle. Naturellement l'association tint une grande place dans les doctrines de la nouvelle école, mais sans s'y préciser, et en restant à l'état de conception générale. On sait d'ailleurs où aboutit définitivement cette réaction contre l'individualisme libéral. On sait comment le saint-simonisme, infidèle à la pensée du maître dont il portait le nom, finit par se formuler l'idéal d'un communisme vague, où la démocratie abdiquait entre les mains d'une hiérarchie sacerdotale et où les souillures de la promiscuité remplaçaient la loi de la famille.

Jusque-là on ne voit donc encore aucune trace distincte de l'idée des sociétés ouvrières, telle que nous la connaissons, telle qu'elle se pratique aujourd'hui.

Cette idée, en effet, ne remonte qu'à M. Buchez, qui la conçut et la publia vers l'époque de la révolution de Juillet.

Je tiens d'autant plus à lui rendre ici pour cette invention un public hommage qu'il jouit aujourd'hui de peu de crédit dans la plus grande partie du monde socialiste, et pour moi, d'ailleurs, il y a un devoir strict, un devoir de reconnaissance autant que de justice, à rappeler les services d'un homme à l'école duquel j'ai appris la meilleure partie de ce que je sais.

M. Buchez est certainement un des hommes qui ont le plus contribué à enrichir notre siècle des idées qui feront sa fortune.

Je ne connais pas dans les théories politiques et sociales, dans l'histoire, dans la philosophie générale, un seul point qu'il ait étudié et où son esprit puissant n'ait jeté quelque lumière inattendue.

C'est ainsi, par exemple, — pour ne parler que des choses sociales, — qu'après avoir soigneusement élaboré la doctrine du progrès pour la concilier avec le spiritualisme, et en recherchant les lois positives de la marche de l'humanité, il a des premiers présenté la réforme sociale comme la conséquence naturelle du développement européen et comme l'œuvre nécessaire de notre siècle.

C'est ainsi qu'il a posé la vraie base de la justice sociale, en prouvant mieux que personne combien les deux idées de droit et de devoir sont étroitement liées, de sorte que le droit n'existe jamais qu'en vertu d'un devoir accompli ou en vue d'un devoir à accomplir, et que, pour qui ne veut remplir aucun devoir, il n'y a aucun droit, pas même celui de vivre.

C'est ainsi qu'après avoir montré comment toutes les sciences et tous les arts tombent plus ou moins sous l'empire de la loi morale qui est appelée à les diriger et à les juger; — car chez les hommes tout doit se faire en vue de la société, et la grande loi de toute société est sa loi morale, qui règle la pratique sociale aussi bien que la pratique individuelle; — après avoir établi que le principe de toute souveraineté se trouve ainsi dans la communauté morale par où vivent les peuples, dans le but commun d'activité qui est le fondement de toute nationalité; c'est ainsi qu'après ces longs travaux que je cherche en vain à résumer ici avec quelque clarté, il a élevé à la Révolution française ce monument qu'on appelle l'*Histoire parlementaire*, où la mémoire des conventionnels les plus purs et les plus dévoués a été enfin vengée des calomnies réactionnaires.

Surtout c'est lui, l'un des premiers fondateurs du carbonarisme, qui a eu le mérite de renouer la chaîne des temps en rattachant la démocratie au christianisme comme à son principe. Avant lui, on n'avait jamais enseigné avec autant d'autorité que la Révolution française est une conséquence de l'Evangile. On n'avait jamais établi avec autant de solidité cette vérité presque universellement admise aujourd'hui, mais si nouvelle il y a vingt ans, que toutes les réformes politiques et civiles ne doivent être que l'application à la société temporelle des principes chrétiens.

Donc c'est cet homme, à qui l'on peut contester un talent suffisant pour faire valoir ses idées, ce talent secondaire que possèdent tant d'écrivains, à qui l'on peut contester surtout l'art plus commun encore de se conduire et de se ménager dans le monde politique, mais à qui personne n'a le droit de refuser ni le dévouement ni le génie (car le génie, c'est l'invention), donc c'est M. Buchez qui le premier a conçu et proposé l'association ouvrière, comme étant le grand moyen de la réforme sociale.

Dans le petit groupe des élèves de Saint-Simon dont il faisait partie, avant que la pensée de créer une religion nouvelle eût dénaturé le caractère de cette école, vers la fin de la Restauration, on avait déjà bien senti que le travail capital de notre siècle doit porter sur la réforme des institutions économiques et que cette réforme est le terme où doit aboutir le mouvement de la Révolution française. On y parlait beaucoup des abus de la concurrence et de l'ordre à mettre dans la production. On y soutenait hardiment contre les libéraux que les démolitions faites par la Révolution étaient insuffisantes pour faire régner la justice dans la sphère du travail. On commençait à y dénoncer les pratiques homicides de l'industrie moderne et à s'élever contre la tyrannie du capital. Surtout on y comprenait bien que la grande, la dernière cause de l'inégalité entre les hommes est dans la possession exclusive, au profit d'une classe, des instruments du travail, et, en conséquence, on attaquait l'hérédité.

C'est en suivant ce courant de doctrines, dans le but surtout d'affranchir les travailleurs du joug des capitalistes, et aussi en cherchant le plan d'une constitution industrielle plus conforme à l'égalité, que M. Buchez arriva à la conception de l'association ouvrière.

Dès avant la révolution de juillet, il l'avait proposée à ses amis et collaborateurs. Immédiatement après cette révolution, il la soumettait aux républicains dans les séances publiques de la société des *Amis du Peuple*. Enfin, en 1831 et 1832, il l'exposait à diverses reprises ou la faisait exposer dans la revue hebdomadaire *l'Européen*, qui se publiait sous sa direction. Il cherchait même dès lors à en provoquer l'exécution.

La conception des sociétés ouvrières est déjà presque complète dans *l'Européen;* elle y est enseignée sous des formes très-diverses. On s'y attache surtout à prouver contre les libéraux que l'association n'est pas une résurrection des anciennes corporations, comme on le prétendait. On la montre à la fois comme le remède aux abus de la concurrence et à l'exploitation que les entrepreneurs font des salariés. On est très-sévère contre ces entrepreneurs, qu'on dénonce comme des parasites qui ne contribuent en rien à la production, et qu'en même temps on attaque comme capitalistes. On dit hautement que pour affranchir réellement les travailleurs, il faut leur assurer la propriété de leur instrument de travail. Dans ce but, on insiste beaucoup sur la nécessité d'un fonds commun indivisible, dont l'association seule doit avoir la propriété, et qu'on appelle quelquefois le fonds *inaliénable* (expression fausse évidemment et qui ne rend pas la pensée des auteurs).

Le seul point capital où les plans de *l'Européen* diffèrent de ceux que j'ai exposés est la concentration des associations de chaque métier, que l'on ne demande pas, sur laquelle on ne discute pas, mais qu'on paraît sous-entendre et à laquelle on tend évidemment par une réaction exagérée contre la concurrence.

J'aimerais à citer de nombreux passages de *l'Européen*, où ces diverses idées sont exposées d'une façon très-simple et très-pratique, et qu'on pourrait croire écrits depuis quelques années à peine, quoiqu'ils datent de vingt ans déjà, — et ces vingt ans, pour le socialisme, ont valu tout un siècle! Mais pour être moins long, je préfère me borner à reproduire le préambule et à donner des extraits d'un contrat d'association entre des ouvriers menuisiers qui s'étaient offerts à entreprendre l'exécution de l'idée nouvelle. Ce contrat, rédigé par les écrivains de *l'Européen,* après de longues conférences avec ces ouvriers, fut publié dans la Revue, les 14 et 21 juillet 1832.

ASSOCIATION D'OUVRIERS MENUISIERS.

« Entre les soussignés N. N., tous exerçant l'état de menuisier ;

« Lesquels, considérant que c'est le défaut d'un capital nécessaire pour exercer leur industrie librement, plutôt que leur volonté, qui les met à la disposition des entrepreneurs de menuiserie ; que ces derniers profitent, sans autre peine que celle de l'avance de leurs fonds, d'une part considérable dans la valeur des travaux exécutés par les ouvriers, et supérieure à celle qu'ils pourraient demander pour raison de leur intervention, ont senti que l'isolement du travail, nuisible aux intérêts de tous les ouvriers, est la cause de leur soumission à l'exigence des maîtres, en amenant une concurrence dont le résultat est de faire diminuer le salaire qui leur est attribué, sans aucune chance d'augmentation et sans espérance de secours pour le moment où l'âge et les infirmités rendent le travail impossible.

« Ils ont résolu, en conséquence, de se soustraire à cet asservissement en s'associant entre eux pour exercer leur industrie en commun, afin d'acquérir un capital social qui les mette, eux et tous les ouvriers qui se succéderont dans l'association, en état d'entreprendre directement des travaux, de s'assurer contre les interruptions momentanées de travaux, de pourvoir à l'éducation et à l'apprentissage des enfants, à l'existence des infirmes et des orphelins, et, en un mot, à l'accomplissement des devoirs qui sont imposés aux hommes de s'aimer et de s'entr'aider comme frères.

« Pour opérer la réalisation de leur pensée, ils ont posé ainsi qu'il suit les bases civiles de leur association. »

Suivent quarante et un articles dont voici l'analyse entremêlée de citations textuelles.

Les premiers articles portent « qu'il y aura entre les contractants et les personnes qui seront admises à l'avenir une société particulière et en participation pour l'exploitation de leur industrie dans le métier de menuisier; » et que la durée de cette société « sera illimitée, attendu la succession constante des individus admissibles dans la société; » et que, malgré la renonciation ou le décès des associés, la société continuera entre les membres restants ou survivants.

« L'apport de chaque ouvrier consiste dans ses outils et instruments de travail à l'usage de sa profession. » Il en est dressé un état estimatif à son entrée dans la société, et l'ouvrier peut alors à son choix ou abandonner cet apport à la société ou se réserver le droit de le reprendre; tous les autres biens meubles et immeubles appartenant aux associés sont exclus de la société.

Le second titre, où il est traité de l'administration, repose sur les mêmes bases que dans les contrats des sociétés actuelles. Le pouvoir exécutif est confié à un comité d'administration composé de cinq membres qui sont élus par tous les associés et qui choisissent leur président. Ce comité est renouvelé tous les ans.

Il est chargé de la fixation du temps de travail; on statue en passant que le travail « ne pourra jamais se faire à la tâche, mais seulement à la journée, le but de la société étant une distribution égale et paternelle du travail, et non une exploitation égoïste de l'individu. » Cette prohibition malheureuse n'a été reproduite, que je sache, dans aucun des nouveaux contrats.

Le comité doit répartir le travail selon la capacité de chacun, dont il est seul juge. Il est chargé de payer à chacun le prix de son travail.

Il a droit de surveillance sur la conduite de tous, comme le ferait un bon père de famille.

Il a le droit de souscrire des billets ou effets de commerce, qui doivent être signés par trois membres au moins. Il fait toutes les recettes.

Il peut entreprendre toutes opérations relatives à la profession de menuisier, mais à la condition pour les affaires importantes, de consulter l'assemblée générale des associés, à qui il doit faire part de l'opération proposée, et qui, après discussion, décidera, à la majorité des deux tiers des voix, s'il y a lieu de s'occuper de l'affaire.

Le choix du banquier chez qui doivent être déposés tous les fonds de la société est également réservé à l'assemblée générale.

Dans le cas où les membres de l'association deviendraient trop nombreux, il est décidé que ces assemblées générales seront suppléées par un jury électif, composé du dixième des membres de toute l'association, et qui sera renouvelé tous les ans.

Viennent ensuite les dispositions relatives au capital social et à la répartition des bénéfices.

On statue d'abord qu'il sera fait tous les ans un inventaire exact de l'actif et du passif, et que, la balance établie et le bénéfice net déterminé, il sera prélevé sur ce bénéfice 20 pour 100 pour accroître au capital social, qui se forme primitivement par l'abandon des apports des sociétaires, et qui en outre a droit à des intérêt à 5 pour 100 par an.

Le caractère de ce capital est nettement déterminé par l'article 25.

« Le capital social ne peut être atteint en aucune façon par les membres de l'association ; ils n'y ont aucun droit individuel ; il appartient à la communauté, et le seul cas d'excédant du passif sur l'actif peut autoriser son altération. »

Après le prélèvement des 20 pour 100, le surplus des bénéfices doit se partager entre tous les associés, en prenant pour base du partage le nombre des journées de chacun. Ce mode de partage paraît inspiré par la pensée de l'égalité des salaires; mais il ne faut pas oublier que, dans la menuiserie, où le prix de la journée a toujours été le même pour tous, on n'admet pas de différence de valeur entre le travail des hommes. Pour d'autres métiers, on eût sans doute adopté un autre mode de partage des bénéfices. Du reste, la question n'est pas discutée.

Les ouvriers auxiliaires non associés ont aussi droit à une part des bénéfices; seulement chacune de leurs journées n'est comptée que pour un tiers de celles des ouvriers associés.

Enfin, par esprit d'humanité et de fraternité, il est statué que, sur les bénéfices, après le prélèvement de 20 pour 100, mais avant la fixation des droits des associés, il pourra être accordé des secours aux personnes qui en seront jugées dignes, notamment aux associés que la maladie mettrait dans l'impossibilité temporaire ou perpétuelle de travailler, aux enfants orphelins au-dessous de douze ans, aux veuves des associés, et aux sociétaires invalides, ayant au moins soixante ans d'âge et trente ans de service.

Dans le dernier titre, il est question des admissions, renonciations, exclusions, c'est-à-dire de tout ce qui touche au personnel de la société. On y déclare que « le but de l'association étant de réunir un jour tous les ouvriers exercant l'état de menuisier à Paris, on pourra admettre dans la société autant de membres que le travail en appellera. » C'est ici que se manifeste la pensée que j'ai signalée tout à l'heure, de reconstituer les corporations au profit des ouvriers ; cependant les rédacteurs de *l'Européen* n'étaient pas fixés sur ce point, que la discussion n'avait pas encore éclairci. Dans un article, postérieur de quelques semaines seulement à la publication du contrat de société des menuisiers (18 août), ils répondent à l'objection du monopole qui leur avait été faite, que la concurrence de plusieurs associations dans le même métier serait un malheur inutile, mais que cependant « l'association n'est pas un privilége accordé par le gouvernement et n'exclut pas l'établissement d'une association rivale. »

Quant aux conditions d'admission, on exige « que le candidat soit homme probe, rangé et bon ouvrier. » (art. 32.)

Les admissions doivent se faire une seule fois par an, le jour anniversaire de l'établissement de la société, par délibération de l'assemblée générale, et à la majorité absolue.

L'exclusion ne peut être également prononcée

qu'en assemblée générale et à la majorité absolue.

« Les motifs d'exclusion sont les suivants : Tout acte contraire à la probité et à la morale, la séduction, le libertinage, l'ivrognerie, la paresse ; peu de zèle pour les intérêts de l'association ; un acte contraire à ces mêmes intérêts ; l'achèvement ou l'entreprise d'un ouvrage qui n'aura pas été en commun dans l'association ; la moindre infidélité dans les opérations qui auront été confiées dans la société. » (art. 36.)

La renonciation est libre, à condition qu'elle ne soit pas faite à contre-temps, et au détriment de la société.

Bien entendu que l'exclu ou le renonçant n'ont aucun droit sur le capital social.

Enfin, toute contestation entre les associés est soumise à une décision d'arbitres qui les jugent en dernier ressort.

Tel est ce document, qui est certainement le plus ancien monument de l'existence d'une société ouvrière. A ce titre, et à cause de la valeur qu'il aura un jour pour les historiens, j'ai cru devoir l'analyser avec soin. Il est évident, d'ailleurs, qu'il a servi de patron et de premier modèle aux rédactions diverses qui ont été faites depuis, et que je reproduirai en partie dans l'appendice de cet ouvrage.

Le contrat des menuisiers se termine ainsi :

« Fait double, entre les soussignés. A Paris, le 10 septembre 1831. »

Le 10 septembre 1831 !

Ce n'est probablement pas sans quelque tristesse que beaucoup de lecteurs verront cette date.

Quoi ! diront-ils, près de vingt années déjà se sont écoulées depuis le jour où, pour la première fois, quelques ouvriers (dont ils regretteront sans doute comme moi de ne pas savoir les noms) ont pris l'engagement formel de travailler par l'association à l'émancipation de leur classe ; et après ces vingt années, nous n'en sommes encore arrivés qu'au point où nous en sommes!

Quoi ! après vingt années, l'association est encore

contestée; elle a encore contre elle tous les pouvoirs; elle a même la plupart des savants; elle n'a dans beaucoup de démocrates que des amis douteux; pour la masse elle est à l'état de problème!

Ah! que le progrès est lent.

Ainsi pensera plus d'un lecteur.

Et remarquez encore, puis-je ajouter, que, s'il s'est fait quelque chose de sérieux dans l'ordre pratique, c'est à une révolution qu'on le doit. Pour faire entrer l'association dans les faits, il n'a pas fallu moins que l'ébranlement de tous les esprits, et l'explosion violente du socialisme qui ont suivi le 24 février. Auparavant, à part quelques essais très-honorables, mais trop limités pour être puissants, on s'était borné à prêcher et à discuter.

Faut-il donc désespérer? non pas.

L'histoire des sociétés ouvrières est celle de toutes les grandes choses qui se sont établies dans le monde. La lenteur de leur développement n'a rien d'étrange. C'est une loi de l'histoire comme de la nature que rien de ce qui doit durer longtemps ne pousse vite.

Le progrès, en effet, est soumis à des lois logiques auxquelles l'homme ne peut se soustraire. Avant de se réaliser, toute idée a besoin d'être mûrie par l'étude et la discussion; elle a besoin de conquérir peu à peu son droit de cité dans l'intelligence humaine, toujours rebelle aux nouveautés. Quand on veut l'appliquer trop tôt, elle avorte.

Et puis, il faut le dire, en tout temps il s'est trouvé peu d'hommes, et de nos jours, je le crains, il s'en trouve moins qu'à beaucoup d'autres époques, dont l'énergie, la persévérance, le dévouement suffisent à l'établissement de ces œuvres puissantes et fécondes, mais peu bruyantes, comme celle des associations, qui donnent beaucoup de mal à leurs fondateurs et ne donnent de gloire à personne.

Voilà pourquoi les commencements de tant de grandes œuvres sont restés obscurs! Voilà pourquoi aussi c'est un devoir pour l'historien d'éclairer soigneusement ces origines, afin de rendre justice à qui elle est due!

La société des menuisiers, dont j'ai analysé le contrat, s'établit, mais ne put pas arriver à fonctionner régulièrement. D'autres tentatives faites à diverses époques échouèrent également. Enfin, d'une dizaine d'associations environ, qui furent fondées avant 1848, la seule qui ait subsisté, est une société d'ouvriers bijoutiers en doré, dont la première fondation remonte à 1834, mais dont le contrat définitif ne fut rédigé qu'en 1843. Jusque-là elle n'avait existé qu'en vertu de conventions sous-seings-privés, qui n'avaient pas été suivies des publications exigées par le Code de commerce. A cette époque la mauvaise foi de deux de ses membres qui voulurent profiter de cette position pour la faire dissoudre et se partager le capital social, la força de se soumettre aux formalités légales. La société des bijoutiers s'est peu étendue; elle ne compte aujourd'hui que douze membres. Néanmoins, elle est arrivée à un des premiers rangs dans sa partie. Le montant annuel de ses ventes s'élève, en moyenne, à 130,000 fr. environ. Elle a résisté honorablement à la crise de 1848.

Les caractères particuliers de cette société sont l'austérité morale que ses fondateurs avaient puisée à l'école de M. Buchez et à laquelle elle est restée fidèle, et la prudence scrupuleuse qu'elle apporte à la fois dans le choix de ses membres et dans l'administration de ses affaires. Il n'est pas probable qu'elle s'accroisse jamais bien vite; il est certain qu'elle ne périra pas. Elle est fondée sur le granit.

Son gérant, depuis longues années, et le plus ancien de ses membres, est M. Leroy.

En somme, les premiers essais d'association ont donc été assez malheureux (1). Ce n'était pas précisément

(1) Parmi ces premiers essais, je ne dois pas oublier celui qui fut tenté à Saint-Etienne, en 1840 et 1841, sur une grande échelle, pour la fabrication des rubans de soie. L'entreprise fut arrêtée dans ses débuts par l'intervention de la magistrature qui, dans sa profonde ignorance des questions sociales, confondait l'*association* avec la *coalition*. Les qu-

le capital qui manquait. Plusieurs bourses républicaines s'ouvrirent plus d'une fois pour cette œuvre, entre autres celles de MM. Garnier-Pagès, Goudchaux, Rampal, pour ne citer que des noms connus. Ce qui manquait, c'étaient les hommes, c'était ce travail d'élaboration et de propagande, dont je parlais tout à l'heure, et qui est le préliminaire indispensable de toute réalisation.

Or, sur ce terrain, dans l'ordre des idées, l'association ouvrière n'eut longtemps aussi qu'une très-médiocre fortune. Pendant plusieurs années, elle ne se répandit que par une propagande orale peu retentissante, quoiqu'elle ne fut pas sans opérer quelque effet dans ce monde d'étudiants et d'ouvriers où s'élaborait le socialisme démocratique.

Dans cette première période, je ne connais qu'une brochure où les idées de *l'Européen* soient reproduites intégralement. Elle est intitulée : *Des Associations d'ouvriers* (1838). Son auteur était M. Ott, qui, après quatorze années, est au moment de publier un traité d'économie sociale fondé sur la même pensée, et dont la petite brochure peut être regardée comme le premier noyau (1).

Les choses allèrent ainsi jusqu'en 1840.

Sans doute, avant cette époque, la prédication phalanstérienne avait déjà beaucoup popularisé l'idée de l'association en général ; mais il ne faut pas oublier que les phalanstériens entendaient l'association à leur façon ; qu'ils y voyaient seulement le moyen d'une production mieux entendue et d'une consommation plus économique, mais n'y cherchaient pas du tout une institution propre à mettre un terme à la tyrannie du capital. En opposition à tous les autres socialistes, ils ne voyaient pas dans le prêt à intérêt, dans la rente, dans

vriers qui s'étaient mis à la tête de l'œuvre furent donc poursuivis ; je crois même qu'ils furent condamnés, et l'association périt en germe.

(1) *Traité d'économie sociale, ou Economie politique coordonnée au point de vue du progrès.* — Cet ouvrage contient la solution scientifique des problèmes économiques que je n'ai pu qu'effleurer ici. J'y renvoie le lecteur avec d'autant plus de confiance qu'entre son auteur et moi il y a une étroite communauté de doctrines.

le fermage et dans tous les abus du capital, des institutions à réformer ou à transformer, mais à conserver. Aussi ont-ils pu très-longtemps se bien entendre avec les conservateurs (1).

En même temps que la propagande fouriériste s'agitait bruyamment, surtout au sein de la classe moyenne, le communisme continuait à se recruter secrètement dans les couches les moins éclairées de la masse ouvrière.

On peut dire que le fouriérisme et le communisme étaient le socialisme arrangé d'un côté à l'usage des bourgeois, et d'un autre côté à l'usage des ignorants.

Les ouvriers communistes, du reste, sauf dans quelques groupes où l'on affichait un matérialisme sauvage, rachetaient en général par la pureté de leur conduite morale ce que leur instruction avait de défectueux et leur intelligence d'étroit.

Mais loin de contribuer à répandre l'idée de l'association, le communisme la combattait tant qu'il pouvait ; car il y voyait, et il avait bien raison, une rivale, une ennemie, qui pouvait le supplanter dans l'esprit de beaucoup de ses adeptes, parce qu'elle offrait une satisfaction aux griefs légitimes des travailleurs, sans faire violence comme lui aux besoins, aux droits, aux nécessités de la nature humaine.

Donc jusqu'en 1840, l'idée des sociétés ouvrières fit très-peu de chemin ; mais cette année-là, elle reçut une impulsion nouvelle, d'une part par la fondation du journal *l'Atelier*, d'autre part et surtout par le concours que vint lui prêter la plume habile, vigoureuse, populaire de M. Louis Blanc.

(1) J'ai appris avec grand plaisir par le livre de M. Considerant, *le Vivant devant les Morts*, qu'une dissidence avait fini par s'établir sur ce point dans l'école phalanstérienne et que, malgré l'opposition des chefs, le problème de la constitution nouvelle de la propriété y avait été entamé. Une fraction notable de l'école demandait, pour les associations elles-mêmes, la propriété des instruments de travail, — ce qui eût fort ébréché la triade consacrée du capital, du travail et du talent ; mais cette scission n'a pas éclaté et ne date que des dernières années qui ont précédé la Révolution.

L'Atelier fut fondé surtout pour la diffusion et la défense de la théorie de l'association ouvrière, et pendant les dix ans qu'il a duré, il a poursuivi son œuvre avec une persévérance infatigable. En général, pourtant, il s'est montré plus disposé à atténuer l'idée, pour en faciliter l'application, qu'à la développer dans toute sa fécondité. Je ne crois pas qu'il ait assez mis en lumière la puissance réformatrice de l'institution de la propriété collective des instruments de travail au profit des associations. Il a, au contraire, parfaitement démontré les dangers de l'égalité des salaires et de la solidarité des sociétés ouvrières. Surtout il a admirablement prouvé combien le progrès moral des populations est nécessaire à l'association, et combien, d'autre part, l'association doit favoriser et accélérer ce progrès.

L'Atelier, pendant toute son existence, a toujours été rédigé par des ouvriers, et pourtant, par une fatalité qui semble étrange au premier coup d'œil, il a toujours été lu surtout par des bourgeois. Cette bizarrerie apparente peut s'expliquer, soit par la hauteur des vues qui dominaient sa rédaction, soit et surtout par l'austérité, par la gravité, je dirais presque par la sécheresse logique qui le caractérisaient. Le peuple est comme les femmes et les enfants; il veut qu'on parle à son cœur: *l'Atelier* ne parlait presque jamais qu'à sa raison.

Ce journal était avant tout une œuvre de conscience, que le devoir et la conviction inspiraient seuls, et où jamais la moindre parcelle d'idée n'a été sacrifiée au désir du succès. La rédaction en a toujours été complétement gratuite.

Toute une pléiade d'ouvriers instruits, d'une intelligence élevée et surtout d'une irréprochable moralité, s'est formée dans la rédaction de *l'Atelier*. Plusieurs d'entre eux ont joué depuis la Révolution un rôle politique important. Au premier rang vient Corbon, le rédacteur principal et le directeur du journal, qui, après avoir dignement rempli, pendant toute la durée de la Constituante, l'éminente et périlleuse fonction de vice-président de l'Assemblée, n'a pas hésité, en sortant de la législature, à rentrer dans son atelier pour y reprendre le ciseau du menuisier sculpteur et y vivre de son salaire quotidien. Exemple de désintéressement et d'abnégation qui n'a pas été assez loué et que ne doivent jamais oublier ceux des salariés et des démocrates pauvres que le flot de l'opinion portera pour quelques mois au pouvoir!

Parmi les autres rédacteurs, je dois citer Pascal, ouvrier typographe, lieutenant-colonel de la XIe légion; Danguy, aussi typographe; Gilland, ouvrier serrurier, aujourd'hui représentant du peuple; Leneveux et Lambert, qui depuis Février ont tous deux rédigé des journaux démocratiques dans les départements. Lambert expie aujourd'hui, dans la prison de Châteauroux, le crime d'aimer et d'avoir défendu la République. Un journaliste, qui depuis s'est acquis une juste réputation dans la presse socialiste, Chevé, a aussi inséré quelques articles importants dans *l'Atelier*.

Pendant que ce journal propageait ainsi lentement la théorie de l'association dans un cercle assez restreint, M. Louis Blanc, grâce à son talent littéraire, lui donnait tout d'un coup un grand retentissement dans tout le monde intellectuel. Cet écrivain, après avoir contribué à populariser dans divers journaux, et surtout dans *le Bon sens*, un socialisme encore vague, où la tradition révolutionnaire se combinait avec des tendances saint-simoniennes, en était venu, en 1839 et en 1840, dans la *Revue du Progrès*, à préciser davantage ses idées. C'est alors qu'au lieu de demander l'union du capital, du travail et du talent, comme le faisaient les fouriéristes et comme il avait paru y incliner lui-même, il se rangea du côté de l'association véritable, de celle qui a pour but de faire du capital la propriété du travail.

La publication de la première édition de l'*Organisation du travail*, en octobre 1840, vint consacrer cette évolution de doctrines.

On ne s'est pas assez rendu compte de l'influence que cette brochure eut sur l'esprit public, et surtout sur la direction du parti républicain. Bon gré, mal gré, le vieux parti presque exclusivement politique de 1832 fut entraîné sur le terrain de la réforme sociale et dut commencer à balbutier sur *l'organisation du travail;* car le mot était devenu à la mode, quoique la chose restât bien obscure.

M. Louis Blanc avait eu ce mérite et ce bonheur de mettre son incontestable talent au service d'une idée puissante et juste; malheureusement, en l'embrassant, il ne la saisit pas par son côté principal.

Dans les livres, comme plus tard dans les projets de M. Louis Blanc, on trouve à la fois deux principes, sinon opposés, du moins très-différents, dont il s'inspire tour à tour.

Le premier, qui nous est commun avec lui, c'est que le capital, qui est l'instrument du travail, doit appartenir aux travailleurs. Rien de mieux! L'idée de la société ouvrière découle tout droit de ce principe, dont la réalisation doit mettre un terme à la tyrannie du capital.

Mais M. Louis Blanc ne donne à ce premier principe qu'une attention passagère; il ne s'attache pas à en apprécier la fécondité; il ne veut pas voir qu'il contient la solution des principales difficultés du problème. Loin de là! Elevé au bruit des anathêmes lancés par le saint-simonisme contre les désordres de la société actuelle, défenseur ardent de toutes les idées d'autorité et d'unité, il s'empresse de passer à son second principe, à la suppression de la concurrence. Pour lui, il ne s'agit pas de régler, de limiter la concurrence, il s'agit de l'abolir. C'est là sa pensée constante et la plus chère. Tout son livre est conçu sous l'inspiration de cette idée. S'il aime, s'il veut, s'il demande l'association, c'est beaucoup moins pour assurer au travail la disposition du capital que pour détruire la concurrence, cette concurrence anarchique, odieuse, impie, qui, selon ses expressions, est pour la bourgeoisie une cause de ruine et pour le peuple un système d'extermination, sans être pour personne la source du moindre bien.

Aussi ne veut-il tolérer aucune rivalité, aucune lutte entre les associations! Aussi veut-il donner à chacune d'elles une puissance d'absorption assez grande pour qu'elle puisse attirer à elle, de gré ou de force, et s'assimiler tous les établissements dont elle aurait à subir la concurrence! Aussi veut-il unir et solidariser toutes les associations du même métier, non pas seulement dans la même commune, mais dans toutes les communes! Aussi veut-il unir et solidariser tous les métiers!

Très-partisan d'ailleurs de l'initiative gouvernementale, égaré par sa fidélité passionnée à l'école conventionnelle, ne reculant pas devant la pensée d'une dictature, il n'hésite pas à donner au gouvernement la surveillance et une grande part dans la direction des associations, et à le charger des frais de leur fondation.

C'est ainsi que, par une haine exagérée de la concurrence, M. Louis Blanc en arrive à une espèce de communisme où la liberté ne trouverait pas à se mouvoir et où le progrès serait étouffé dans son germe.

Enfin l'égalité des salaires vient couronner tout ce système.

En vérité, M. Louis Blanc n'a pas d'originalité propre; c'est un éclectique qui a composé son système d'emprunts faits à diverses écoles socialistes, et qui, comme tous les éclectiques, a confondu ensemble des idées différentes. Il a confondu l'association et la communauté, et par là je crois qu'il a compromis le succès de la première; mais, en revanche, je me hâte d'ajouter qu'il l'a servie plus que personne, en la faisant partout connaître, en en répandant l'idée dans toutes les classes, en lui conquérant beaucoup d'adeptes et en préparant ainsi le terrain où elle a commencé de fructifier après la révolution de Février.

Cette Révolution marque une phase nouvelle dans la fortune de l'association ouvrière.

Jusqu'alors, comme nous l'avons vu, les essais d'association avaient été rares et malheureux; maintenant ils vont se multipliant à l'infini, sous toutes les formes, d'abord à Paris, puis dans la plupart des grandes villes et dans beaucoup de petites, et parmi ces essais il en est un assez grand nombre qui réussissent.

De sa période théorique, l'idée a donc passé à sa période de réalisation.

Cet avénement des associations dans l'économie sociale est certainement, en dehors des progrès politiques proprements dits, le plus grand résultat qui ait été conquis par la révolution de Février.

Je ne peux pas entrer dans aucun détail sur la fondation et les vicissitudes de tant de sociétés ouvrières dont chacune a eu ses destinées particulières. C'est une histoire tout entière à étudier, et que peut-être il n'est pas temps encore de faire. Quelques chapitres en ont été écrits dans l'ouvrage de M. Gilland, et çà et là dans les articles des journaux démocratiques. Moi-même, dans le courant de cet ouvrage, j'ai pu donner sur quelques points de cette histoire des renseignements utiles; mais, malgré l'attrait du sujet, je ne m'y étendrai pas, parce que je ne fais pas un livre d'histoire, mais un un livre d'économie.

Quelques mots seulement sur la tendance générale de cette réalisation.

On sait quelle puissante influence M. Louis Blanc a exercée sur l'établissement de beaucoup d'associations, non pas seulement par ses prédications au temps du gouvernement provisoire, mais aussi par la commission des délégués du Luxembourg, où naturellement ses idées dominaient, et qui pendant plus d'une année a plus ou moins contribué à la rédaction d'un grand nombre de contrats.

Le système de M. Louis Blanc a donc obtenu et il a conservé certainement une très-grande autorité dans la plupart des ateliers associés, et néanmoins il est très-remarquable que ce n'est pas du tout dans ce système que se fait la réalisation de l'idée d'association.

La corporation ne se rétablit pas; le monopole ne tend pas à se constituer par la destruction de toute concurrence; l'égalité même, en général, ne tend pas à remplacer la proportionnalité des salaires. Du tout : l'association seule se crée, l'association véritable, qui n'attaque la liberté de personne, qui n'abolit de la concurrence que ses abus et qui émancipe les travailleurs sans les faire passer sous le niveau communiste.

C'est la force des choses qui le veut ainsi, et M. Louis Blanc reviendrait au gouvernement qu'il ne pourrait rien de sérieux ni surtout de durable contre cette nécessité, qui résulte à la fois de nos mœurs et de nos principes.

Il est encore un autre point qui touche à l'établissement d'un grand nombre de sociétés ouvrières et sur lequel j'ai à donner quelques explications. Je veux parler du vote par l'Assemblée constituante et de la distribution d'un fonds de 3 millions pour l'encouragement des associations entre ouvriers et entre patrons et ouvriers.

Ce vote eut lieu le 5 juillet 1848, sur une proposition de M. Alcan, amendée par une commission dont M. Corbon était le rapporteur. Une autre commission, dont je fis quelque temps partie, fut instituée au ministère du commerce pour la distribution de ces fonds. Malheureusement elle était loin d'être exclusivement composée de partisans de l'association, et après quatre mois environ, une partie des membres, dont je faisais aussi partie, se trouvant en désaccord avec la majorité, se crurent obligés de se retirer.

Quoi qu'il en soit, le résultat général des travaux de cette commission est que des associations très-intéressantes et réunissant toutes les chances de réussite ont été dotées; que d'autres, qui avaient absolument les mêmes titres, n'ont rien obtenu, et qu'un assez grand nombre, qui étaient loin d'avoir les mêmes droits, sont parvenues à se faire accorder des fonds dans lesquels l'Etat aura beaucoup de peine à rentrer.

La commission pourtant a généralement agi avec prudence, avec réserve; mais sa mission était extrêmement délicate. Il n'y a pas d'opération plus épineuse que de distribuer un crédit à des associations qui ne sont pas encore nées. Parmi tous les intrigants qui se précipitent à la curée, comment distinguer les honnêtes gens qui aiment l'association pour elle-même et non pas pour l'argent qu'ils en espèrent? Comment reconnaître les hommes dévoués qui veulent sincèrement se consacrer à l'association? Comment surtout reconnaître les hommes doués d'assez d'intelligence et pourvus d'assez d'énergie pour fonder un établissement?

L'expérience de la distribution des 3 millions votés par la Constituante, a servi beaucoup à me convaincre des très-grandes difficultés que rencontrera toujours la distribution intelligente et éclairée d'un crédit direct ouvert par le gouvernement pour l'établissement de nouvelles associations, et, en général, toute fondation d'associations sous le patronage de l'Etat.

Ces 3 millions pourtant, je le reconnais, malgré les vices inévitables de leur distribution, ont puissamment contribué à l'extension et à la rapidité du mouvement socialiste pratique, qui s'est si fort prononcé depuis trois ans.

Cependant, au milieu de la création confuse d'associations de toutes sortes, la polémique allait toujours son train. Elle était même plus vive que jamais, et commençait enfin à pénétrer dans les colonnes des journaux. L'association, en effet, était devenue une question politique, et il fallait bien que les partis et les hommes d'Etat s'en occupassent à leur tour.

Naturellement la presse démocratique s'est chargée de défendre les associations. M. Proudhon seul les a attaquées parfois au nom de la liberté ou plutôt au nom de l'individualisme, et encore il n'a attaqué réellement que le système des corporations et le monopole de l'Etat.

Malheureusement, dans ses travaux sur l'association, la presse démocratique s'est souvent tenue dans un vague désespérant. Beaucoup d'éloges et de flatteries; des considérations vagues, de la sentimentalité! Mais des conseils pratiques, mais une étude approfondie de la matière, mais une discussion des bases, des règles, des intérêts de l'association, fort peu! Du reste, les diverses écoles ont persisté. Pendant que les uns parlent d'énerver l'association en en rayant l'indivisibilité du capital social, à une autre extrémité, on continue à prêcher la résurrection des corporations et la solidarité absolue de toutes les associations. Au milieu se trouve l'école à laquelle j'appartiens, qui veut conserver à l'association sa puissance émancipatrice sans violer la liberté et qui prétend se tenir aussi loin de la tyrannie communiste que de la négation libérale.

Du côté de la réaction, l'association ne devait s'attendre à rencontrer et, en effet, elle n'a presque toujours rencontré jusqu'ici qu'une opposition aveugle, et trop souvent des calomnies systématiques. En général, la discussion de ce côté n'a pas été loyale et encore moins sérieuse. Toutefois, comme M. Thiers, dans son fameux livre *De la propriété*, a consacré trois chapitres à réfuter toute idée d'association, je dois m'arrêter un moment à cet ouvrage, où se trouvent condensés les arguments que la presse royaliste a délayés depuis (1).

(1) Depuis que cet ouvrage est écrit et pendant qu'il s'imprimait, on m'a assuré, et les journaux ont affirmé à diverses reprises, que M. Thiers avait changé d'opinion, qu'il était devenu favorable à l'idée d'association; il aurait même dit que les sociétés ouvrières pouvaient devenir le plus grand fait de notre siècle. Il est certain aussi que plusieurs des hommes politiques de la réaction commencent à se préoccuper beaucoup des associations et manifestent à leur égard les meilleures intentions du monde. J'aime à croire que ces démonstrations sont sincères, et j'en suis persuadé même pour certaines personnes. Néanmoins je laisse subsister mes critiques dans leur sévérité primitive, parce que d'une part la conversion d'un adversaire ne prouve pas qu'il n'ait pas eu tort, et en second lieu parce que les démarches et la bonne volonté de quelques hommes ne changent rien au fond des sentiments et des idées du parti qu'ils représentent.

C'est par là que je terminerai l'histoire de l'idée des sociétés ouvrières; j'achèverai d'en prouver la force en démontrant la faiblesse de ses adversaires.

J'avais d'abord eu l'intention de consacrer un livre spécial à l'examen et à la réfutation des objections de M. Thiers. En y réfléchissant davantage, j'ai abandonné ce projet, ne trouvant pas que la chose en valût la peine.

Sans doute cette assertion semblera cavalière à l'égard d'un homme d'un aussi grand renom et, à certains égards, d'un aussi grand talent que M. Thiers; mais, en vérité, elle est méritée.

Que répondre à un publiciste, à un historien, à un homme d'Etat, qui commence par poser en principe que, dans la pensée des socialistes, l'association ouvrière n'est pas faite pour les agriculteurs, mais seulement pour les ouvriers des villes; qui ajoute qu'en effet, elle est complétement inadmissible en agriculture, où l'histoire constate pourtant qu'elle a été pratiquée pendant des siècles; qui prétend qu'elle est également impossible dans l'industrie moyenne, dans les métiers proprement dits, pour lesquels précisément elle a été proposée tout d'abord et où elle s'établit aujourd'hui beaucoup plus aisément que partout ailleurs, et qui conclut qu'en définitive elle n'est « concevable que pour les grands établissements industriels, tels que filatures, forges, ateliers de machines, mines; » tandis, qu'au contraire, c'est sur ce terrain qu'elle aura de beaucoup le plus de peine à s'introduire.

Cette suite d'erreurs, pour être poli, se trouve déroulée tout au long dans le IIIe chapitre du IIIe livre de l'ouvrage de M. Thiers : *De la propriété*, lequel chapitre est ainsi intitulé : « Que l'association est applicable seulement à quelques populations agglomérées, qu'elle a été imaginée pour elles seules et sous leur influence. »

Je ne nie pas qu'il y eût de l'habileté à faire ainsi de l'association la chose, l'intérêt de quelques-uns; à la représenter comme « une entreprise exclusive, dans des vues exclusives, » où « il ne s'agissait pas du peuple, mais d'une très-petite partie du peuple; » qui ne pouvait même être essayée « qu'en faveur d'un ou de deux millions d'ouvriers tout au plus » (en comprenant dans ce nombre les femmes et les enfants), et qui laissait notamment en dehors « vingt-quatre millions de travailleurs » de l'agriculture, « la plus grande, la plus intéressante partie de la population, la plus constamment souffrante. » Au point de vue de M. Thiers, la tactique pouvait être bonne; il pensait sans doute par là rompre le faisceau de la démocratie, en attisant la discorde entre les diverses classes de producteurs. Donc, c'était très-habile, je l'accorde, mais c'était peu honnête, et surtout ce n'était pas vrai.

En somme, les objections de M. Thiers se bornent à deux, à chacune desquelles il a consacré un chapitre. On peut lire et relire son ouvrage, on n'en trouvera pas d'autre. Ces deux objections sont le défaut de capital et l'anarchie.

Comment des ouvriers associés produiront-ils, puisqu'ils n'ont point de capital?

Comment leur atelier marchera-t-il, puisqu'ils n'auront point de maître?

Voilà les deux arguments de M. Thiers.

Pour le premier, je renvoie au livre IV de cet ouvrage, où je me suis attaché à exposer comment les associations peuvent s'établir et se procurer un premier capital destiné à grossir avec le temps.

M. Thiers en général paraît supposer que l'association doive s'établir tout d'un coup dans tout le monde industriel ou au moins dans toute la grande industrie, et alors il a beau jeu contre les novateurs. Où seront vos capitaux? leur dit-il. Faudra-t-il que l'Etat, pour vous les procurer, double tous les impôts? Faudra-t-il qu'il vous distribue l'argent des contribuables? Ou bien volerez-vous les instruments de travail qui vous seront nécessaires? Irez-vous prendre leurs usines aux fabricants et leur argent aux banquiers? Que M. Thiers se rassure. Les amis de l'association ne veulent spolier personne. Pour procurer la propriété aux travailleurs, ils n'attendent rien du vol ni de la confiscation; ils attendent tout du travail. Au plus demanderont-ils au pouvoir une avance remboursable et garantie par le fonds même de l'exploitation. Sans doute ils demandent aussi les réformes démocratiques qui sont mûres, mais c'est en faveur du travail et non plus de l'association proprement dite; ils demandent la réforme de l'impôt, l'institution du crédit, la réforme des lois civiles, toutes choses dont ils profiteront, mais ce sera en leur simple qualité de travailleurs et non pas comme associés. Voilà tout ce qu'ils demandent et voilà comment, avec le temps et avec leur courage, ils comptent gagner ce capital qui leur fait défaut.

Qu'y a-t-il donc là de si coupable ou de si insensé?

Il est vrai que M. Thiers trouve que c'est un emploi *indigne* des économies de l'ouvrier que de le consacrer à l'acquisition d'un instrument de travail commun; mais il doit permettre à des socialistes d'être sur ce point d'un autre avis que lui.

Quant à la seconde objection, quant à l'anarchie, il suffit de répondre qu'il n'est pas un seul des reproches adressés à la forme du gouvernement des sociétés ouvrières qui ne puisse être retourné contre le gouvernement républicain.

M. Thiers prétend qu'on n'obéirait pas à un directeur élu, qu'on ne suivrait pas un règlement fait à la majorité, que l'ordre ne saurait exister dans un atelier où les ouvriers seraient souverains. Pourquoi donc? Est-ce que dans un Etat on n'obéit pas à des magistrats élus? Est-ce qu'on ne respecte pas la loi faite par des assemblées? Est-ce que le bon ordre ne peut pas régner dans une république?

Vraiment, M. Thiers a trop mauvaise opinion des ouvriers français. Il les croit d'un tempérament à ne rien faire que par contrainte, sous la discipline d'un maître; il ne sait pas que la grande majorité d'entre eux est digne de la liberté et que le propre des hommes libres est de se discipliner eux-mêmes.

Mais en voilà assez sur ces objections, dictées par l'esprit de parti plus encore que par l'esprit de routine.

Au lieu de s'en préoccuper, les associations ont laissé dire et elles ont marché; c'est ce qu'elles avaient de mieux à faire.

Il ne me reste plus qu'à résumer en quelques lignes l'histoire que je viens de tracer, et à conclure.

L'idée de l'association ouvrière remonte à vingt ans environ.

Jetée dans le monde par le journal *l'Européen*, elle ne fut cultivée qu'obscurément, dans un coin de la démocratie militante jusqu'en 1840, où elle arriva au grand jour de la publicité, grâce surtout au concours de M. Louis Blanc.

Depuis lors elle acquit une grande popularité, mais en même temps elle se faussa plus ou moins, en déviant vers le communisme.

Voilà l'histoire de l'association ouvrière avant la révolution de février.

Voilà son passé.

Son présent, j'ai dit quel il est. Aussitôt après la révolution, l'association a été transportée de la région de la théorie dans celle de la pratique, et c'est sur ce nouveau terrain que, depuis trois ans, elle poursuit heureusement son chemin, en recevant à la fois la sanction et les leçons de l'expérience.

L'état présent des sociétés ouvrières est plein d'espérances et de promesses.

Jamais, malgré les intempéries et les orages, jamais plus belle moisson n'a poussé plus vite dans le champ du progrès social, ce champ si difficile à cultiver et où il y a tant de germes qui avortent.

Mais ces espérances se réaliseront-elles?

Ces promesses ne resteront-elles pas vaines?

Quel sera l'avenir des sociétés ouvrières?

Ouvriers associés, à qui j'ai dédié ce livre, laissez-moi le terminer en vous disant que cet avenir dépend en grande partie de vous, qu'il sera heureux ou malheureux, glorieux et magnifique ou bien honteux et stérile, selon que vous agirez.

Si vous vous laissez bercer par l'idée que c'est au gouvernement à faire vos affaires, et qu'il suffira de quelques bons décrets d'un pouvoir démocratique pour transformer la constitution de l'industrie, vous échouerez.

Vous échouerez de même, si vous ne cherchez dans l'association que des bénéfices actuels, qu'un accroissement de bien-être, qu'une amélioration immédiate de votre condition matérielle.

Ceux d'entre vous qui, par malheur, seraient dans cet esprit, feront bien de laisser là l'association; elle n'est pas faite pour eux et ils ne sont pas faits pour elle.

Mais si, au contraire, pour vous affranchir, vous comptez avant tout sur vous-mêmes; — si vous n'attendez de l'Etat que la protection due à la justice et au progrès; — surtout si vous vous attachez à l'association, si vous l'aimez, non pas seulement à cause de l'avantage qu'elle peut vous procurer, mais plutôt comme un instrument du bien futur, à cause des services qu'elle doit rendre à tous les opprimés; — si vous vous pénétrez profondément de cette grande vérité, consacrée à la fois par l'histoire et le bon sens, que les transformations progressives de l'économie sociale exigent toujours un progrès correspondant dans les âmes, de sorte qu'il n'y a pas de réforme sociale qui puisse être durable et féconde, si elle n'est accompagnée d'une réforme morale; — oh! alors, l'association durera, elle grandira, elle s'étendra dans tout le monde industriel pour y réaliser la justice et le règne de Dieu, et vous, vous aurez, devant Dieu comme devant les hommes, l'honneur, l'insigne honneur d'avoir puissamment concouru à la plus grande transformation sociale qui se soit opérée sur la terre depuis l'abolition de l'esclavage.

FIN.

APPENDICE

NOTES SUPPLÉMENTAIRES.
CONTRATS
D'ASSOCIATION ET RÈGLEMENTS D'ATELIER.
RENSEIGNEMENTS DIVERS.

NOTES.

—

DE LA FORME LÉGALE A ADOPTER PAR LES SOCIÉTÉS OUVRIÈRES.

Les sociétés ouvrières sont des sociétés commerciales, car elles ont pour objet la fabrication et la vente de produits industriels.

Or, le Code de commerce reconnaît quatre sortes de sociétés commerciales dont les caractères sont très-différents :

La première est la société *en nom collectif*, dont le caractère principal est que tous les associés sont obligés personnellement et solidairement entre eux à l'exécution des engagements sociaux, de sorte qu'en cas de faillite de la société, ils peuvent être poursuivis chacun sur leurs biens personnels pour la totalité des dettes sociales. La société en nom collectif se désigne par les noms d'un ou de plusieurs de ses associés, qui forment la *raison sociale*. Elle est astreinte pour son établissement à certaines formalités légales, et notamment à la publication au Tribunal de commerce, et dans les journaux désignés à cet effet, de divers renseignements sur sa composition, son capital et sa durée. Ces publications doivent être renouvelées toutes les fois que la société subit quelques modifications, notamment en cas de retraite ou de changement d'associé.

Une seconde sorte de société est celle dite *en commandite*, laquelle se contracte entre un ou plusieurs associés responsables et solidaires, qui sont tenus sur tous leurs biens de l'exécution des engagements sociaux, comme dans la société en nom collectif, et un ou plusieurs associés, simples bailleurs de fonds, qu'on nomme *commanditaires* ou associés en commandite, qui n'engagent, au contraire, que leurs mises, et qui ne sont, par conséquent, passibles des pertes que jusqu'à concurrence des fonds qu'ils ont mis ou qu'ils ont promis de mettre dans la société.

La société en commandite est régie sous un nom social, qui doit être nécessairement celui d'un ou de plusieurs des associés responsables et solidaires, et où ne peut entrer le nom d'aucun associé commanditaire.

Lorsqu'il y a plusieurs associés solidaires et en nom, soit que tous gèrent ensemble, soit qu'un ou plusieurs gèrent pour tous, la société est à la fois en nom collectif à leur égard et en commandite à l'égard des simples bailleurs de fonds.

Il est expressément statué par la loi que l'associé commanditaire ne peut faire aucun acte de gestion, ni être employé pour les affaires de la société, même en vertu de procuration, sans par là même perdre le bénéfice de sa situation, et devenir aussitôt obligé solidairement avec les associés en nom collectif pour toutes les dettes et engagements de la société. A son égard, la société en commandite devient une société en nom collectif.

La société en commandite est astreinte à peu près aux mêmes formalités légales et aux mêmes conditions de publicité que la société en nom collectif; mais les noms des associés commanditaires ne sont jamais publiés.

Souvent le capital fourni par les associés commanditaires se divise en un certain nombre d'actions, comme dans le cas de la société anonyme dont nous allons parler.

La *société anonyme* n'est désignée par le nom d'aucun des associés; elle est qualifiée par la désignation de l'objet de son entreprise.

Elle est administrée par des mandataires à temps, révocables, qui peuvent ne pas être associés, et qui ne sont responsables que de l'exécution du mandat qu'ils ont reçu, qui ne contractent à raison de leur gestion aucune obligation personnelle relativement aux engagements de la société.

Les associés ne sont passibles que de la perte du montant de leur intérêt dans la société.

Ainsi le créancier d'une société anonyme n'a qu'un débiteur unique, la société, et n'a pour gage que l'actif social, d'où suit que le crédit de la société ne repose que sur les capitaux qu'elle possède, et sur la garantie qu'elle offre par la nature de ses opérations, par son organisation et par sa prudence.

Pour la sûreté des tiers, il a été statué par la loi que la société anonyme ne pourrait exister qu'avec l'autorisation du gouvernement et avec son approbation pour l'acte qui la constitue. Cette approbation doit être donnée dans les formes prescrites pour les règlements d'administration publique, c'est-à-dire par une insertion au bulletin des lois, précédée d'une instruction méthodique et d'une délibération au conseil d'Etat.

Le capital des sociétés anonymes se divise en actions et même en coupons d'actions d'une valeur égale. Ces actions sont nominatives ou au porteur.

Enfin l'*association en participation* est la société que forment les personnes qui conviennent de faire à profits et pertes une ou plusieurs opérations de commerce déterminées. Elle a lieu pour les objets, dans les formes, avec les proportions d'intérêts et aux conditions convenues entre les participants. Elle n'est pas sujette aux formalités prescrites pour les autres sociétés. Elle peut être constatée par toute espèce de preuves, même par la preuve testimoniale, si le tribunal juge qu'elle peut être admise. Elle n'a d'autre durée que celle de l'opération ou des opérations pour lesquelles elle a été contractée.

Ces principes posés, laquelle de ces formes sociales doit être adoptée pour l'association ouvrière?

Il est certain d'abord qu'aucune d'elles ne s'y adapte bien, ce qui est tout simple: la loi, en effet, ne pouvait pas la prévoir. Quelque choix qu'on fasse, il aura toujours des inconvénients. Aussi une modification législative sera-t-elle bientôt nécessaire; mais en attendant, quelle forme faut-il adopter? Comment faut-il rédiger les contrats?

Nous commencerons par exclure l'*association en participation*, qui ne peut s'appliquer qu'à un nombre d'opérations commerciales déterminées, et non à une suite indéfinie d'opérations, et qui, par conséquent, ne peut convenir à l'association ouvrière.

Aujourd'hui, nous sommes également forcés d'exclure la *société anonyme*, à cause de l'autorisation préalable du gouvernement qu'elle suppose, et parce que certainement le gouvernement actuel n'accorderait pas cette autorisation, ou ne l'accorderait qu'à des conditions qui enleveraient à la société ouvrière toute sa vertu.

Les ouvriers associés ne peuvent évidemment songer à solliciter l'agrément d'un pouvoir, qui pousse jusqu'à la passion l'opposition à la réforme sociale.

Cela est fâcheux, car la forme anonyme conviendrait très-bien pour l'association ouvrière. Tous les principes de la société anonyme, savoir : que les tiers n'ont d'action que sur le fonds social; que les associés, et même les gérants, ne sont pas tenus personnellement des dettes sociales; que la société ne porte le nom d'aucun individu; qu'elle est administrée par des mandataires à temps et révocables, tous ces principes se concilient parfaitement avec ceux de l'association ouvrière.

Probablement même la loi à intervenir constituera la société ouvrière sur le modèle de la société anonyme; seulement, elle la dispensera peut-être de l'autorisation préalable, en remplaçant pour les tiers cette garantie: d'abord, par un droit exclusif donné aux créanciers commerciaux de la société sur tout le fonds social, même sur le fonds de réserve (qui pourtant est un emprunt de la société, et dont les possesseurs, quoique associés, auraient par conséquent le droit de se présenter comme créanciers); et en outre, en imposant à la société l'obligation d'une publication périodique de ses états de situation. Les ouvriers associés, en effet, ne doivent jamais dissimuler leur position réelle ; ils ne doivent jamais craindre la lumière. Ils sont appelés en ce point à changer toutes les habitudes du commerce.

Quoi qu'il en soit, sous la loi actuelle et sous le gouvernement actuel, la société anonyme n'est pas applicable à l'association ouvrière.

Restent donc les sociétés en nom collectif et en commandite.

Dans la plupart des cas, les associations ouvrières ont adopté le mode en nom collectif. Les ouvriers associés sont devenus ainsi solidairement responsables de tous les engagements de la société, et en cas de désastre, ils pourraient se trouver obligés pour toute la vie et sur tous leurs biens, même sur ceux qu'ils acquerraient plus tard par leur travail, au payement de toutes les dettes sociales.

Cette responsabilité est très-lourde, et il est certain qu'en général les associés l'ont contractée trop légèrement, et sans y avoir assez mûrement réfléchi.

D'autres associations ouvrières, en moins grand nombre, ont choisi la forme en commandite, c'est-à-dire que la charge de la société en nom collectif, la responsabilité personnelle et solidaire, n'a été imposée qu'au gérant et aux membres des conseils, aux sociétaires qui participent à l'administration, et que le reste des associés, la masse, n'ont été considérés que comme commanditaires. Leur commandite se compose alors des apports par eux faits et des retenues auxquelles sont soumis leurs salaires et leurs bénéfices et qui composent le fonds de réserve.

Cette combinaison a été très-goûtée par beaucoup d'amis de l'association ; elle a été notamment recommandée par M. Antonin Romand, dans un *Manuel des Associations ouvrières* qu'il a publié à la fin de 1849, ouvrage très-pratique et très-utile, et par M. Léon Hcdé, dans l'*Almanach des Associations pour* 1850.

Néanmoins je trouve, pour mon compte, à la société

en commandite, plusieurs défauts très-graves qui me la font rejeter, et qui me font préférer la société en nom collectif, malgré sa rigueur et malgré les inconvénients réels que je lui reconnais.

Nous avons vu que dans la société en commandite aucun associé commanditaire ne peut *être employé dans les affaires de la société* (ce sont les termes de la loi), sans par là même devenir obligé solidairement pour toutes les dettes et engagements de la société.

Or, comme dans la société ouvrière tous les associés doivent s'employer sans cesse aux affaires sociales, n'en résulte-t-il pas que, par là même, ils perdent tous les avantages de la commandite et deviennent associés en nom collectif, malgré le nom différent que leur donne l'acte de société?

Je sais bien qu'on distingue entre les emplois administratifs et la simple fourniture du travail industriel faite à la société. M. Romand reconnaît que « si l'associé commanditaire écrit une lettre pour la société, s'il passe un article sur ses livres, où traite une affaire comme son fondé de pouvoirs, il devient tout de suite associé en nom collectif, et doit s'attendre, en cas de faillite postérieure, à être poursuivi comme tel. » Mais il prétend que l'associé qui se contente de travailler dans l'atelier social, que le serrurier, par exemple, qui ne fait que des serrures, qui ne s'ingère en rien dans la gestion, reste simple associé commanditaire et n'est tenu que pour sa mise.

Cette distinction peut avoir quelque fondement, je le veux bien; mais néanmoins il est douteux que la jurisprudence l'admette, et si elle la repousse, on voit combien aura été illusoire la stipulation de la commandite dans le contrat de société.

En tout cas cette stipulation sera sans aucune valeur pour tout associé, qui aura vendu le moindre produit de l'association, qui aura reçu pour elle le moindre argent, qui aura dirigé le moindre travail, qui, en un mot, se sera mêlé le moins du monde de la gestion.

L'associé commanditaire doit donc surtout penser à ne pas se compromettre; c'est M. Romand qui le lui conseille; il doit rester le plus possible étranger aux affaires de la maison; il doit à chaque instant, avant d'agir, s'assurer si par là il ne va pas commettre un acte de gestion qui lui fasse perdre sa qualité de commanditaire.

Or qui ne voit que, dans cette situation de l'associé commanditaire, il y a une impossibilité pratique, ou au moins une difficulté incessante, qui ne peut que nuire beaucoup à l'association?

Rien d'ailleurs de plus contraire à l'esprit de nos sociétés.

S'il est de l'essence de la société en commandite que les commanditaires ne s'ingèrent en rien dans la gestion sociale, il est de l'essence au contraire de l'association ouvrière que les associés s'emploient tous activement à ses affaires.

Comment donc concilier ces deux contraires?

Une autre raison très-grave qui, en supposant que la commandite puisse s'appliquer légalement à l'association ouvrière, m'empêcherait encore de me ranger à cette idée, c'est que dans cette forme il n'y a plus d'égalité réelle dans le sein de l'association; qu'il s'y établit deux classes, celle des associés solidaires et celle des simples commanditaires; que si ceux-ci ont moins de charges, ils sont en revanche tenus en dehors de toute administration; qu'ils doivent former ainsi dans l'association une classe inférieure, une sorte de plèbe; que par suite ils s'y attacheront peu et s'habitueront à s'y regarder seulement comme des passagers, prêts à en sortir à la première difficulté, comme aujourd'hui les salariés sortent de l'atelier du maître; qu'en fait l'association réelle tendra donc à se concentrer entre les associés solidaires, et qu'au lieu de la démocratie dans l'atelier, on pourra bien arriver à y constituer une espèce d'oligarchie.

Voilà du moins ce que je crains, et c'est pour ce motif capital que je préfère de beaucoup la société en nom collectif, qui, si elle a de grands défauts, établit en revanche entre tous les associés l'égalité la plus complète.

Sans doute cette égalité pourra être très-lourde; sans doute tous les associés seront également responsables; tous également, qu'ils aient participé ou non à l'administration, ils seront débiteurs sur leurs biens personnels présents ou futurs de toutes les dettes sociales; — cela est dur!

La loi nouvelle devra certainement être moins rigoureuse. Elle ne laissera certainement pas tous les associés sous le coup d'une responsabilité aussi vague et aussi illimitée, — d'autant moins qu'en fait les fournisseurs et les prêteurs de la société ne comptent jamais que sur l'actif social.

Mais en attendant, pour le moment actuel, mieux valent encore ces rigueurs, avec l'égalité et avec l'appel de toutes les intelligences et de toutes les bonnes volontés aux soins de la gestion sociale, que de chercher à constituer dans la société une classe supérieure d'administrateurs et de maintenir la masse dans un éloignement absolu de toutes les affaires.

Ces rigueurs peuvent même avoir ce bon résultat de stimuler davantage le zèle des associés, de leur faire prendre plus à cœur les intérêts de la maison, et de les forcer à s'occuper plus activement et plus constamment de l'administration, — toutes choses qui sont essentielles à l'esprit de l'association.

On a encore objecté, il est vrai, que, dans la société en nom collectif, l'admission et la retraite de tout associé, c'est-à-dire le moindre changement dans le personnel, entraîne une publication au greffe du tribunal de commerce; — ce qui est une source d'embarras et de dépenses.

Le fait est vrai; l'inconvénient existe; — et je profiterai même de l'occasion pour reprocher à beaucoup de sociétés ouvrières, et surtout à leurs gérants et à leurs conseils de famille, de n'avoir pas rigoureusement suivi les prescriptions de la loi à cet égard et d'avoir ainsi donné prise à la chicane. Je les engage très-instamment à se mettre en règle pour ces publications, à couvrir les irrégularités du passé et à les éviter soigneusement à l'avenir. J'exprimerai aussi en même temps mon étonnement que ces irrégularités existent même dans des associations créditées par l'Etat, qui sont pourtant soumises à une inspection et qui en paient même les frais très-cher, à raison de 75 cent. par 100 fr. prêtés. A quoi donc servent les agents de l'administration, s'ils n'éclairent pas l'ignorance commerciale des associés et ne veillent pas à l'exécution de la loi?

Quoi qu'il en soit, et en rentrant dans l'examen de la question, je ferai remarquer, d'abord, que l'inconvénient signalé se retrouve dans la société en commandite pour les nombreux associés qui prennent nécessairement une part quelconque à la gestion, et en second lieu qu'il n'est pas assez grave pour motiver le changement de l'acte social. Des publications ne sont chose ni coûteuse ni difficile, et pour les faire régulièrement et à temps, il suffit d'un peu d'ordre et d'attention. D'ailleurs, pour en éviter la trop fréquente répétition, rien ne serait plus simple que d'assigner par avance, pour la retraite des anciens membres et pour l'admission des nouveaux, des jours fixes qui deviendraient les jours solennels de l'association. De la sorte, les publications ne se renouvelleraient plus qu'à de rares intervalles.

En résumé, la société en nom collectif, à mon sens, est très-préférable pour les ouvriers associés à la société en commandite.

Celle-ci a été créée exclusivement au point de vue du capital, pour l'association des écus; — voilà pourquoi elle ne peut se plier à l'association ouvrière.

La première, au contraire, a été conçue au point de vue de l'association des hommes; — voilà pourquoi elle se prête mieux à l'institution nouvelle.

DU CAPITAL INDIVISIBLE.

En étudiant l'organisation des sociétés ouvrières, j'ai constaté qu'il y avait à peu près unanimité entre les partisans de l'association sur les bases principales de cette organisation et notamment sur l'indivisibilité du capital social.

Malheureusement, dans ces derniers mois, cette unanimité a été entamée. M. Goudchaux, dans une lettre adressée à plusieurs journaux, a attaqué cette indivisibilité comme renfermant un germe de communisme. Plusieurs écrivains ont également fait quelques réserves sur ce point, et l'un d'entre eux même, dans un journal démocratique, a qualifié de mesure barbare et injustifiable la retenue qui se fait sur les bénéfices dans la plupart des associations, pour leur constituer une fortune indépendante à laquelle les associés ne conservent aucun droit personnel.

Ces commencements de controverse me font un devoir de revenir sur ce sujet, au risque de me répéter, et d'établir de nouveau, et plus soigneusement que je ne l'ai encore fait, la légitimité ou plutôt l'indispensable nécessité de la disposition qu'on attaque.

Quand on descend jusqu'à la racine du problème économique, on voit clairement qu'aujourd'hui la plus puissante cause, la cause presque unique, la dernière cause de l'inégalité et de toutes les iniquités sociales, se trouve en ce que les instruments de travail, au lieu d'appartenir aux travailleurs et de rester toujours à leur disposition, sont la chose personnelle et exclusive de certains individus, qui le plus souvent ne les exploitent pas eux-mêmes.

De là, pour la plupart des travailleurs, la nécessité d'emprunter ces instruments et d'en payer la rente aux propriétaires, ou, quand ils ne trouvent pas à en emprunter, la nécessité de louer leurs services à des entrepreneurs moyennant salaire.

De là le partage injuste du produit entre les capitalistes et les travailleurs, entre les entrepreneurs et les salariés.

De là pour les capitalistes la facilité d'accroître leur fortune par des épargnes annuelles sur leurs revenus, et pour les salariés l'impossibilité de s'en créer une, à cause de l'exiguïté ordinaire d'un salaire qui suffit à peine pour leur procurer l'indispensable.

De là donc la distinction des riches et des pauvres, le luxe des uns et la misère des autres.

Toutes ces conséquences se lient entre elles comme les anneaux d'une chaîne que rien ne saurait rompre.

Nous avons établi qu'en France, sur un produit annuel de 9 milliards au plus, il y a près de 3 milliards qui sont prélévés par le capital à titre d'intérêts, fermages, loyers, rentes, c'est-à-dire un tiers du produit total.

Ce fait est évidemment le fait principal de notre situation économique, et c'est celui qu'il faut surtout avoir en vue, quand on s'occupe de la réforme sociale.

Ainsi, au fond, c'est toujours le problème de la propriété qui est posé. On ne saurait l'éviter. Sans une réforme dans la constitution de la propriété, il n'y a pas de réforme sociale qui soit possible.

Sans doute, la propriété en elle-même est juste, elle est sacrée; mais, dans sa constitution actuelle, elle devient injuste; car quoiqu'en principe elle soit fondée sur le travail, en fait, elle entretient et elle consacre l'infériorité et l'exploitation des travailleurs.

Le problème, le vrai problème de notre époque, est donc de changer la distribution des instruments de travail, de manière à les mettre à la disposition des travailleurs.

C'est en réformant tant soit peu, par la division de

la propriété, les abus de la distribution ancienne, que la Révolution a produit, il y a plus de cinquante ans, quelque amélioration dans la situation économique de la France; c'est en réformant plus complètement cette distribution par un moyen meilleur que la Révolution arrivera à produire tous ses fruits et à remplir toutes ses promesses.

Le problème social est tout entier là.

La plupart des socialistes l'ont bien vu; les fouriéristes seuls sont restés aveugles devant cette grande vérité. Tous les autres, les saints-simoniens comme les communistes, Pierre Leroux, Louis Blanc comme Proudhon, ont également constaté que c'est là qu'il faut porter le remède. Ils se sont divisés et ils ont pu se tromper plus ou moins sur ce remède, mais ils sont tous d'accord et ils ne se sont pas trompés sur le mal.

Or, si l'association ouvrière a une puissance réelle pour la réforme de l'économie sociale, c'est parce qu'elle aussi, elle donne une solution à ce grand problème, en enlevant les instruments de travail à la toute-puissance de l'individu pour en faire la propriété *collective* des travailleurs.

C'est par là, comme je l'ai déjà dit, qu'elle bat la rente en brèche,— qu'elle assure au travail la libre disposition du capital, — qu'elle garantit aux travailleurs le fruit tout entier de leur travail.

Elle commence ainsi réellement la transformation du vieux monde.

Et elle ne peut faire évidemment tout cela que par l'indivision de son capital, — parce que ce capital, une fois conquis, au lieu d'appartenir à un individu ou à des individus qui en disposeraient à leur gré, appartiendra aux sociétés elles-mêmes, c'est-à-dire appartiendra au travail; car les sociétés n'existent que pour le travail et par le travail, et le jour où l'associé cesse de travailler, il cesse d'avoir aucun droit dans la société.

Il se créera ainsi, entre le capital et le travail, une union indissoluble, et dans cette union, le capital redeviendra ce qu'il doit être, le moyen donné aux travailleurs de remplir une fonction sociale, et le travail recouvrera sur les choses la domination à laquelle il a droit; car, tandis que dans le monde actuel l'homme dépend du capital, dans l'association, c'est le capital qui dépend de l'homme.

Aujourd'hui, il est vrai, presque toutes les sociétés ouvrières, même les plus riches et les plus prospères, ne fonctionnent encore qu'à l'aide du capital de réserve, qui appartient aux associés individuellement et pour lequel ils ont droit chacun à des intérêts. Tel est l'état actuel; — mais il faut bien comprendre que cet état est transitoire et qu'il se modifiera naturellement, à mesure que s'augmentera le capital indivisible, qui ne pousse que peu à peu, mais qui ne doit pas s'arrêter dans sa croissance et qui doit même finir par dispenser du capital de réserve. Au moins celui-ci ne subsistera-t-il plus que comme un accessoire, un moyen de faciliter les opérations de la société et de lui permettre une extension plus prompte, tandis que le capital indivisible sera devenu le fonds ordinaire qui servira à toutes les opérations de la société. Pour se bien rendre compte de toute la valeur future des associations ouvrières, il faut donc supposer que, par suite des prélèvements annuels faits sur les bénéfices, le capital indivisible soit devenu suffisant pour l'exploitation, et c'est à ce point de vue, en se plaçant par la pensée dans cet avenir, qu'apparaît toute la vertu transformatrice de l'association.

Il y a ici une grande question de principe, ne l'oublions pas : celle de savoir comment doit se distribuer le fruit du travail.

Selon moi et selon tous les vrais socialistes, il doit se distribuer entre tous les travailleurs et seulement entre les travailleurs; — et j'ajoute que, selon moi, il doit se partager entre eux, en proportion de la part qu'ils ont prise à la production.

Or, l'application de ce principe suppose que le capital ne prélève aucune part sur le produit, et qu'*au cas même où ce capital appartiendrait aux travailleurs,* aucun d'entre eux n'ait droit de réclamer un supplément de part, en sa qualité de capitaliste. Si Pierre a travaillé et produit autant que Jacques, il ne doit pas toucher davantage sur le prix du produit, sous prétexte qu'il serait propriétaire d'une plus grande partie du capital. Sinon, le partage du produit ne se ferait plus en proportion du travail, ne serait plus juste.

Et voilà pourquoi le capital social ne doit appartenir ni à Pierre ni à Jacques ni à aucun individu; mais à l'association elle-même, de manière à rester toujours et *gratis* à la disposition des travailleurs.

Ce qui doit appartenir aux individus et qui doit être leur propriété pleine et libre, c'est la part qui leur revient dans les produits, qui se compose de leur rétribution et de leur part de bénéfices, et qui est destinée à pourvoir à leur consommation et à leurs dépenses de toute nature, à leurs épargnes personnelles comme à leurs caprices.

Mais la partie des bénéfices, qui est consacrée à l'acquisition et à l'augmentation du capital, c'est-à-dire à la reproduction, cette partie du produit dont l'épargne et l'accumulation sont ainsi régularisées, voilà le bien social qui doit rester impersonnel et indivisible.

Cela est de l'essence des sociétés ouvrières.

Dépouiller le capital de ce caractère d'indivisibilité, ce serait enlever à l'institution toute sa valeur et tout son avenir; ce serait la châtrer; ce serait la transformer d'institution éminemment socialiste en une institution capitaliste.

Comment, d'ailleurs, les associations s'étendraient-elles, si, au lieu d'un capital indivisible ne devant jamais diminuer et devant croître toujours de manière à permettre à la société de croître avec lui, elles n'avaient qu'un capital appartenant individuellement par fractions aux associés et qu'il faudrait bien en définitive rembourser successivement à chacun d'eux? Ne voit-on pas qu'après les efforts d'une génération, la société serait tout juste aussi riche qu'auparavant? Ainsi l'œuvre serait toujours à recommencer; les associations n'acquerraient que pour rembourser et la conquête des instruments de travail serait aussi impossible à réaliser que le tonneau des Danaïdes à remplir.

Tel est l'argument capital que je soumets en toute confiance à l'attention des socialistes.

Maintenant, si je passe à des considérations secondaires, je signalerai, d'abord, un autre avantage important que l'association devra à l'indivision de son capital, l'avantage d'une plus grande solidité.

En partageant tout le capital social entre les associés, il faut s'attendre, en effet, qu'il y aura pour chacun d'eux, et surtout pour les plus riches, une tentation perpétuelle de sortir de la société et d'en retirer ses fonds, pour en user à sa guise. Chacun voudra son argent, et comme, malgré toutes les stipulations contraires, il sera toujours très-difficile de le lui refuser, le capital social s'en ira ainsi en détail.

Admettez au contraire l'indivisibilité de tout ou partie du capital social, et par là vous créez pour chaque associé un intérêt permanent à rester dans la société; car il y trouve l'usage gratuit d'un instrument de travail, auquel par sa retraite il perdrait tous ses droits. Vous attachez ainsi les associés à l'association par un lien qui ne gêne pas leur liberté, mais qui les retient volontairement, comme des enfants qui restent dans la maison paternelle à cause des avantages qu'ils y trouvent.

En général, la force de cette raison paraît être très-bien sentie dans les associations ouvrières. Plusieurs gérants m'ont même dit que c'était peut-être la raison principale pour laquelle ils tenaient à l'indivision du capital. Je ne lui accorde pas pour mon compte autant de valeur, mais je lui en reconnais beaucoup.

De plus, il est aisé de prévoir que, si le capital est tout entier individualisé par têtes d'associés, les moindres querelles tendront naturellement à amener des scissions, par suites desquelles les mécontents ou partie d'entre eux voudront se retirer avec leurs fonds pour créer de nouvelles sociétés, et dont beaucoup profiteront pour abandonner tout à fait l'association. Ainsi pourront se fractionner et se dissoudre en partie beaucoup d'anciennes associations.

La nécessité de rester uni à cause de l'indivision du capital s'oppose au contraire et s'opposera toujours à des scissions semblables. Je n'affirme pourtant pas qu'elles n'arriveront jamais. Je ne dis pas que dans l'avenir le capital indivisible d'une société ne pourra pas, dans des cas extrêmes, se partager entre deux sociétés formées des débris de la première, en conservant dans chacune d'elles son caractère d'indivision et d'impersonnalité. Peut-être des nécessités semblables pourront-elles se présenter. C'est à l'avenir à trancher cette question. Mais, en tout cas, il est évident que ces funestes révolutions seront beaucoup plus rares, quand il y aura un fonds commun et quand l'intérêt personnel ne poussera plus à la scission, pour avoir son lot et pour tirer son épingle du jeu (1).

(1) Ces divers arguments sont très-bien résumés dans le passage suivant d'une lettre que j'ai sous les yeux, et dont l'auteur est gérant d'une association.

« Nous avons un fonds indivisible qui a été critiqué; mais on est toujours resté à côté de la question. La véritable utilité de ce fonds, c'est la force qu'il apporte à la continuité de l'œuvre; car en cas de dissolution, point le plus critique de l'association, ce capital reste à la majorité plus un des sociétaires qui s'engagent à continuer l'œuvre; de sorte que ces derniers, probablement les plus jeunes et par conséquent les moins riches, n'ont plus besoin de recommencer les sacrifices incalculables que les premiers fondateurs ont eus à supporter. Ils se trouvent délivrés de toute espèce de servitude à l'égard des capitalistes; en un mot, ils sont libres et indépendants des hommes d'argent, et le travailleur ne sera véritablement libre qu'à cette condition. »

Les mêmes principes ont aussi été soutenus par M. Romand dans le *Manuel* que j'ai cité.

« *Fonds de retenue indivisible.* — Les ouvriers associés, en le créant, ont été mus par cette fraternelle pensée qu'il ne fallait pas que, la

Avant de passer à l'examen des objections de nos adversaires, je tiens encore à indiquer en quelques lignes l'analogie très-réelle que, malgré sa nouveauté, l'indivision du capital des sociétés ouvrières rencontre dans la constitution actuelle de beaucoup de sociétés anonymes. Ce sont des précédents qu'ils est bon de noter, parce qu'ils prouvent la tendance du droit commercial en cette matière et parce qu'ils peuvent rassurer les esprits timides.

Aujourd'hui, dans beaucoup de sociétés anonymes, on consacre une partie des bénéfices à la formation de réserves, qui restent indivises, qui ne portent pas intérêt, et dont on se sert pour parer aux cas imprévus et pour éviter les appels de fonds. Ces réserves, dont l'expérience a fait sentir la grande utilité, et qui se multiplient de plus en plus dans les sociétés commerciales, ne doivent se partager entre les actionnaires qu'à la dissolution de la société, c'est-à-dire après un intervalle de temps très-long, quelquefois après quatre-vingt-dix-neuf ans. Jusqu'à cette époque, elles restent le bien commun de la société.

Or, entre ces réserves et notre capital indivisible, il n'y a aucune différence; car, quoique dans la pensée de leurs fondateurs nos sociétés doivent durer toujours, dans le fait, et pour se conformer à la loi, elles ont fixé

société étant terminée pour eux, il n'en restât pas de traces pour d'autres. L'amélioration de leur sort n'a pas été leur seule préoccupation; ils ont aussi voulu épargner à leurs successeurs une partie des privations et des sacrifices qu'ils se sont imposés pour établir la société.

« Participant aux bénéfices sans être entamé par les pertes, le fonds de retenue indivisible prendra de l'importance; alors il sera pour la société une ressource assurée, un banquier généreux qui lui prêtera de l'argent sans intérêt.

« Quoiqu'il n'appartienne plus aux sociétaires, il leur rend de continuels services. Une société, dotée par des inventaires d'un bon fonds de retenue indivisible, aura d'autant plus de crédit dans le public; ses transactions en seront plus faciles et ses marchés plus profitables. » (Page 39.)

aussi un terme où elles doivent se dissoudre, tout comme les sociétés anonymes.

Seulement, pour cette époque, au lieu d'ordonner le partage du fonds commun, on lui a assigné par avance un emploi déterminé, soit pour servir de dot à une société nouvelle formée de la majorité de l'ancienne, soit, au cas où il n'y aurait pas de nouvelle société, pour être consacré à une œuvre de bienfaisance ou d'utilité publique. Mais, évidemment, ces dispositions, cette donation anticipée faite volontairement, cet acte de dévouement et de générosité, n'ont rien que de très-licite.

Ainsi, en réalité, le capital indivisible des sociétés ouvrières et les réserves des sociétés anonymes actuelles, sont des stipulations tout aussi légales et tout aussi justifiables l'une que l'autre.

Mais je vais plus loin : en supposant même que la pensée intime des fondateurs d'associations se révèle, quand même ils déclareraient leur intention de fonder des sociétés perpétuelles, pourquoi cette déclaration, non pas au point de vue de la lettre de la loi actuelle, mais au point de vue de la justice et de la législation future, pourquoi cette déclaration ferait-elle refuser aux sociétés ouvrières l'approbation et la sanction légale qu'on accorde sans hésiter aux sociétés anonymes?

En vérité, il serait trop étrange qu'il ne fût pas permis, dans l'intérêt du travail et de son émancipation, de stipuler l'indivision pour un temps indéfini, quand, dans le seul intérêt de la production, il est permis de la stipuler pour tout un siècle!

Venons-en maintenant aux objections et notamment à l'accusation de communisme.

A cet égard, si l'on prétend accuser de communisme toute institution tendant à soustraire les instruments de travail aux abus de la propriété individuelle, il est très-certain qu'en ce sens l'association à capital indivisible, non-seulement renferme un germe de communisme, comme on l'a dit, mais qu'elle est une institution essentiellement communiste, comme toutes les propriétés collectives, comme les propriétés de l'Etat, des communes, des corporations et de tous les établissements publics. Mais, en vérité, il y a là une confusion d'idées trop grossière pour qu'il soit difficile de l'éclaircir.

Le communisme, en effet, est une doctrine très-arrêtée et très-connue. Son principe fondamental est la négation de la propriété individuelle; son mode d'organisation sociale consiste à donner à l'État la propriété de tous les instruments de travail et de tous les produits et de le charger de diriger tout le travail et de pourvoir à la consommation de tous les individus. Ses résultats nécessaires sont l'abolition de toute liberté individuelle et de tout progrès.

Dans le régime de l'association, au contraire, tel que nous le demandons, chacun a la propriété complète de sa part des produits et reste absolument libre d'en disposer à sa guise; chacun également conserve la liberté de travailler comme il veut et de faire de nouvelles associations s'il lui plaît; chaque association, enfin, conserve la liberté d'exploiter son capital, comme elle l'entend, — de manière que la liberté individuelle et le progrès restent pleinement garantis.

Pour confondre deux théories aussi opposées, il faut se boucher volontairement les yeux.

Loin de porter atteinte à la propriété individuelle, l'association au contraire la sanctionne, et elle doit avoir pour résultat de l'affermir, en l'établissant sur sa vraie base.

La propriété individuelle, en effet, vient du travail. Voilà son origine légitime; voilà sa source pure! La science moderne a mis hors de toute contestation ce principe qu'avait déjà proclamé la conscience des nations chrétiennes. C'est au produit de son travail que l'homme a droit; et ce droit est un droit sacré, inviolable, que la société avec toute sa force ne saurait anéantir.

Or, l'association prend précisément ce principe pour

règle ; et en l'appliquant dans le partage des produits, elle assure à chacun le fruit de son travail, et elle le lui assure *tout entier ;* elle lui en garantit la propriété complète. C'est là son but et son plus grand mérite.

Comment donc pourrait-elle être une institution communiste ?

Reste une dernière objection, qui a déjà été faite quelquefois, et qui probablement sera souvent répétée.

On a attaqué l'indivisibilité du capital social comme une résurrection de la *main-morte*, qui sous l'ancien régime avait provoqué tant et de si justes plaintes, quand une très-grande partie du territoire français appartenait au clergé, et était ainsi retirée de la circulation.

Or, comme la masse des hommes a toujours peur des mots, je ne m'étonnerais pas qu'en exploitant habilement la terreur de la main-morte, on ne parvînt à effaroucher un moment l'opinion ou à la mettre au moins en défiance à l'égard de l'indivisibilité du capital.

Et pourtant, je le demande, quand il y aurait mainmorte, qu'y a-t-il de commun entre une main-morte instituée au profit du travail, et la main-morte dont s'engraissait l'oisiveté des couvents dégénérés des derniers siècles ?

Mais, en réalité, cette main-morte n'existe même pas. Pour la constituer, en effet, il ne suffit pas que les biens appartiennent à une *personne morale*, comme on dit en droit, à une société ou à une communauté quelconque ; il faut de plus que ces biens soient inaliénables, comme l'étaient en règle générale ceux du clergé.

Mais il n'en est pas du tout de même du capital des sociétés ouvrières, qui, loin d'être immobilisé, doit en grande partie rouler dans le commerce, comme les capitaux de tous les industriels. Tantôt il existera dans la caisse en argent, tantôt il existera en valeurs commerciales, tantôt en matières premières, tantôt en marchandises fabriquées. Ce capital n'est donc pas du tout inaliénable, comme on l'a dit quelquefois en employant une expression vicieuse ; il est indivisible et impersonnel ; mais on peut et l'on doit en user sans cesse pour les besoins du commerce, et en conséquence on doit l'aliéner très-souvent. Il faut seulement qu'à la fin de l'année, dans l'inventaire, il se retrouve tout entier en valeurs quelconques, et si par malheur il a éprouvé des pertes, il faut qu'il les récupère sur les bénéfices des années suivantes.

Il est vrai pourtant que, quand les associations auront acquis la propriété de leur capital *fixe*, usines, machines, ateliers, maisons, et surtout quand les associations agricoles auront acquis la propriété de leurs terres, elles ne les vendront pas souvent. Elles ne s'en déferont certainement que si elles trouvent à les échanger d'une façon qui leur soit très-avantageuse. Mais, en réalité, ne serait-il pas malheureux qu'elles agissent autrement ?

En général, quand une fois les instruments de travail sont entre les mains des travailleurs qui les exploitent, il est très-fâcheux qu'ils en sortent. Les aliénations d'immeubles n'ont d'avantage social que quand elles font passer les immeubles d'un propriétaire oisif à un travailleur, ou d'un propriétaire peu habile et peu soigneux ou très-gêné, à un propriétaire plus habile et plus soigneux, ou pouvant disposer de plus de fonds. Dans ces circonstances elles sont très-utiles. Mais quand l'instrument de travail appartient à des travailleurs, qui offrent des garanties de bonne gestion, et qui sont pourvus de capitaux suffisants, en ce cas l'intérêt social, loin d'exiger l'aliénation, la repousse ; et, loin d'entraver la continuité de la possession, il doit au contraire la favoriser, parce que cette possession est dans les meilleures mains où elle puisse être.

Or, c'est cette continuité de la possession que le capital indivisible doit assurer aux travailleurs, en même temps que les ressources nécessaires pour une bonne exploitation.

Quant à la perte que le Trésor éprouverait dans l'avenir, par suite de la diminution des droits d'enregistrement qui frappent les mutations d'immeubles, — et cela en supposant la perpétuité de notre système financier actuel, — ce petit inconvénient, dont on eût peut-être fait beaucoup de bruit il y a quelques années, n'existe même plus aujourd'hui, puisque les immeubles des personnes juridiques (communes, bureaux de bienfaisance, hôpitaux, etc.,) sont assujettis, depuis 1849, à un impôt supplémentaire, auquel on pourra plus tard, si l'on y tient, soumettre les immeubles des associations.

En résumé, — et ces objections étant écartées, — l'indivisibilité du capital social reste donc une des bases les plus fondamentales de l'association; elle est la garantie de sa durée et de son extension; elle est la condition de sa puissance transformatrice.

Qui y touche, touche à l'association elle-même.

Sans doute elle ne doit être imposée à personne; par cela seul qu'elle exige un sacrifice de la part des associés, elle ne doit reposer que sur leurs libres conventions. Je ne demande donc aucune règle obligatoire; loin de là; je ne veux que la liberté. Mais je m'adresse aux associés eux-mêmes, — à ceux qui ont admis la clause de l'indivisibilité (et c'est la grande majorité) comme à ceux qui l'ont repoussée, — je m'adresse aussi aux membres des associations futures, — et je leur demande à eux tous, — qui veulent certainement que l'institution, à laquelle ils se sont dévoués ou se dévoueront, porte tous ses fruits; qui veulent qu'elle soit utile à toute leur classe, et non pas seulement à quelques fondateurs heureux, qui, grâce à elle, de salariés deviendraient rentiers; — je leur demande à tous ces créateurs de l'association, de conserver précieusement l'indivisibilité du capital ou de l'adopter, et d'y rester courageusement fidèles, sans se laisser effrayer par les objections que suscitent naturellement les choses nouvelles, et par les difficultés qu'elles présentent toujours.

Après tout, le sacrifice qu'ils ont à faire n'est pas si grand. Un dixième des bénéfices, tels qu'ils sont constatés par l'inventaire, après la déduction de toutes les dettes et de toutes les dépenses, y compris celle de la rétribution avancée aux associés, — un dixième des bénéfices *nets;* voilà tout le montant annuel du prélèvement qu'on fait dans la plupart des associations en faveur du capital indivisible! Voilà le montant de la prime exigée de chaque associé, pour qu'il jouisse de tous les bénéfices de l'association, et pour qu'en outre il en procure la jouissance aux associés futurs, qui, grâce à la prévoyance et aux sacrifices des associés d'aujourd'hui, auront l'usage gratuit de leur instrument de travail!

Certes, cette prime n'est pas trop chère. Comment! aujourd'hui les travailleurs salariés n'ont aucune part aux bénéfices de l'industrie, et, quand par l'association ils acquièrent ces bénéfices tout entiers, ils ne voudraient pas en sacrifier la dixième partie, pour faire de leur œuvre une œuvre d'avenir et d'émancipation générale!

En vérité, si les fondateurs de l'association n'étaient pas capables d'une si mince vertu, ils ne mériteraient guère l'intérêt qu'ils inspirent, ni tout le bruit qu'ils font.

Remarquez, d'ailleurs, que toujours les mêmes devoirs continueront à peser sur les associés. Le sacrifice exigé aujourd'hui continuera de l'être dans l'avenir. Si les uns ont la charge de fonder le capital social, les autres auront celle de l'accroître. Ainsi, il s'établira entre les diverses générations d'associés une véritable égalité d'obligations : seulement les premiers associés auront plus de mérite et auront droit à plus d'honneur, parce qu'ils auront fait tête de colonne, et qu'ils auront frayé la route du dévouement où leurs successeurs devront les suivre.

CONTRAT D'ASSOCIATION.

Le contrat que je reproduis ici est en général conforme au texte, qui, sauf les modifications partielles et les additions qu'on retrouve dans presque tous les contrats, a été le plus suivi à Paris, où il forme la loi d'un très-grand nombre d'associations. Je ne le donne pas comme un modèle à adopter sans réserve, mais comme un exemple très-utile à étudier. Tel qu'il est, si la rédaction est imparfaite encore, ce qui est certain, il suffit néanmoins, j'en suis convaincu, pour asseoir l'association sur une base légale, en lui permettant de déployer toute sa puissance sociale.

Des associés pourtant auraient tort de signer un contrat de cette importance, même taillé sur ce patron, sans avoir auparavant consulté un légiste, — avocat, notaire ou avoué, peu importe, — pourvu que ce soit un homme instruit, attentif, et surtout aimant et connaissant l'association, qui puisse leur bien expliquer la portée de leurs engagements, et qui les aide à bien comprendre le sens et le but de chaque clause.

Un contrat d'association peut être indifféremment fait devant notaire, par acte authentique, ou par conventions sous seings-privés.

Pardevant M^e ..... (N.)

Ou : Entre les soussignés ..... (N.)

TITRE Ier. — OBJET, FORME, DURÉE ET SIÉGE DE LA SOCIÉTÉ. — ENGAGEMENTS GÉNÉRAUX DES ASSOCIÉS.

ARTICLE 1er. — Il est fondé une Société pour la fabrication et la vente de...

Le nombre des associés futurs est illimité.

Les associés actuels sont les soussignés.

Art. 2. — La Société sera en nom collectif (1).

Art. 3. — La durée de la Société sera de... ans, à partir de ce jour (2).

Art. 4. Le siége de la Société est à...

Art. 5. — La raison sociale est.... Cette raison sociale pourra être changée.

Art. 6. — Chacun des associés apporte à la Société son industrie et son travail.

Il s'engage à fournir sa collaboration active, suivie et régulière, à tous les travaux exécutés par la Société, et il promet de se conformer et de se soumettre à toutes les règles et

(1) Si l'on adopte la forme en commandite, comme en ce cas les simples commanditaires ne signent pas le contrat, l'article peut être ainsi rédigé :

« Art. 2. — La société sera en nom collectif à l'égard des sus-nommés et de tous les membres qui, à l'avenir, seront chargés de l'administration sociale.

« Les autres personnes qui, sans s'immiscer dans l'administration, prendront part aux travaux de la société, en qualité d'employés, ouvriers et ouvrières, porteront le titre d'intéressés.

« Le nom de chaque associé intéressé sera inscrit sur un registre ouvert à cet effet : il sera délivré à chaque associé un extrait dudit registre, signé par tout le conseil d'administration et le gérant, pour lui servir de titre. »

D'ordinaire aussi les associés intéressés souscrivent des actions, soit à payer en entrant comme apport, et alors elles sont très-faibles, soit plutôt à remplir peu à peu au moyen de retenues faites sur les rétributions régulières ou sur les bénéfices. C'est au titre IV, du capital, que se trouve la place de ces détails.

Mais, je répète ici ce que j'ai dit ailleurs, la commandite étant admise, il faut bien se garder de confier aux simples associés les moindres fonctions administratives, comme on l'a fait dans certains contrats, où l'on commence par décharger la masse des associés de toute responsabilité personnelle, comme étant seulement commanditaires, et où on les appelle aussitôt à composer des conseils d'administration, où ils ne peuvent entrer sans devenir aussitôt associés en nom collectif. Il est étrange que plusieurs de ces contrats, où se révèle une si complète ignorance de la loi commerciale, aient été rédigés par des notaires.

(2) La plupart des associations se sont assigné une durée de quinze à trente ans. Quelques-unes ont préféré un terme beaucoup plus éloigné. D'ailleurs, il est pourvu par l'article 34 à la reconstitution d'une nouvelle société, à l'époque de la dissolution de la première.

conditions qui sont ou seront établies, soit par le présent contrat, soit par des règlements de travail et d'atelier faits en exécution de ce contrat.

Il s'interdit absolument, à peine d'exclusion et de perte de ses droits et intérêts sociaux, tout travail ou entreprise dans la même partie pour son compte personnel ou pour le compte d'aucune tierce personne, à moins d'une autorisation spéciale et par écrit donnée par le conseil d'administration.

TITRE II. — ADMINISTRATION.

ART. 7. — L'autorité suprême dans la Société appartient à l'assemblée générale des associés.

ART. 8. — L'assemblée générale se réunit au moins une fois tous les ans, après la clôture de l'inventaire, pour en prendre communication, ainsi que de la répartition du bénéfice, et pour entendre le compte-rendu des opérations du conseil d'administration.

Elle se réunit encore toutes les fois que le gérant ou le conseil d'administration le juge nécessaire, et sur leur convocation.

Elle nomme les membres du conseil d'administration.

Elle procède à cette nomination, s'il y a lieu, dans sa réunion annuelle.

Elle nomme le gérant et le révoque, s'il y a lieu, sur la proposition du conseil d'administration.

Ces nominations se font à la majorité absolue des voix.

Elle peut seule prononcer les admissions et exclusions, et adopter les modifications aux statuts.

Elle ne peut délibérer que si (la moitié *ou* les deux tiers) des associés sont présents.

L'assemblée générale est présidée par un membre du conseil d'administration désigné par lui.

ART. 9. — La Société est administrée par un gérant, assisté d'un conseil d'administration (1).

(1) Dans beaucoup de sociétés, l'administration, au lieu d'appartenir au gérant, avec l'assistance et sous la surveillance perpétuelle du conseil, a été confiée à ce conseil lui-même, qui alors doit statuer directement sur les achats, ventes, locations, marchés, entreprises et généralement sur toutes les opérations. L'expérience des deux dernières années ne paraît généralement pas avoir été favorable à cette admi-

Art. 10. — Outre le gérant, qui en fait partie de droit et le préside, le conseil d'administration se compose de... membres, nommés en assemblée générale.

Il se renouvelle par..., d'année en année.

Les membres sortants sont toujours rééligibles.

En cas de vacance par décès, démission, retraite, exclusion ou toute autre cause, le conseil se complète lui-même, sauf l'approbation de la prochaine assemblée générale.

Le sort déterminera l'ordre de sortie entre les membres du premier conseil.

Art. 11. — Le conseil d'administration nomme et révoque le teneur de livres et le caissier.

Il approuve les états de situation et les inventaires.

Il reçoit et vérifie les comptes du gérant, qui, dans ce cas seulement, n'assiste pas à la séance, et est remplacé dans la présidence par un des membres du conseil.

Il provoque, s'il y a lieu, auprès de l'assemblée générale, la révocation et le remplacement du gérant.

En cas de décès, de retraite ou de démission de celui-ci, il désigne un de ses membres pour le remplacer provisoirement.

Il règle les indemnités à accorder, s'il y a lieu, au gérant, au caissier et au teneur de livres.

Il arrête le prix des façons et des journées sur la proposition du gérant.

Il statue sur les contrats d'apprentissage, propose les admissions des nouveaux associés, et fait les règlements de travail et d'atelier.

Il détermine le mode et les conditions de placement des fonds de la Société, fixe le chiffre des bénéfices, procède à leur répartition.

Il propose les modifications aux statuts.

Il est chargé de la liquidation, à quelque époque qu'elle arrive.

Il a enfin tous les pouvoirs pour tous les actes et opérations qui constituent l'administration d'une société de commerce.

Les fonctions de membres du conseil d'administration sont gratuites.

nistration collective, qui est sujette à beaucoup de difficultés, qui entraîne beaucoup de tiraillements, et qui, surtout, ne se prête nullement à la rapidité qu'exige si souvent le commerce.

Le conseil se réunit au moins une fois par mois.

ART. 12. — Sont nommés par le présent acte pour composer le premier conseil d'administration, MM....

ART. 13. — M.... est le gérant de la Société. A ce titre, il représente la Société dans tous ses rapports avec les tiers. Il traite pour les travaux à entreprendre ; il est chargé des ventes, achats, locations et marchés à passer, et des conventions de toute nature. Il a seul la signature sociale, dont il est bien entendu qu'il ne peut faire usage que pour les opérations de la Société, et dans les conditions et limites déterminées par le présent acte.

Il peut convoquer extraordinairement le conseil d'administration ou une assemblée générale.

La rétribution du gérant sera déterminée par le conseil d'administration.

ART. 14. — La gestion du caissier sera garantie par le dépôt à la Caisse d'épargnes (1) d'une somme de.... francs.

S'il ne peut fournir cette somme comptant, il subira jusqu'à due concurrence une retenue de.... sur son salaire journalier. La Société lui payera l'intérêt de ce dépôt à raison de.... pour 100 par an.

ART. 15. — Le premier dimanche de chaque mois, les gérant, caissier et teneur de livres présenteront au conseil d'administration un état de situation faisant connaître les dépenses du mois, les recettes opérées, les créances actives et passives, et l'état de la caisse.

ART. 16. — Chaque année, à la fin du mois de décembre (2), il sera dressé un inventaire général par les soins de ces mêmes associés. Cet inventaire, présenté au conseil, devra être approuvé par lui.

TITRE III. — CAPITAL (3).

ART. 17. — Le capital social est illimité.

(1) Ou à une autre caisse du gouvernement, si le cautionnement dépasse la somme que reçoivent les caisses d'épargne.

(2) Ou de tout autre mois et, en général, deux fois par an, à la fin de tels ou tels mois.

(3) Quand les associés, soit en nom collectif, soit simples intéressés, ou partie d'entre eux font des apports en argent ou souscrivent des actions, ou bien quand des associés commanditaires, étrangers aux

Il se compose d'un fonds indivisible et d'un fonds de réserve, qui se forment au moyen d'un prélèvement sur les bénéfices ou d'une retenue sur les salaires, ainsi qu'il sera dit ci-après.

ART. 18. — Le fonds *indivisible* est destiné à fournir à la Société l'instrument de son travail.

Il n'appartient plus aux sociétaires et ne peut jamais être partagé entre eux.

Aucun des sociétaires n'aura donc jamais le droit d'en réclamer une part, même à l'expiration de la Société, et tous les sociétaires renoncent formellement à demander jamais le partage de ce fonds, soit pendant le cours de la Société, soit à sa dissolution.

Le fonds indivisible appartient à la Société, en ce sens qu'elle a le droit de l'employer dans toutes ses opérations; mais elle reste toujours débitrice envers le compte de ce fonds des sommes ainsi employées. — Il ne porte pas intérêt.

ART. 19. — Le fonds de *réserve* est destiné à procurer l'extension plus rapide des affaires de la Société.

Il pourra être employé à toutes les affaires sociales, même au payement par anticipation des dettes non exigibles.

Le fonds de réserve appartient par fractions aux sociétaires au nom desquels il est porté. Il porte intérêt. A chaque répartition de bénéfices, on porte au compte de chaque associé la part nouvelle qui lui revient dans ce fonds.

ART. 20. — Aucun associé, continuant à faire partie de la Société, n'aura droit d'exiger le remboursement de sa part dans le fonds de réserve avant l'expiration de la Société.

ART. 21. — En cas de décès d'un associé, la part du fonds de réserve qui lui appartiendra, selon le résultat du plus prochain inventaire, sera remise à ses ayants droit.

Néanmoins, lesdits ayants droit ne pourront forcer la Société à un remboursement immédiat, si ce remboursement devait l'obliger à la vente de tout ou partie de son matériel, ou à disposer des valeurs qui seraient nécessaires pour maintenir la suite de ses opérations.

Dans ce cas, ils devront convenir avec la Société d'un ou de plusieurs termes de payement. S'il y a dissentiment, il en sera référé au conseil de prud'hommes, qui statuera.

Lesdits ayants droit toucheront aux époques d'usage les

travaux de la société, lui fournissent des fonds pour former son premier capital, c'est dans ce titre qu'il faut expliquer tous ces points.

salaires restant dus à leur auteur, et sa part dans la portion des bénéfices qui se partagent tous les ans.

ART. 22. — Si l'un des associés se retire avant la fin de la Société pour incapacité de travail ou pour toute autre cause reconnue valable par la Société, les mêmes règles lui seront applicables.

S'il se retire pour d'autres motifs, et sans en avoir obtenu l'autorisation expresse, sa part sera également fixée par le plus prochain inventaire ; mais il ne pourra en réclamer le payement que.... ans après sa retraite. Il en sera de même de l'associé exclu (1).

(1) Dans presque tous les contrats, l'associé qui se retire avant l'expiration de la société, sans cause majeure, et l'associé exclu, perdent tout droit à leur part dans le fonds de réserve.

Cette rigueur me semble exorbitante.

Dans d'autres contrats, l'associé qui se retire sans autorisation, ne perd pas son droit au capital porté à son nom au compte du fonds de réserve, mais il ne peut en réclamer le remboursement qu'à l'expiration de la société, c'est-à-dire dans un temps qui peut être fort éloigné. Jusque-là, il reste forcément le prêteur de la société, sans avoir jamais droit à rien qu'aux intérêts de son compte ; et, de plus, il reste toujours exposé à voir diminuer ce compte, par suite des pertes de commerce que supporte la réserve, sans pouvoir néanmoins en espérer aucune augmentation, puisqu'il n'est plus associé.

Souvent encore le fonds de réserve ne porte pas intérêt.

Ces diverses dispositions me semblent également mal entendues.

Sans doute les motifs qui les ont inspirées sont aisés à comprendre. On conçoit très-bien que les sociétés ouvrières, dans leur pauvreté actuelle, n'ayant pas encore de fortune à elles, et sentant incessamment le besoin de se procurer du capital et de s'en procurer au plus vite, répugnent essentiellement à voir entamer le fonds de réserve, qui est aujourd'hui leur plus grande ressource et qui seul leur permet de fonctionner et de s'étendre. C'est pour en conserver la libre disposition qu'elles restreignent le plus possible les droits des individus, qui en sont pourtant réputés propriétaires.

Mais de là résulte, d'abord, le grand inconvénient, que l'associé, au lieu de conserver sa liberté, se voit enchaîné à la société, non par la force, sans doute, mais par la crainte de perdre sa part du fonds de réserve, c'est-à-dire peut-être l'épargne de toute sa vie, à laquelle sa retraite lui enlèverait tout droit.

Quand le fonds de réserve ne porte pas intérêt, il en résulte que, pendant toute la durée de la société, les associés ne profitent en rien de la part qu'ils ont dans le fonds ; second inconvénient.

Le fonds de réserve étant destiné à supporter en grande partie les pertes du commerce, comme nous le verrons, il en résulte que ces pertes

ART. 23. — Dans le cas où la Société éprouverait des per-

frappent différemment les individus, selon qu'ils ont dans ce fonds une part plus ou moins grande; elles frappent beaucoup plus l'associé riche, c'est-à-dire l'associé ancien qui a le plus contribué à l'accroissement de la réserve, que l'associé nouveau, qui peut n'y avoir pas contribué du tout encore et qui alors manque seulement à gagner. Il y a là une inégalité fâcheuse, mais qui semble inévitable tant que la société n'a que sa réserve pour capital principal. Il est très-admissible, d'ailleurs, que des réserves faites sur les bénéfices sociaux soient consacrées à couvrir les pertes sociales. Les associés possesseurs de la réserve participent à l'administration de la société, ils y jouissent naturellement de beaucoup d'influence à cause de leur ancienneté, ils ont leur part dans les bénéfices; on comprend donc qu'ils supportent leur part dans les pertes. Mais ce qui ne se conçoit plus, et ce qui pourtant doit arriver en vertu de quelques contrats, c'est que l'associé qui s'est retiré, qui ne participe plus aux bénéfices et qui ne participe plus même à l'administration, subisse encore sa part dans les pertes d'une société à laquelle il est désormais étranger.

En définitive, on voit que le caractère du fonds de réserve est mal tranché, parce que les individus aux noms desquels il est porté n'y ont qu'un droit précaire, qu'ils peuvent perdre en diverses circonstances et qui ne se détermine nettement qu'à l'expiration de la société.

Pour ne pas tomber dans tous ces embarras, il n'y aurait qu'à considérer le fonds de réserve comme composé de simples prêts faits à la société par des associés, qui auraient le droit d'en réclamer le montant dans des circonstances et à des époques déterminées et qui, jusque-là, en toucheraient l'intérêt. Ce serait alors le capital indivisible qui supporterait la perte d'une année, quitte à s'en récupérer sur les bénéfices des années suivantes, qui devraient être consacrés, en tout ou en partie, à réparer ces brèches.

Probablement on en viendra là plus tard, quand l'expérience aura fait sentir les inconvénients du fonds de réserve et quand le fonds commun, — qui ne donne pas lieu à toutes ces difficultés, parce que sa nature est bien déterminée, parce qu'il est le vrai bien social, — quand le fonds commun se sera assez accru pour fournir à une société un capital suffisant pour ses affaires ordinaires.

Voilà pour l'avenir ! Quant au présent, pour éviter le plus possible les difficultés, pour mettre la société à même de se développer, et dans l'intérêt de la liberté individuelle, le parti le plus sage serait peut-être d'augmenter la part des bénéfices alloués au fonds commun et en même temps d'accorder aux individus des droits plus étendus et plus précis sur leur part dans les réserves.

La rédaction que j'insère ici ne s'éloigne pas autant des dispositions habituelles des contrats des sociétés ouvrières. J'ai cherché néanmoins à y éviter la plupart des inconvénients que je viens de signaler.

tes, leur montant, constaté par l'inventaire, serait supporté par les deux fonds indivisible et de réserve, dans la proportion de l'importance de ces deux fonds, de sorte que si l'un était double de l'autre, il supportât une double perte ; s'il était triple, une triple perte, et ainsi de suite (1).

Quand le fonds indivisible et les comptes de réserve auront ainsi diminué par les pertes d'une année, il ne sera fait sur les bénéfices de l'année suivante aucune retenue extraordinaire pour compléter les comptes de réserve ; mais le fonds indivisible se rétablira en totalité ou en partie, par l'affectation qui lui sera faite, jusqu'à due concurrence, pendant les deux années suivantes, de la part du bénéfice qui, sans cette circonstance, eût été allouée au fonds de réserve (2).

TITRE IV. — RÉPARTITION DES PRODUITS DU TRAVAIL.

ART. 24. — Les associés, pour subvenir à leurs besoins personnels, recevront une (allocation *ou* avance *ou* rétribution) fixée selon les tarifs et usages de la profession, qui leur tiendra lieu de salaire, et qu'ils auront droit de retirer de la caisse chaque (semaine *ou* quinzaine *ou* mois). Seulement, il sera fait sur la rétribution de chaque associé une retenue d'un (cinquième *ou* sixième), jusqu'à ce que l'associé ait complété la somme de...

(1) Dans beaucoup de contrats il est stipulé expressément que le but principal du fonds de réserve est de couvrir les pertes de commerce, dont par suite le fonds indivisible reste tout à fait exempt.

Dans d'autres contrats, le fonds indivisible ne supporte les pertes que pour la même part qu'il prend dans les bénéfices ; ici ce serait le dixième.

(2) Quand un industriel prudent voit le capital employé dans son industrie ébrêché par des pertes, son premier soin est de le compléter au plus vite par des économies faites sur ses bénéfices. Une société ouvrière doit agir de même. Seulement pour ne pas trop exiger des hommes, il est bon que cette affectation extraordinaire ne s'applique qu'à une partie des bénéfices et ne s'étende qu'à peu d'années.

Quant aux comptes de réserve, leurs possesseurs n'ont pas droit d'en demander le rétablissement, parce qu'en réalité les bénéfices qui restent employés dans la société ne sont complétement acquis aux sociétaires qu'après la déduction des pertes, auxquelles on doit naturellement s'attendre. C'est donc seulement sur la moyenne résultant d'un certain nombre d'années que les sociétaires peuvent compter.

formant sa mise de fonds, qui entrera dans le capital social et y figurera (à son nom au compte du fonds de réserve, *ou bien* au compte du fonds de retenue indivisible).

Art. 25. — Les bénéfices constatés par l'inventaire du mois de...., et composés de l'excédant de l'actif sur le passif, seront répartis de la manière suivante :

10 p. 100 seront portés au compte du fonds de retenue indivisible, (20, ou 30, ou 40) p. 100 au compte du fonds de réserve, et le surplus sera partagé entre les associés au prorata des rétributions touchées par chacun d'eux. Les collaborateurs temporaires, au cas prévu par l'art. 29, entreront aussi dans ce partage, conformément à leurs droits.

Art. 26. — Le payement de la part de bénéfices attribuée aux associés et aux collaborateurs temporaires aura lieu dans le délai de quatre mois après la clôture de l'inventaire.

Aucun partage de bénéfices n'aura lieu avant le remboursement complet des dettes exigibles de la Société.

TITRE V. — Des admissions et exclusions.

Art. 27. — Aussitôt que l'extension des affaires exigera une augmentation du personnel des collaborateurs, la Société s'impose l'obligation de ne pas employer de simples salariés, mais d'admettre un nombre suffisant de sociétaires.

Néanmoins, nul ne pourra être admis comme sociétaire, s'il n'a travaillé pour la Société pendant un temps d'essai, qui ne pourra être moindre de.... mois, ni de plus de....

Art. 28. — Les nouveaux sociétaires seront astreints à une mise de fonds égale à celle faite par les anciens. Jusqu'à ce que cette mise de fonds soit complétée, ils subiront sur leurs salaires une retenue de....

Art. 29. — Si la Société est obligée d'appeler des collaborateurs temporaires, elle leur allouera en fin d'année une part d'intérêt dans les bénéfices partageables, calculée d'après la durée et la valeur de leur travail. Cette part d'intérêt leur sera soldée dans les mêmes valeurs qui seront remises aux membres de la Société. Ils devront s'en rapporter à l'inventaire et ne pourront le contester.

Ne pourront être admis à profiter du bénéfice de cette clause que ceux qui auront travaillé dans la Société pendant un laps de temps de.... au moins.

Art. 30. — Tout associé pourra se retirer de la Société,

s'il le veut, mais seulement à l'époque fixée pour la clôture de l'inventaire annuel, et à condition de prévenir le conseil d'administration trois mois à l'avance. Cette renonciation devra être de bonne foi, et non faite à contre-temps (1).

Art. 31. — Tout membre qui contreviendra d'une manière grave aux présents statuts, ou qui sera convaincu de malversation, sera exclu de la Société.

Les règlements d'intérieur, de travail et d'atelier, pourront prononcer la peine d'exclusion contre les contraventions ci-après :

Insoumission, injures et violences ;

Paresse ;

Incapacité notoire ;

Inconduite ;

En un mot, toute action qui porterait préjudice à la Société ou atteinte à son honneur.

L'Assemblée générale, par une décision prise à la majorité des deux tiers au moins des membres présents, votera l'exclusion. Appel de cette décision pourra être porté devant le Conseil des prud'hommes, qui statuera sur la question de dommages-intérêts seulement.

TITRE VI. — Fin de la Société, reconstitution, modification aux statuts.

Art. 32. — A l'expiration de la Société, ou si avant le terme fixé, contre toute attente, la dissolution en était prononcée, le bénéfice, constaté par le dernier inventaire social, sera partagé entre tous les associés, conformément à leurs droits respectifs, sauf les 10 pour 100 revenant au compte du fonds indivisible.

Art. 33. — Si par suite de pertes la Société se trouvait en débet vis à vis du fonds de retenue indivisible, ce débet serait remboursable sur le bénéfice en totalité ou en partie, suivant les règles de l'article 23.

Art. 34. — La Société, à l'expiration de sa durée ou en cas

(1) Dans la plupart des contrats, il est stipulé ici que l'associé, sauf le cas d'incapacité de travail ou d'autre cause majeure, ne peut se retirer sans perdre toute sa part dans le fonds de réserve. (Voir à ce sujet la note sur l'article 22.)

de dissolution, pourra être recommencée pour une nouvelle période de.... ans au moins, soit par tous les associés, soit par la majorité d'entre eux.

Dans le cas de renouvellement de la Société, le fonds indivisible sera attribué à la nouvelle société aux conditions fixées par les art. 18, 23, 25, 32, 33, 34 et 35, jusqu'à concurrence de sa valeur, en outillage, matériel, marchandises ou immeubles.

Art. 35. — Au cas où la Société ne serait continuée d'aucune manière, le fonds de retenue indivisible sera mis à la disposition, soit des institutions publiques chargées d'encourager les sociétés ouvrières, s'il en existe, soit des établissements de bienfaisance ayant pour but l'amélioration du sort des travailleurs, et à défaut aux hospices du département ou de la ville.

Art. 36. — Les changements, modifications, additions ou suppressions apportés aux présents statuts, le décès, la retraite, l'exclusion ou la mort civile de l'un des associés, l'admission de nouveaux sociétaires n'entraînent pas la dissolution de la Société, qui continuera jusqu'à l'expiration du terme fixé pour sa durée par le présent acte.

Les ayants droit ou ayants cause d'un associé, ni l'associé qui se retire pour quelque cause que ce soit, ni l'associé exclu, ne peuvent requérir en aucun cas aucune apposition de scellés ni inventaires.

La Société sera seule réputée propriétaire de tous les objets actifs entrant dans son capital social. En conséquence, les créanciers particuliers d'un des associés ne pourront saisir ou discuter ces objets ; ils n'auront que la faculté de faire des actes conservatoires à l'égard de leurs débiteurs entre les mains des co-associés de ceux-ci, et seront tenus de s'en rapporter aux comptes arrêtés dans la Société, sans pouvoir s'immiscer dans ses affaires directement ni indirectement.

Art. 37. — Aucune modification aux présents statuts ne pourra être adoptée que sur la proposition du conseil d'administration, et après deux délibérations successives tenues au moins à un mois de distance, et prises chacune à la majorité (des deux tiers *ou* des trois quarts) des membres présents (1).

Art. 38. — Toutes les contestations qui pourraient s'élever entre les associés eux-mêmes, ou avec les héritiers et re-

(1) Evidemment ce droit de réviser la constitution de la société

présentants de l'un d'eux, seront déférées au Conseil des Prud'hommes.

La décision sera rendue en dernier ressort.

ART. 39 ET DERNIER. — Un extrait du présent contrat sera déposé au greffe du Tribunal de commerce de....., et toutes les publications nécessaires seront faites conformément à la loi. A cet effet, tous pouvoirs sont donnés au porteur d'un extrait.

n'est pas un droit absolu. Par exemple, il ne permettra jamais à des associés en exercice de prononcer la division du fonds commun, acquis en totalité ou en partie par leurs prédécesseurs, dont ils se partageraient ainsi les dépouilles. De même, il ne sera jamais permis à des associés de *fermer* leur société, de manière à ne plus y admettre de nouveaux membres. La loi future pourvoiera nécessairement à prévenir d'aussi indignes abus, ou à les réprimer, quand, par malheur, ils se commettront dans quelques sociétés. — En général, dans toute constitution sociale, les points qui en forment l'essence sont au-dessus du pouvoir de la majorité, et il en est de même de ceux qui garantissent les droits des minorités. Ainsi, dans une association, la majorité ne peut pas avoir le droit de priver quelques-uns des sociétaires des droits sociaux, par exemple du droit de suffrage.

RÈGLEMENTS D'ATELIER

Chaque association a son règlement de travail, qui varie suivant la nature de l'industrie et les usages de la profession.

En général, ces règlements sont sévères, plus sévères que dans les ateliers ordinaires, ce qui ne les empêche pas, dans la plupart des associations, d'être exécutés ponctuellement et rigoureusement. Entre les diverses associations, on pourrait souvent juger de leur valeur réelle, à l'exactitude plus ou moins grande avec laquelle s'exécute le règlement.

Ces lois de la discipline intérieure sont aussi caractérisées par une haute moralité, qui fait un très-grand honneur aux associés.

Pour donner une idée des règlements d'atelier, je reproduis en entier celui des tailleurs de limes de la rue Phélippeaux, qui est conçu dans le même esprit et reproduit à peu près les mêmes règles qu'on retrouve dans la plupart des autres. Je donnerai ensuite une analyse du règlement des menuisiers en fauteuils de la rue de Charonne et quelques extraits de celui des tourneurs en chaises.

RÉPUBLIQUE FRANÇAISE.

ASSOCIATION DES OUVRIERS EN LIMES.

Règlement général dans l'Atelier.

L'ASSOCIATION des ouvriers en limes est fondée sur les principes de la LIBERTÉ, de l'ÉGALITÉ et de la FRATERNITÉ. En conséquence, et pour établir une société perpétuelle, l'ORDRE parfait devra toujours régner dans la LIBERTÉ ; la JUSTICE la plus intègre dans l'ÉGALITÉ, et LA PLUS CORDIALE AFFECTION DANS NOTRE FRATERNITÉ RÉCIPROQUE.

ARTICLE 1er. — L'exécution de toutes les mesures d'ordre

et de tous les moyens amiables est confiée à tous et à chacun en ce qui concerne la bonne harmonie qui doit toujours régner entre bons citoyens, et surtout entre les associés en limes réunis sous cette devise : UNITÉ, SOLIDARITÉ. (Nous entendons ici UNITÉ, SOLIDARITÉ MORALE.)

ART. 2. — Néanmoins, et sans détruire la disposition qui précède, il y aura un chef ouvrier. (L'effectif augmentant, on pourvoirait à d'autres nominations.) Ce chef sera chargé plus spécialement du bon ordre et de la surveillance en ce qui concerne la bonne confection de l'ouvrage, et la conservation des outils et ustensiles de l'Association. Le citoyen gérant s'adjoindra un membre, par lui désigné alternativement, pour vérifier tous les soirs l'ouvrage rendu dans la journée. Ils devront en faire leur rapport au conseil tous les huit jours.

ART. 3. — Les hommes à la journée seront tenus de venir faire marquer tous les jours au bureau leur arrivée, leurs absences et leur départ.

ART. 4. — Le chef ouvrier a la surveillance sur l'ouvrage confectionné par les associés et les supplémentaires. Si quelque pièce n'était pas bien faite ou conforme au modèle, elle sera refusée pour être réparée. Si elle ne pouvait l'être, elle serait déposée au bureau de la gérance, qui la soumettrait au conseil, lequel statuera. Pour la liberté et l'impartialité de ses membres, le nom de l'ouvrier facteur de cette pièce restera inconnu jusqu'à parfaite décision du conseil.

ART. 5. — Lorsque le chef ouvrier jugera que tel ouvrage est trop difficile pour un ouvrier, il devra, dans un bref délai, en faire part au conseil qui devra prendre des mesures à cet effet.

ART. 6. Les travaux commencent et finissent selon les saisons, et d'après les décisions du conseil. Pour les ouvriers aux pièces et pour les journaliers, les heures de travail sont absolument les mêmes. Il est expressément défendu de se mettre à l'ouvrage avant l'heure et de quitter après.

ART. 7. — Tous les mois, et à tour de rôle, la meule sera dressée par les associés et par les supplémentaires.

ART. 8. — L'Association déclare adopter pour principe que tout travail productif est formellement interdit le dimanche. Le conseil statuera la veille des fêtes chômées.

ART. 9. — A l'ouverture de l'atelier, et à tour de rôle, tous les ouvriers sont tenus de balayer l'atelier. Il est loisible à celui à qui c'est le tour de le faire la veille, après ses travaux,

Chaque semaine, il sera pris huit noms sur la liste. Les citoyens dont ce sera le tour devront le lundi nettoyer les fenêtres, et pendant cette même semaine opérer la fermeture complète de l'atelier.

Art. 10. — Chaque ouvrier doit tous les jours tenir sa place le plus propre possible; il doit la ranger complètement tous les samedis.

Art. 11. — Nul ne pourra, sous quelque prétexte que ce soit, entreprendre des travaux de limes en dehors de l'association. Il est expressément défendu aux associés d'emporter de l'ouvrage pour faire chez eux, ni pour en donner à d'autres. La contravention à cet article entraînera immédiatement le renvoi du contrevenant. Cependant le conseil pourra, mais dans de rares intervalles, ordonner que des travaux soient faits en dehors de l'établissement pour la seule cause de commande à jour fixe, ou faute d'ouvriers supplémentaires. Cette dérogation cessera aussitôt après la demande livrée. Nul associé ou supplémentaire ne pourra, sous quelque prétexte que ce soit, refuser l'ouvrage qui lui sera délivré par le chef ouvrier, sous peine de suspension immédiate de travaux pendant deux jours.

Art. 12. — Les membres du conseil et le chef ouvrier veilleront à ce que les ouvriers qui se trouveraient en état d'ivresse ne continuassent pas leurs travaux, et surtout ne restassent pas dans l'atelier s'ils étaient susceptibles de troubler l'ordre.

Art. 13. — Tout associé qui se serait porté à des menaces avec voies de fait, sur n'importe quel camarade, sera immédiatement renvoyé.

Art. 14. — Toutes contestations soulevées, soit par les présents statuts et règlement, soit par les tarifs, seront soumises à la délibération du conseil pour qu'il ait à se prononcer.

Art. 15. — Les sociétaires ou supplémentaires qui penseraient que l'on commet une injustice à leur égard seront à même, à la fin de leur journée, de réclamer au conseil.

Art. 16. — Tout sociétaire qui exécuterait mal ses travaux recevra du conseil une première, puis une deuxième lettre s'il n'arrivait à un meilleur résultat, une exclusion pour incapacité serait proposée en assemblée générale.

Délibéré et adopté en conseil d'administration du 11 avril 1850.

Menuisiers en fauteuils. (Rue de Charonne, n° 7, cour Saint-Joseph.) — Leur règlement est trop long pour le reproduire tout entier; je me contenterai d'analyser quelques-unes de ses dispositions relatives au travail et aux pénalités.

Jusqu'à ces derniers temps, il était exigé des menuisiers en fauteuils cent-vingt heures de travail effectif par quinzaine, c'est-à-dire, en moyenne, dix heures de travail par jour. Maintenant, pour empêcher l'abus des absences qu'on compensait par la prolongation des journées suivantes, le travail se règle à la semaine. Seulement, on n'exige plus que cinquante-cinq heures, soit par jour neuf heures dix minutes. Le complet des cinquante-cinq heures ne peut pas être achevé le dimanche.

Dans chaque atelier, il y a des feuilles de pointage et un pointeur élu qui constate toutes les heures fournies.

En cas d'insuffisance de travail au bout de la semaine, et à moins d'excuses très-valables, il y a une amende de 10 centimes par heure de moins, jusqu'à quinze heures, et au-dessus de ce chiffre, l'amende s'élève à 15 centimes par chaque heure.

D'autres amendes sont également portées par le règlement pour diverses infractions; elles s'élèvent de 2 à 20 fr. Elles sont appliquées par un conseil d'intérieur composé de dix membres élus, vrai tribunal de famille dont le règlement est la loi.

Toutes ces amendes tombent dans la caisse de secours. Pour éviter de prononcer trop fréquemment l'exclusion, qui prive le sociétaire de tous ses droits au capital de réserve, le règlement a créé la peine de la mise à pied de trois à six mois, que le conseil d'intérieur peut également prononcer dans les cas graves.

Tout ce règlement est rigoureusement exécuté, non-seulement parce que le gérant y tient la main, mais parce que la grande majorité des associés exige elle-même une sévérité dont elle a reconnu l'utilité pour le bien commun.

L'association des menuisiers en fauteuils est une des

plus nombreuses et des plus prospères de Paris. Elle compte environ cent vingt associés.

Tourneurs en chaises. (Rue Popincourt, n° 28.) — Voici quelques articles extraits de leur règlement :

« Tout associé qui se sera rendu coupable de violences ou de voies de fait envers un ou plusieurs des associés, sera passible d'une amende de 1 à 5 fr. Des cas de récidive pourraient entraîner l'exclusion. Tout associé qui aura injurié un de ses camarades sera puni d'une amende de 25 centimes à 2 francs.

« Tout sociétaire se présentant en état d'ivresse sera passible d'une amende de 1 fr. pour la première fois, et de 2 fr. pour la seconde. Il supportera en outre les frais ou dégâts qu'il aura pu causer ou commettre. Dix de ces condamnations entraîneront l'exclusion de la Société.

« Tout associé qui aura tracé sur les murs des ateliers des images obscènes sera puni pour la première fois d'une amende de 50 centimes, et par récidive sera rappelé à son devoir en présence de tous les associés. Il en sera de même pour tout associé qui, durant le travail, aura tenu des propos licencieux. Tout acte contraire aux bonnes mœurs, commis dans l'intérieur de l'établissement, donnerait lieu aux mêmes pénalités.

« Quiconque, en présence d'étrangers visiteurs ou acheteurs, tiendrait des propos inconvenants ou grossiers, capables de donner une idée désavantageuse de la société encourrait les pénalités d'une amende de 1 franc pour la première fois et 2 francs pour la seconde.

« Toutes les amendes seront retenues par le gérant à la première paye et elles seront versées à la caisse de secours. »

Dans cette association, comme chez les menuisiers en fauteuils, il a été organisé une garde de nuit pour la surveillance des ateliers et des magasins, où deux sociétaires doivent toujours veiller. Ce service se fait à tour de rôle ; il n'est pas rétribué.

Les tourneurs en chaise occupent à eux seuls une maison considérable et comptent plus de quatre-vingts associés, sur trois cent cinquante ouvriers environ, qui exercent à Paris cette profession.

RENSEIGNEMENTS DIVERS

ASSOCIATIONS EN ANGLETERRE.

J'ai dit que l'association avait passé le détroit ; non-seulement des associations de consommation pour l'achat des denrées en gros (*co-operative stores*), dont l'idée et la pratique paraissent remonter assez haut en Angleterre, y fonctionnent aujourd'hui avec succès ; mais dans ces dernières années, de véritables sociétés de travail (*working associations*) se sont établies à Londres, et commencent à se propager dans d'autres villes. On cherche même à établir des rapports entre ces deux genres d'institutions, de manière à faire servir le succès des premières à la fondation et à l'extension des secondes.

Les sociétés de travail anglaises se sont établies, après la Révolution de Février, sur le modèle de nos sociétés ouvrières.

La plus ancienne date de 1849. Elle a été fondée par des ouvriers tailleurs de Londres, à qui de généreux amis avaient avancé une somme de 350 livres sterlings (8750 francs). Cette somme est en grande partie remboursée.

En général dans toutes les villes d'Angleterre, les premiers exemples d'association sont donnés par les tailleurs.

Outre cette association, on en cite encore à Londres une d'ouvrières en linge, deux de cordonniers, une de typographes, une de boulangers et deux de maçons. Une association de facteurs de pianos vient aussi de s'y établir.

Dans les provinces, on cite surtout une grande association pour l'exploitation d'une fabrique de draps, à Pendleton, dans le Nord de l'Angleterre.

Toutes ces associations ou du moins la plupart de celles de Londres sont reliées entre elles par une société, qui a beaucoup contribué à leur établissement et à qui surtout doit revenir l'honneur d'avoir pris en Angleterre l'initiative du mouvement d'association. C'est la SOCIETY FOR PROMOTING WORKING MEN'S ASSOCIATIONS (Société pour l'établissement des associations de travail). Fondée par des hommes, qui à la connaissance des travaux des écoles françaises, et notamment de l'*Atelier*, joignaient le génie pratique de la vieille Angleterre, elle dispose aujourd'hui de sommes assez considérables, grâce au concours de beaucoup de citoyens aisés, animés du désir d'éviter à leur patrie des guerres sociales. C'est elle qui a fourni leurs premiers fonds aux tailleurs et aux autres associations de Londres que j'ai signalées.

Cette société, ou du moins ses principaux membres, publient un journal hebdomadaire spécial, intitulé LE CHRÉTIEN SOCIALISTE, *journal de l'association*, qui est destiné à propager les sociétés ouvrières, à les éclairer et à les défendre.

J'ai plusieurs numéros de ce journal sous les yeux. Outre d'intéressantes et utiles discussions, ils contiennent toutes les nouvelles qui peuvent intéresser les associations anglaises. A la fin de chaque numéro se trouve aussi l'avertissement suivant :

ASSOCIATIONS DE TRAVAILLEURS. — Les associations d'ouvriers de diverses professions ci-dessous mentionnées ont commencé leurs travaux aux adresses indiquées. Elles font maintenant un appel aux sentiments généreux et chrétiens du public pour l'extension de leur clientèle et de leurs affaires. Les misères qu'entraîne la concurrence illimitée et les abus de pouvoir du capital ont depuis longtemps enseigné aux classes ouvrières que l'union seule fait leur force; mais une douloureuse expérience leur a aussi montré que presque toujours cette force s'épuise vainement en tentatives inutiles pour obtenir l'élévation des salaires. C'est donc maintenant par l'union dans le travail que les ouvriers veulent se défendre eux et leurs familles. S'ils ne peuvent pas toujours lutter pour l'apparence du bon marché et pour les bas prix avec les débitants et les entrepreneurs, ils espèrent, du moins, quant à la qualité de la marchandise et à la bonne exécution du travail, satisfaire complètement leurs clients. Sans doute les personnes qui derrière le produit voient le producteur, qui sentent que dans les questions d'achat il y a une question de morale, qui savent que les classes laborieuses d'Angleterre ont été privées de la récompense légitime de leur travail, tant sous le rapport de l'argent que sous celui de la santé, de l'intelligence et de tout ce qui fait l'homme, sans doute ces personnes se plairont à aider un mouvement qui tend à substituer des ateliers salubres aux antres misérables de l'ordure et de la fièvre, — des prix justes à des salaires de meurt-de-faim, — l'union fraternelle à la division, — un gouvernement par soi-même, aussi moral que praticable, à une obéissance abrutissante ou à un esclavage qui n'engendre que la haine, — qui tend, en un mot, par le progrès pacifique et graduel du travail, par un progrès physique et moral, à prévenir, pour toujours, les aveugles et soudaines explosions de la misère. Pour des personnes animées de ces sentiments, il n'y a presque aucun spectacle de crime, de mendicité, de prostitution, de paupérisme, d'ivrognerie, qui ne fournisse des arguments vivants pour démontrer la nécessité et l'utilité de l'association dans le travail.

(Suivent les adresses des associations de Londres.)

Cet appel paraît avoir été entendu d'une assez grande partie du public anglais, qui commence à donner largement aux associations la meilleure aide dont elles aient besoin, la commande de travail. Les classes les plus riches, les plus puissantes de la société britannique, au lieu de les entraver dans leurs progrès, semblent même disposées à les aider. Au contraire, si je dois m'en rapporter à ce que m'ont dit des socialistes anglais, le peuple, dans leur pays, n'aurait pas encore bien compris ce qu'il a si vite saisi en France, que l'association est l'œuvre la plus démocratique de notre siècle, et que sa cause est la cause populaire par excellence.

Ainsi, d'un côté de la Manche, l'institution nouvelle aurait pour elle le dévouement ardent du peuple, et n'aurait encore rencontré chez les puissants que de l'hostilité ou de la froideur; et de l'autre côté, la situation serait renversée; les plus riches, les plus puissants tendraient à favoriser le mouvement auquel manquerait plutôt l'appui du peuple.

Quoi qu'il en soit, la question de l'association a déjà été abordée dans le Parlement, et d'après les délibérations d'un comité de la Chambre des Communes, et sur la demande de M. Slaney, il est probable que la législation anglaise sera prochainement modifiée pour faciliter le développement des sociétés de travail.

Quand notre législature entrera-t-elle dans la même voie?

OUVRAGES A CONSULTER

SUR LES SOCIÉTÉS OUVRIÈRES

1831-32. — EUROPÉEN (collection de l').

1838. — DES ASSOCIATIONS D'OUVRIERS, par A. Ott.

1839-40. — REVUE DU PROGRÈS (collection de la).

1840-50. — ATELIER (collection de l').

1840. — ORGANISATION DU TRAVAIL par Louis Blanc; première édition. — La neuvième édition est de 1850.

1841. — LES FERMES DU PETIT ATLAS, ou *Colonisation religieuse, agricole et militaire du Nord de l'Afrique,* par l'abbé Landmann, curé de Constantine.

1847-48. — REVUE NATIONALE (collection de la).

1848. — DOCUMENTS relatifs au fonds d'encouragement voté par la Constituante.

1849. — TRAVAIL AFFRANCHI (collection du).

1849. — DES ASSOCIATIONS OUVRIÈRES, par Villermé.

1849. — MANUEL DES ASSOCIATIONS OUVRIÈRES, par Antonin Romand.

1850. — ASSOCIATIONS OUVRIÈRES (revue anecdotique des), par Gilland.

1850. — ASSOCIATION AGRICOLE (histoire de l'), et solution pratique, par Eugène Bonnemère.

1849-51. — NOUVEAU MONDE (collection du).

1850-51. — CHRISTIAN SOCIALIST (collection du), en anglais.

1851. — TRAITÉ D'ÉCONOMIE SOCIALE, par A. Ott.

TABLE

FIN DE LA TABLE

Paris. — Société typographique. — De Soye et Ce, imprimeurs, rue de Seine, 36.